AF346905

L'IDEE

D'VN

CHRESTIEN

PARFAIT.

LA VIE

DE MONSIEVR

DE

RENTY.

Par le P. IEAN BAPTISTE SAINT IVRE
Religieux de la Compagnie de IESVS.

A PARIS,

Chez PIERRE LE PETIT Imprimeur & Libraire ordinaire
du Roy, ruë S. Iacques à la Croix d'Or.

M. DC. LI.

AVEC PRIVILEGE ET APPROBATION.

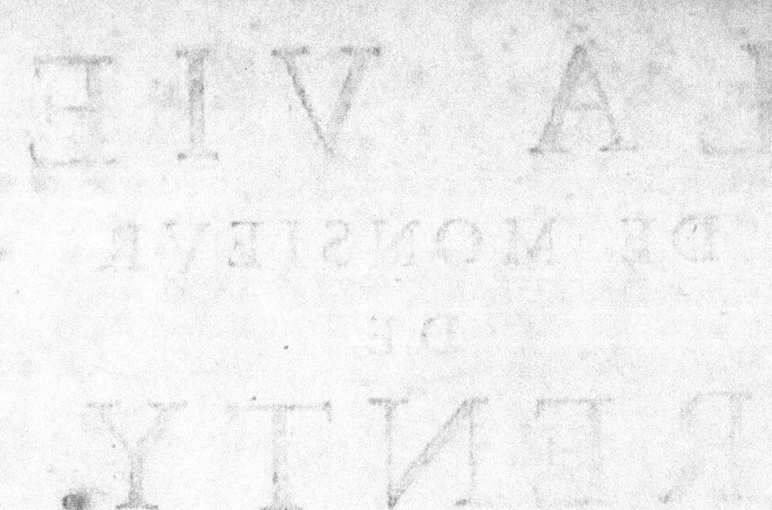

AVERTISSEMENT

AV LECTEVR.

O n cher Lecteur, i'ay à vous auertir en peu de mots de trois choſes touchant le contenu de ce liure.

La premiere, que comme la Verité eſt la principale partie & l'ame d'vne Hiſtoire, vous pouués vous aſſûrer qu'elle eſt exactement obſeruée en celle-cy: dautant que ce que vous y verrez, eſt quaſi tout tiré des originaux & le reſte des copies authentiques, ou il eſt rapporté par des témoins oculaires & irreprochables.

La ſeconde, que ſi nous nous ſeruons ſouuent des Lettres de Monſieur de Renty, & ſi nous emploions ſon propre témoignage pour le produire, cela ne doit point vous faire douter de la verité; parce que premierement ſa haute vertu l'a rendu tres-veritable en tout ce qu'il a dit, & meſme de ſoy. Secondement pour ce que ſes Lettres ſont pour la plus-part adreſſées à ſon Directeur, à qui il décou-

ã iij

uroit confidemment les chofes de fa confcience,
& luy rendoit compte de ce qui fe paffoit en fon
ame, comme auffi il le deuoit : & Dieu qui fçait
fi bien prendre des moyens propres pour parue-
nire à fes fins, ayant deffein que fa vie fût écrite
& mife en lumiere pour donner à tous les Fideles
le patron d'vn parfait Chreftien, difpofa tellement
les affaires que fon Directeur demeura quelques
années hors de Paris, afin qu'il fût obligé de luy
faire fçauoir par lettres fes difpofitions interieures,
lefquelles nous auons mieux fçuës de cette façon,
que par aucune autre. En troifiéme lieu nous ne
pouuons rien connoître de l'interieur d'vn homme
que par fa propre declaration, & ce que nous fça-
uons des Saints de cette nature, qui fait le principal de leur fainteté, ne nous eft venu que par cette
voie, c'eft à dire, eux mefmes s'en ouurans à quelqu'vn, qui apres l'a publié: ainfi Monfieur de Renty
a dû luy mefme manifefter les fecrets de fon cœur,
& dire ce qui eftoit caché dans fon efprit, autrement il nous eut efté caché & inconnu pour toujours ; encore tres-affûrement n'a t'il pas ny tout
manifefté ny tout dit.

La troifiéme chofe eft, que defirant d'obeïr au De-
cret de noftre faint Pere le Pape Vrbain VIII. daté
du 13. de Mars de l'année 1625. & à l'explication qui
la fuiuie le 5. de Iuin 1631. où il eft ordonné que celuy qui compofe la vie de quelque perfone de
grande vertu, fe declare & faffe proteftation, fur
certains chefs: pour cela.

PROTESTATION DE L'AVTEVR.

Ie proteste que ie n'entend & que ie n'ay dessein
de faire entendre à persone tout ce qui est rapporté
en ce Liure en autre maniere, qu'en celle qu'on a
coûtume de prendre les choses qui ne sont ap-
puiées que sur la foy & le témoignage des hommes,
& non sur l'autorité de la saincte Eglise; & que
par le nom de Saint que ie donne en quelques
lieux à Monsieur de Renty, ie veux seulement dire
qu'il estoit doüé d'vne vertu qui passoit bien le
commun, & ie m'en sers au sens, auquel saint Paul
le donne à tous les Fideles, & non pour le mettre
au nombre des Saints canonisez, ce qui n'appartient qu'au saint Siege.

APPROBATION.

IE CLAVDE DE LINGENDES Prouincial de
la Compagnie de IESVS en la Prouince de France permets au P. Iean Baptiste de saint Iure, de
faire imprimer vn Liure qu'il a composé qui porte pour titre *La vie de Monsieur de Renty*, & qui a esté
veu & approuué de trois Theologiens de nostre
Compagnie. En foy & témoignage dequoy i'ay
signé la presente, à Paris le 24. de Iuin. 1651.

CLAVDE DE LINGENDES.

EXTRAIT DV PRIVILEGE DV ROY.

PAR Lettres patentes du Roy données à Paris
le 4. Aoust 1651. & scellées du grand seau de
cire jaune sur simple queuë, il est permis à
PIERRE LE PETIT Imprimeur ordinaire
de sa Maiesté d'imprimer ou faire imprimer vn
liure intitulé, *La vie de Monsieur de Renty*, & ce durant l'espace de sept ans entiers, auec inhibitions & deffences à toutes personnes de quelque qualité & condition qu'ils soient
de l'imprimer ou faire imprimer, ny mesme d'en vendre de
contrefaits à peine de deux mil liures d'amende, & tous des-
pens, comme il est plus au long porté par lesdites Lettres,
Signées, Par le Roy en son Conseil, CONRART.

TABLE

TABLE
DES CHAPITRES
ET DES SECTIONS.

PREMIERE PARTIE.

SECONDE PARTIE.

TROISIEME PARTIE.

QVATRIEME PARTIE.

LA

LA VIE
DE MONSIEVR
DE RENTY.
PREMIERE PARTIE.

CHAPITRE PREMIER.

Sa Naissance, son Enfance, sa Ieunesse.

Es vertus de feu Monsieur de Renty sont si grandes, & les belles actions, qu'il a faites, si éclatantes, que d'abord ie confesse ingenûment, que ie m'estime incapable de les representer selon leur merite, & de les faire voir dans leur iour, non seulement en ce qui estoit caché dans son interieur, qui est le principal, mais mesme en ce qui en a paru aux yeux des hommes. I'entreprens toutefois d'en écrire, pour n'auoir pû le refuser à beaucoup de personnes de pieté & de qualité qui l'ont desiré de moy,

A

& qui sçachans que i'auois eu le bien de le connoître particulierement plusieurs années, & lors que sa vertu a esté dans le plus haut point de sa gloire, ont crû que ce tresor ne deuant pas pour l'honneur de Dieu & le bien du public demeurer inconnû, ny cette vie excellente & parfaitement chrestienne estre enseuelie dans l'oubly, i'estois en quelque façon obligé d'empescher ce dommage.

Faisons-le donc à la plus grande gloire de Dieu, qui est admirable en ses Saincts, & à celle de son Fils Nostre-Seigneur IESVS-CHRIST, qui a comblé de ses graces cét homme rare, & luy a communiqué abondamment son esprit; & faisons-le aydez de leur secours, dont i'ay tres-grand besoin, & que ie leur demande aussi de tout mon cœur.

MONSIEVR DE RENTY tire son origine d'vne des plus nobles maisons d'Arthois, qui est la maison de Renty, illustre pour son antiquité; pour la grandeur de ses alliances, entre lesquelles on marque la maison de Croüy, d'où sont sortis les Ducs d'Ascot & Princes de Simay; pour les charges honorables que ses ancestres ont exercées, & pour les celebres actions qu'ils ont faites dans les armées & dans les batailles; & sur tout pour la pieté, dont dés l'an cinq cens soixante & dix Wambert, dit le bon Comte de Renty, & Hamburge sa femme laisserent à la posterité vn grand témoignage, fondans & dotans de bons reuenus dans leurs terres, sous le nom & la protection de S. Denis, vn Monastere de Religieux, qui eût mesme la benediction d'auoir vn Sainct pour Abbé, qui fut S. Bertulphe;& non contens d'auoir donné vne preuue si remarquable de leur deuotion, comme les Iustes, suiuant le dire du Sage, vont tousiours croissans en vertus & en bonnes œuures, ainsi que l'aube du iour en lumiere, ils bastirent encore trois autres Eglises, la premiere dediée à S. Pierre, la seconde à S. Martin, & la troisiéme à S. Wast.

MONSIEVR DE RENTY fut fils vnique de Charles de Renty & de Magdelaine Pastoureau, laquelle estoit yssuë du costé maternel de la mesme maison de Renty. Il nasquit au Beny en la basse Normandie, dioceze de Bayeux, l'an

de grace mil six cens vnze, & fut tenu fur les Fonds par les
pauures, Dieu ayant difpofé par vne prouidence particuliere qu'il eût pour Parrains ceux, dont il vouloit qu'il fuft
pendant fa vie le Solliciteur, le Protecteur & le Pere. Il fut
nommé Gafton au Baptefme, & à la Confirmation Iean
Baptifte, & nourri en ce lieu iufques à l'âge de fix à fept ans,
& puis amené par Madame fa Mere à Paris, qui le tint aupres d'elle enuiron deux ans, iufques à ce qu'il fut mis au
College de Nauarre, & de là enuoié à Caën au College des
Peres Iefuites, fous la conduite d'vn Precepteur Ecclefiaftique, & d'vn gouuerneur, qui par mal-heur fe trouua heretique, & qui enfuite luy pouuoit faire vn notable preiudice pour la corruption de fa creance & de fes mœurs. Mais
Dieu ayant des bontés toutes particulieres & des foins pa-
ternels pour luy, dans la veüe du deffein qu'il auoit de le
faire vn iour vn grand inftrument de fa gloire & du falut de
beaucoup d'ames, le preferua de ce peril, empefchant toutes les mauuaifes volontez, & tous les pernicieux effets de
cét homme dangereux, & fe rendant luy mefme fa conduite; ce qui luy fit dire du depuis, que Dieu dés fon enfance luy auoit fait de grandes graces, & auoit efté, ainfi que
Dauid difoit de foy, fa fauue-garde dés le ventre de fa
Mere.

Comme il auoit naturellement vn tres-bon efprit, vne
intelligence penetrante, & vn grand iugement, il fit vn notable progrez & parût auec éclat dans les Eftudes; d'où
neantmoins il fut tiré à l'âge de dix-fept ans, & mis en l'A-
cademie à Paris, où il fe rendit fort habile & tres-adroit en
tous les exercices: mais celuy, qui de tous luy plût dauantage & qui le charma, pour ainfi dire, furent les Mathe-
matiques, aufquelles il s'appliqua auec tant d'affiduité, que
pour y vacquer, il fe priuoit de toutes fortes de diuertiffe-
mens, qui pourtant font fi agreables à la ieuneffe, & y reüffit auec tant de capacité, qu'il les entendoit parfaitement,
& en compofa mefme des Liures.

Or comme le temps eftoit venu, que Dieu vouloit trauailler de plus prés à fon ouurage & difpofer cette ame

d'élite à l'execution de ſon deſſein ; Il fit que le Libraire,
chez qui il alloit ſouuent pour acheter les Liures neceſſaires à contenter ſa curioſité, & le deſir ardent qu'il auoit de
ſçauoir toutes les ſciences conuenables à ſa condition, luy
preſenta vn iour le Liuret ſi celebre de l'Imitation de IESVS-
CHRIST, & le pria de le lire ; mais luy, qui auoit l'eſprit
pour lors attiré à d'autres connoiſſances, n'en fit point d'état
pour cette premiere fois : le Libraire luy ayant porté vn autre iour quelques Liures, dont il auoit beſoin, luy preſenta
derechef celuy-cy, & le ſupplia, meſme auec inſtance, de
le vouloir lire ; il ſe rendit à ce coup, & le lût, & en fut ſi
éclairé & ſi touché, comme dé-ja deuant luy vne grande
multitude de toutes ſortes de perſonnes l'auoient eſté, que
prenant d'autres penſées & d'autres affections, il ſe reſolut
de s'appliquer ſerieuſement à ſon ſalut, & ſe donner à Dieu :
de façon qu'entre les grands fruits que ce Liuret a faits, &
entre les ſignalées victoires qu'il a remportées, il faut y mettre cette operation de grace & ce changement de Monſieur
de Renty ; qui auſſi du depuis eût tant d'eſtime & tant d'a-
mour pour luy, qu'il le portoit par tout ſur ſoy, & s'en ay-
doit en tous ſes beſoins.

L'effet de grace, que la lecture de ce Liure produiſit en
ſon ame, fut ſi grand, qu'elle luy fit naiſtre la penſée, & alluma dans ſon cœur le deſir de quitter tout à fait le monde,
de ſe conſacrer entierement au ſeruice de Dieu, & ſe faire
Chartreux, encore qu'il ſe veit fils vnique, heritier de
grands biens, & auec des qualitez & des perfections, qui luy
ouuroient le chemin aux grandeurs du monde. Comme il
eſtoit naturellement reſolu, ferme & conſtant, aſſiſté du ſecours de Dieu, a qui il vouloit plaire & faire vn ſacrifice de
ſoy-meſme, apres auoir bien examiné & concerté ſon deſſein, il ſe mit en deuoir de l'executer, ce qui ſe paſſa de cette
ſorte.

Eſtant vn iour ſur le Pont de Noſtre-Dame, auec Madame ſa Mere, il la pria de trouuer bon qu'il deſcendiſt de
caroſſe, pour acheter quelque choſe, ce qu'elle luy ayant
permis, il ſe dérobe auſſi-toſt à ſes yeux, & ſe coulant ſubti-

lement & en diligence de ruë en ruë, il ſort de Paris à pied,
au mois de Decembre, l'an mil ſix cens trente, & prend le
chemin de Noſtre-Dame des Ardilliers; peu de iours apres
ſon euaſion, il écriuit cette lettre à Monſieur ſon pere pour
l'en auertir.

MONSIEVR,

Ie ne doute nullement que ce changement ne vous donne de l'affliction, les premiers mouuemens n'eſtans pas au
pouuoir des hommes, & meſme la nature nous portant à
regreter la perte de ce qu'elle ayme. Mais puis qu'il y va
de Dieu, ie vous ſupplie tres-humblement d'oſter toute
paſſion de voſtre ame, & de conſiderer ce qui vient de ſa
part. C'eſt, Monſieur, qu'apres auoir combattu deux ans
contre moy-meſme, & reſiſté à toutes les inſpirations que
Dieu m'a données pendant ce temps, i'ay eſté enfin contraint de rompre à vn ſi long delay pour quitter le monde,
auoüant n'auoir pas aſſez de force pour entreprendre de
faire mon ſalut en vn lieu, où ſe pratique le contraire de
ce que ie voudrois faire : cela eſt trop perilleux pour vne
perſonne foible, qui veut marcher ſeurement, & partant
i'ay iugé qu'il ſeroit plus à propos d'étouffer le mal en ſa
naiſſance, que d'attendre qu'il ſoit deueu plus grãd, pour
apres peut-eſtre n'y pouuoir mettre ordre : car les maximes
du monde ſont tellement diſſemblables de celles de Iesvs-
Christ, que ie ne crois pas qu'vne ame, qui craindroit
de l'offencer, y puiſſe viure long-temps, & principalement
dans la Cour, qu'elle ne ſoit bien-toſt contrainte de l'a-
bandonner, quand elle ſe verra obligée d'aſſiſter à tous les
effets de la corruption du ſiecle, qui ne me ſieroient pas
bien de dire, puis que deſormais mon deſſein eſt de cacher
plûtoſt & de mettre en oubly toutes ſes ſotiſes, que de tâcher de m'en reſouuenir. Ie veux me démeſler de ce laby-
rinthe, encore que ie ſçache que l'on dira que ie pouuois
bien viure dans le monde, & m'empeſcher de faire les choſes qui s'y font mal à propos, Ie l'auoüe, mais qu'on re-

garde ce qui s'enſuiura de là ; il faudra donc ſe reſoudre
d'eſtre l'entretien d'vn tas de ces Meſſieurs à la mode, qui
diront que l'on eſt vn bigot, vn farouche, vn homme ſans
repartie, qui eſt à charge à tout le monde, & mille autres
ſemblables diſcours, que ie n'ay deſia que trop experimen-
tés. En effet ce ſeroit vne choſe plaiſante de voir vn ieune
homme de ma ſorte entrer dans la Cour, & vouloir y faire
le reformé : ſi vous voyez cela, n'eſt-il pas vray, Monſieur,
que vous ſeriez le premier à vous en moquer ?

Ie vous ſupplie donc de conſiderer quel déplaiſir ce ſeroit à vn pere de voir ſon fils dans la Cour & dans les compagnies, pour y eſtre ainſi mépriſé : ce n'eſt pas pourtant
qu'vne bonne conſcience ne tint à tres-grand honneur de
ſouffrir toutes ces choſes pour Dieu ; mais ie crois plus faire
pour voſtre contentement de me retirer ; car il faut viure à
la Cour comme à la Cour, & ne pouuant ſeruir à deux
Maiſtres, ie conclus auec l'Euangile, que celuy qui ſert
Dieu, le doit donc ſuiure.

I'ay touſiours veu pratiquer dans le monde, que quand
vn amy a querele, non ſeulement ſon amy ne va poinſ s'offrir à ſon aduerſaire, mais qu'il fuit encore ſa compagnie &
ſa conuerſation : de meſme Dieu & le monde eſtant apoin-
tez en fait contraire, ie croirois faire vne tres-grande of-
fenſe de ne faire pas pour Dieu, ce que ie ferois bien pour
vn amy, qui n'eſt qu'vn homme mortel : & puis quand on
aime vne choſe, on ne va point chercher celle qui luy eſt
oppoſée : le moyen d'euiter le peché, c'eſt d'en fuir les occaſions, & pour vne miſerable vanité qui va à pareſtre &
faire parler de ſoy, eſt-ce à dire que l'on doiue ſe mettre en
danger de perdre ſon ame ? Non, non, & ceux qui ſont de
cette opinion, la changeront quand il faudra rendre compte
à Dieu du paſſé : ce ſera lors qu'ils connoiſtront ce que c'eſt
de viure bien ou mal : mais ce ſera trop tard. C'eſt pourquoy
laiſſant aux morts enſeuelir les morts, ſi nous auons vn peu
de lumiere, trauaillons à reformer noſtre vie, & à faire quelque choſe pour l'amour de Dieu, qui a dit ſi expreſſement
& ſi ſouuent qu'il falloit renoncer à ſoy-meſme, quitter

tout & le suiure, que ie ne crois pas que vous voulussiez vous porter contre.

Vous estes la cause de mon retardement, & depuis ce temps i'ay tousiours prié pour cette separation, apprehendant beaucoup vostre affliction, qui sera pourtant bien-tost moderée, quand vous penserez que Dieu fait tout pour le mieux, & qu'il vous a peut-estre enuoyé cette tribulation pour en faire sortir de bons effets.

Ie laisse cela à ses secrets iugemens, & vous supplie de croire que ie peux autant pour le moins vous seruir en cette nouuelle profession, que dans celle où vous m'auiés destiné, Dieu m'en fasse la grace. Ie ne vous mande point encore le lieu où ie suis, craignant qu'au commencement la passion ne vous y fist venir : mais dans quelque temps, lors que ie sçauray l'estat de toutes choses, ie ne manqueray de vous en auertir. En attendant ie prieray incessamment celuy que i'ay resolu de seruir, de demeurer auec vous, & de vous faire connoistre auec quelle passion ie suis,

MONSIEVR,

Vostre tres-humble fils & tres-obeïssant seruiteur,
GASTON DE RENTY.

Voilà la lettre qu'il enuoya à Monsieur son pere, qui fait voir son bon esprit, sa deuotion, & les pures & solides lumieres dont son entendement estoit dé-ja éclairé. Monsieur son pere extremement en peine de son éloignement, enuoie de tous costez le chercher, & Dieu qui luy auoit donné cette volonté, sans en pretendre l'effet, voulut qu'on le trouuast à Amboise, & qu'on le reconnût quoy qu'il fut trauesti & deguisé, pour auoir changé son habit qui estoit couuert de passement d'or, contre celuy d'vn pauure. Il fut de là ramené à Paris à Monsieur son Pere, qui iugea à propos de le faire venir auec soy en son chasteau du Beny, où il rentra dans les exercices conuenables à sa naissance, dans lesquels il fit paroistre tant de vertu, tant de sagesse & de bonne con-

duite, qu'encore qu'il n'ût que dix-neuf ans, il fut choiſi &
deputé de la Nobleſſe du Bailliage de Vire, pour aſſiſter aux
Eſtats de Normandie qui ſe tindrent à Roüen, & auſquels
preſida Monſieur de Longueuille, où il parla ſi pertinem-
ment & ſi prudemment des affaires, que les trois Eſtats en
demeurerent non ſeulement ſatisfaits, mais encore étonnés.

Apres ces exercices de Nobleſſe il s'employa à faire re-
baſtir l'Egliſe du Beny, comme elle ſe voit auiourd'huy, &
bien loin de prendre les diuertiſſemens qu'ont accouſtumé
les Seigneurs de condition & de ſon âge, il eſtoit tous les
iours reglément leué à quatre heures, & puis il s'en alloit
doucement, ſans éueiller ſon homme de chambre, dans
ſon cabinet, prier Dieu, & de là à cinq heures à l'Egliſe,
& à ſon baſtiment, d'où il ne reuenoit que ſur les ſept ou huit
heures du ſoir, s'y faiſant meſme apporter à manger, & trauaillant continuellement auec les ouuriers. Nous ne pouuons douter qu'vne telle action faite par vne perſonne de
cette qualité, & de cét âge, & auec vne telle ardeur n'ayt
eſté tres-agreable à Dieu, & ne luy ayt acquis de grandes
graces, puis qu'vne action heroïque y prepare dauantage
vne ame, & l'en rend plus capable, qu'vn grand' nombre de
petites & communes.

CHAPITRE II.

*Son Mariage, & comme il a veſcu iuſques à l'âge
de vingt-ſept ans.*

NCORE que l'eſtat Religieux ſoit, ainſi que la
Foy nous enſeigne & que l'Egliſe l'a defini, beaucoup plus parfait que celuy du Mariage, neantmoins comme la perfection d'vn homme ne con-
ſiſte point en la perfection de l'eſtat qu'il a embraſſé, mais à
faire preciſement la volonté de Dieu, & à ſe comporter
d'vne eminente maniere en la condition où il l'a mis: Dieu
pour

pour ne point priuer tout à fait Monsieur de Renty de la gloire & du merite de la Religion, luy en a donné la volonté & inspiré le dessein, pour l'accomplissement duquel il a fait ses efforts; mais ayant resolu de le proposer à toutes les personnes mariées qui sont dans son Eglise, comme vn patron parfait & acheué de toutes les vertus necessaires à l'état de mariage, il l'y a appellé, dont il disoit auoir tant de certitude, qu'il n'en pouuoit point douter.

Il se maria à l'âge de vingt-deux ans, & épousa la fille de Monsieur de Dunes, Comte de Grauille, Elizabeth de Balsac de la maison d'Entragues, Dame de grande vertu, de qui la modestie m'empéche d'en dire dauantage, & m'empéchera dans le cours de cette Histoire, de luy donner deuant les hommes la part de la gloire qu'elle a meritée en beaucoup de bonnes œuures que Monsieur son mary a faites, pour la luy reseruer plus grande deuant Dieu.

Les mariages se faisants dans la crainte de Dieu & dans le respect du Sacrement, Dieu verse tousiours dessus ses benedictions spirituelles, & pour l'ordinaire les temporelles, entre lesquelles comme les enfans sont estimez la principale, il benit le leur de cinq, dont les quatre qui restent, deux fils & deux filles, font esperer qu'ils se rendront selon leur capacité, dignes heritiers encore plus des vertus de leur pere, que de ses biens.

Il vécut dans son mariage iusques à vingt-sept ans auec la modestie, la sagesse & la conduite ordinaires aux personnes vertueuses de sa qualité qui sont engagées dans cet état, s'occupant en de pieux & loüables exercices, faisant des visites autant que la ciuilité & la bien-seance le requeroient de luy, où sa grande prudence, son aimable douceur, sa rare modestie, meslée d'vne gayeté raisonnable, auec des rencontres gentils & pleins d'esprit le rendoient fort agreable, & le firent mesme considerer, aymer & caresser du feu Roy Lovis le Iuste; iusques au point de luy susciter des enuieux, qui apres l'auoir étudié de pres ne trouuerent autre chose à redire en luy sinon qu'il estoit ieune. Mais il preferoit toûjours à toutes choses ce qui regardoit le seruice de Dieu &

son salut, fuyant auec grand soin toutes les occasions de peché, & éuitant adretement les écueils où ceux de sa condition & de son âge ordinairement échoüent, disant l'Office
de nostre Dame & par fois celuy des Morts, & d'autres prieres vocales, & faisant toutes les choses necessaires pour se
sauuer; Qui est aussi le sujet pour lequel Dieu nous a faits &
nous tient sur la terre, & pourtant ce à quoy la pluspart des
hommes pensent le moins.

Mais comme sa naissance luy faisoit porter vne épée, il
faut pour l'instruction de la Noblesse, & pour donner aux
Gentilhommes vn beau miroir, que le tirant de sa maison &
des exercices de la paix, nous le voyons dans les armes & à
la guerre, qui estoit desia allumée il y auoit plusieurs années,
& qui continuë encore, quelques prieres que nous ayons
faites à Dieu pour l'éteindre, parce que nous attisons toûjours ce feu & soufflons dessus auec nos pechez.

Premierement pour la connoissance, Monsieur de Renty
entendoit parfaitement toutes les parties & toutes les fonctions du mestier de la guerre, à cause de son bon esprit & de
l'étude particuliere qu'il en auoit faite, qui le faisoient admirer dans les conseils de guerre & dãs d'autres assemblées,
mesme des plus vieux & des plus experimentez Capitaines,
entre lesquels fut le Duc de Wimar, qui s'étonnoient qu'vn
ieune homme auec le peu d'experience que son âge luy
donnoit pût parler si sçauamment de choses si difficiles.

Pour la conduite, comme Dieu luy auoit donné naturellement vne grande prudence, & nonobstant toute son actiuité, vn sens fort rassis, il l'auoit tres-bonne, preuoyant
tout & pouruoyant à tout selon la necessité. Commandant
en la guerre de Lorraine vne compagnie de cauallerie
composée de quelques six-vingts caualiers, & dont plus de
soixante estoient de naissance, ils arriuerent à deux heures
de nuit en vn village, où ils trouuerent les maisons toutes
vuides, de sorte qu'estans contraints de loger chacun comme il pourroit, MONSIEVR DE RENTY rencontra par bonheur & par vne prouidence singuliere de Dieu sur luy, dans
son logement vne pauure vieille femme, qui estoit restée

seule dans tout le village & qui n'auoit pû s'enfuir auec les
autres, parce qu'elle se mouroit tant de faim que de maladie. Il console cette pauure femme & la secourt dans son
extremité spirituellement & corporellement ; dont elle se
sentant obligée, luy demanda s'il estoit des troupes du Roy,
ou de celles du Duc de Lorraine, à quoy luy par prudence
ne répondit pas directement, mais luy demanda pourquoy
elle s'enqueroit de cela ; lors elle luy dist, que s'il estoit des
troupes du Roy, il eut à déloger bien tost, parce que les
Crauates deuoient infailliblement venir dans peu d'heures, qui les tailleroient tous en pieces : ayant reçû cet auis,
il le communiqua à ceux qui commandoient auec luy, qui
tous ensemble iugerent à propos de monter à cheual, de déloger à la sourdine, & se retirer où estoit le corps de leur armée. L'auis se trouua veritable, dautant que trois heures
apres leur depart, les ennemis arriuerent à dessein de les
charger, ce qu'ils eussent fait, sans qu'vn seul eût pû se sauuer, à cause de leur grand nombre, & du temps fauorable,
& qu'estans tous frais ils eussent attaquez des hommes ha-
rassez & recrûs du trauail d'vne grande iournée. C'est ainsi
que Dieu veille sur ceux qui le craignent, & qu'il a soin de
leur conseruation, & mesme en leur faueur, de celle de
beaucoup d'autres : ce logement pouuoit tomber entre les
mains de quelqu'vn, qui n'eut pas merité cette grace de
Dieu, & qui peut-estre n'en eust pas vsé si prudemment.

Pour l'execution il n'y manquoit pas, parce qu'il auoit le
corps fort & robuste, & l'esprit actif, genereux & resolu, ne
redoutant aucun peril.

Adioustez à cela, comme l'ame au corps & la lumiere à
la beauté, la crainte de Dieu, la pieté & la iustice, sans quoy
la Noblesse n'a qu'vn faux éclat & vne puissance nuisible,
& la guerre fait des maux horribles & sans nombre. Monsievr de Renty tout le temps qu'il fut dans les armées, y faisoit constamment ses prieres & ses autres exercices de deuotion ; quand il arriuoit en son quartier, s'il y
auoit vne Eglise, son premier soin estoit de la visiter &
d'aller salüer nostre Seigneur ; s'il y auoit quelque maison

Religieuse, il y prenoit tousiours son logement , & afin de
ne point incommoder , pour soy seul quand l'armée arrestoit quelque part , plusieurs & bien plus vieux que luy passans le temps à ioüer, à boire, à dire des paroles sales, à iurer
& à d'autres déreglemens, luy se contenant dans son ordinaire sagesse, fuyoit toutes ces actions basses & vicieuses , &
s'occupoit en des exercices de vertu & d'honneur.

Par tout où il auoit pouuoir , il empéchoit de toute sa
puissance les desordres; il defendoit absolument à ses gens
de ne point mal-traiter leurs hostes & ne leur donner aucun
suiet de plainte , & ne montoit iamais à cheual qu'il n'eust
fait venir les siens, pour sçauoir de leur bouche si on leur
auoit point fait tort en quelque chose, & s'il apprenoit que
quelqu'vn de tous ceux sur qui s'étendoit son pouuoir, l'eust
fait, il y apportoit aussi-tost le remede & leur faisoit iustice.
Vn iour comme il estoit déja à cheual pour partir, ayant
fait cette demande à son hostesse , & elle se plaignant qu'vn
de ses domestiques luy auoit dérobé vne chemise , il les fit
incontinent venir tous, afin qu'elle reconnût le larron: l'a-
yant reconnû celuy-cy auoüa la verité, & dit qu'il l'auoit
mesme vestuë & la portoit sur le dos: au mesme temps son
maistre la luy fit dépoüiller deuant tout le monde & la rendre à cette femme , quoy que plusieurs personnes de condition trouuassent cela bien rude & mesme s'y opposas-
sent; mais luy tint toûjours ferme pour la Iustice, & dit qu'il
ne vouloit point souffrir de voleurs. Si tous ceux qui ont
commandement agissoient de la sorte comme ils le deuroient, on n'auroit pas peur de leurs soldats comme des
plus cruels ennemis, & Dieu, qui est le Dieu des armées,
donneroit plus de benediction & plus de succez à leurs
armes.

Mais comme le passage le plus dangereux à la Noblesse
pour faire naufrage de son salut , sont les querelles & le
duel; Dieu a voulu que ce sien seruiteur se soit trouué dans
cette perilleuse occasion, pour apprendre à tous les Gentils-hommes & à tous ceux qui portent l'épée , comme ils
s'y doiuent comporter. Estant volontaire dans l'armée il

eut vn démeflé auec vn Gentilhomme pointilleux, lequel
estant venu à la connoiffance des Chefs, il leur fit voir que
ce Gentilhomme n'auoit aucun fuiet raifonnable de fe
plaindre de luy, ce qu'ils iugerent estre vray; mais fa partie
n'acquiefçant pas à ce iugement, il en appella à celuy, que
felon la malheureufe maxime du monde, fon épée luy
pouuoit rendre, & fit appeller Monsievr de Renty
en duel, qui répondit à celuy qui luy apporta le cartel, que
ce Gentilhomme auoit tort & qu'il luy auoit donné toutes
les fatisfactions qu'il pouuoit iuftement defirer : mais cela
ne fuffifant pas à cet efprit mal-fait, il perfifte dans fon pernicieux deffein de luy faire tirer l'épée ; dont fe voyant
preffé, il luy fit vne réponfe, qui eft d'autant plus confide-
rable, qu'il eftoit ieune, & qu'il n'auoit point encore de re-
putatió mais fe la deuoit faire & acquerir de l'eftime par les
armes; cette réponfe fut, que refolumét il ne le feroit point,
puifque Dieu & le Roy le luy defendoient, mais qu'au refte
il vouloit bien qu'il fçût que toutes fes fatisfactions ne venoient point d'aucune crainte qu'il eut de luy, mais de celle de Dieu & de fon offenfe, & qu'il iroit tous les iours,
comme à fon ordinaire, où la neceffité de fes affaires l'ap-
pelloient, & que s'il l'attaquoit, il le mettroit en état de
s'en repentir. Ce quereleux voyant qu'il ne le pouuoit
attirer à vn duel ouuert, trouue vn iour moyen de le rencontrer, & luy fait mettre la main à l'épée, dont par vn iufte
iugement de Dieu il luy prit bien mal, parce que luy & fon
fecond y furent bleffez & defarmez, ne remportant de fa
remerité que de la confufion & de la douleur; lors ce vray
Gentilhomme Chreftien, au lieu de leur faire plus de mal,
comme il le pouuoit, les mene à fa tente, leur fait donner
du vin, fait panfer leurs playes, & leur rendre leurs épées,
& adiouftant à la charité & à la generofité l'humilité & la
modeftie comme fes grands ornemens, il tint toufiours du
depuis la chofe fecrete, & n'en ouurit la bouche à perfonne
pour en tirer vanité; & mefme, ce qui eft plus merueilleux,
il n'en a iamais parlé à fon homme qui fut prefent & qui
luy feruit de fecond en cette rencontre; à qui encore au-

parauant, comme il se veit forcé de se défendre, il auoit
recommandé de ne point tuer.

Cette querele n'a pas esté l'vnique, il en a eu encore
d'autres auec des voisins, ou pour le moins des suiets de se
plaindre d'eux, à quoy apportant tout ce que la prudence,
la patience & la charité pouuoient contribüer, il en est
tousiours heureusemént sorty, & il auoit coûtume de dire
à ses domestiques dans ses differens, & dans les leurs particuliers, qu'il y auoit bien plus de courage & de generosité de porter vne iniure pour l'amour de Dieu que de la
rendre, & de souffrir que de se vanger, parce que la chose
estoit beaucoup plus difficile ; que les taureaux auoient
bien du cœur, mais que c'estoit vn cœur brutal, au lieu que
le nostre doit estre raisonnable & chrestien.

CHAPITRE III.

Son changement entier & son appel à vne haute perfection.

MONSIEVR DE RENTY ayant ainsi vescu
dans son mariage iusques à l'âge de vingt-sept
ans, il plût à Dieu de le toucher encore dauantage, de l'éclairer de plus viues lumieres
& de l'appeller à cette haute perfection, à laquelle par la cooperation fidele qu'il a renduë à son appel
nous l'auons vû arriuer, &, comme vn grand flambeau, en
répandre les rayons à Paris & en tous les lieux où il a esté.
Ce fut en vne mission que firent les Peres de l'Oratoire à
six ou sept lieües de Paris, où il alla à pied, & où il fit sa
confession generale auec tous les soins que prennent ceux
qui la veulent faire tres-bonne ; il receût tant de graces en
cette vocation nouuelle, qu'il marquoit ce temps comme
le commencement de sa conuersion entiere à Dieu & de
sa parfaite consecration à son seruice.

En suite de ce changement, comme il sçauoit que quelque bon desir que l'on ayt de s'auancer à la perfection, le
chemin qui y mene, est mal aisé à tenir & plein de dangers,
& qu'ainsi pour ne point s'égarer & se perdre, il falloit necessairement auoir vn bon guide; Dieu par la prouidence
particuliere qu'il auoit pour sa sanctification luy en pour-
ueut d'vn dans ce besoin, tel qu'il le luy falloit, & luy
adressa le R. P. de Condren General de l'Oratoire person-
nage d'vn profond sçauoir, d'vne grande pieté, & d'vne
haute capacité pour les choses interieures, qui le conduisit
tousiours iusques à sa mort, c'est à dire quelques deux ans,
auec vn tres-grand soin & auec vne affection extraordinaire, comme le meritoit vn si excellent suiet, à qui il fit
faire de si notables progrés, qu'ils l'obligerent de dire à vne
personne, que Monsieur de Renty seroit vn iour vn grand
Saint.

En effet voicy comme quoy il en prit le chemin. Sans parler de ses penitéces & de ses austeritez, qui sont les premiers
combats d'vne personne bien conuertie & appellée à de
grandes choses, dont nous traiterons apres; Il se retira tout
à fait de la Cour; il dit adieu à tous les emplois de vanité &
d'ambition, pour ne plus s'occuper qu'à ceux qui pouuoient
glorifier Dieu & secourir le prochain; il renonça à toutes
les visites de pur compliment & inutiles; il prit à cœur l'e-
xercice de l'oraison & disoit pour cela tous les iours le
grand Office, se leuant mesme la nuit pour reciter matines,
& apres il faisoit vne heure de meditation: de sorte qu'il
demeuroit toutes les nuits en prieres deux ou trois heures,
mesme dans la plus grande rigueur de l'hyuer; tous les
iours il faisoit deux examens de sa conscience auec vne
exacte recherche de ses plus petits defauts, vn au matin deuant disner, & l'autre au soir; il se confessoit deux fois la
semaine & communioit trois ou quatre; il alloit vn iour la
semaine visiter & instruire les pauures malades de l'Hostel-
Dieu; vn autre ceux de sa Parroisse; il en donnoit vn autre
aux prisonniers, & en d'autres il se trouuoit à des assemblées
de pieté.

Mais parce qu'il auoit encore plus de soin & plus de zele pour ses Enfans & pour ses domestiques, comme aussi il y estoit obligé, ayant tousiours bien sçû distinguer les commandemens des conseils, & les obligations des deuotions qui sont libres; il auoit ordonné que tous les soirs l'on sonnât vne cloche pour les assembler, afin de faire ensemble leur examen, dire les litanies de Nostre Dame & d'autres prieres; tous les Samedis il leur faisoit en presence de Madame sa femme vn entretien sur l'Euangile du Dimanche suiuant, pour leur en imprimer les maximes & les instruire des choses de leur salut, d'où ils tiroient beaucoup d'edification & de profit.

Mais ce qui est de grand exemple, est l'ordre qu'il tenoit en ses voyages, que voicy. On y estoit aussi reglé, que dans vne Religion bien reformée: le matin deuant que de partir on entendoit la sainte Messe; aussi tôt qu'on estoit monté en carosse & que l'on commençoit à marcher, la premiere chose qui se faisoit, estoit de dire l'Itineraire, qu'il n'omettoit iamais, pour petit que fut le voyage qu'il fit hors la Ville; apres on chantoit les litanies de nostre Seigneur, ensuite on faisoit la meditation; puis il disoit vne partie de l'office diuin, laquelle estant acheuée il entretenoit la compagnie de quelque bon discours, l'éleuant doucement à Dieu: s'il regardoit l'étenduë des campagnes, il parloit de l'immensité de Dieu; s'il se presentoit quelque bel obiet à leurs yeux, comme quelque maison de plaisance, quelque prairie émaillée de fleurs, ou quelque riuiere serpentant agreablement les terres, il discouroit de sa beauté, ou du Paradis, formant mesme des actes de vertu tout haut, qui touchoient extremement les cœurs. Quand on approchoit du lieu, où l'on deuoit disner, il faisoit l'examen: & y arriuant, comme aussi au soir où il falloit coucher, descendu qu'il estoit du carosse, deuant que d'entrer en l'hostellerie, il alloit à l'Eglise; que si la porte estoit fermée & qu'il ne se trouuât personne pour l'ouurir, il se mettoit à genoux à la porte pour y rendre ses deuoirs au S. Sacrement; apres il s'enquestoit s'il y auoit vn hospital en ce lieu, afin d'y aller

& y

& y exercer la charité. Estant à l'hostellerie, auant toutes choses il se mettoit à genoux dans la chambre & adoroit Dieu, & le prioit auec grande affection pour toutes les personnes qui entreroient en ce lieu, & pour obtenir le pardon de tous les desordres qui s'y estoient commis. Quand il voyoit quelque chose écrite sur les murailles ou sur la cheminée qui blessoit l'honesteté, il l'effaçoit, & en sa place mettoit quelques paroles qui portoient instruction de pieté & de salut, & il taschoit tousiours deuant que de partir, de donner quelque bon aduis aux seruiteurs du logis & aux pauures du lieu qu'il pouuoit rencontrer, afin de ne passer en aucun lieu, à l'exemple de nostre Seigneur, sans y faire du bien.

Apres le disner, lors que l'on estoit remonté en carosse, il se recueilloit en soy-mesme & s'appliquoit à son interieur quelque peu de temps : suiuoit apres celuy de la recreation qui estoit graue & modeste : puis il chantoit les vespres auec sa compagnie, & les vespres chantées il l'excitoit à se relâcher vn peu & à prendre quelque diuertissement innocent, dans lequel, pour le rendre chrestien & le sanctifier, il mesloit tousiours quelque trait de pieté, souuet il faisoit chanter auec luy les articles de nostre creance en François, qu'il auoit à ce dessein fait mettre en musique; sur les quatre heures on chantoit Complies; apres il faisoit l'oraison; & quand on estoit arriué à l'hostellerie, ses exercices estoient les mesmes que ceux du matin : c'est ainsi qu'il se gouuernoit en ses voyages. Si ce que disoient entre eux les Hebreux est vray, que l'on connoit vn homme en la maladie, à la table, au ieu & en voyage, nous pouuons iuger de ce que nous auons rapporté, quelle deuoit estre la vertu de ce grand Seruiteur de Dieu.

Comme la fin du Mariage est d'auoir des Enfans, & la fin du mariage Chrestien est de les rendre vertueux pour les faire arriuer à leur salut & à la beatitude que Dieu leur prepare, il prenoit vn tres-grãd soin & par soy & par d'autres de faire que les siens le fussent, & de leur grauer profondemẽt pour cet effet la crainte de Dieu, de les desabuser de l'e-

ſtime du monde, de leur faire connoiſtre, que ſes maximes
ſont fort contraires à l'eſprit de IESVS-CHRIST, & que
la vraye Nobleſſe conſiſte en la vertu. Voicy les penſées
« qu'il auoit là deſſus, qu'il écriuit à vne Dame: Pour l'edu-
« cation des Enfans, Dieu ayant diſtingué les conditions
« ſemble nous enſeigner, qu'il doit y auoir auſſi de la diuer-
« ſité entre la nourriture d'vn Roturier & celle d'vn Gentil-
« homme, qui eſtant nay pour porter l'épée ne doit pas ſans
« doute eſtre mis dans vn cloiſtre pour y eſtre dreſſé : mais la
« corruption eſt maintenant ſi grande parmy nous, que toutes les principales inſtructions que nous leur donnons &
« que leur donnent ceux que nous mettons aupres d'eux, ne
« vont qu'à allumer vn feu infernal de vanité dans des cœurs,
« où il n'y en a deſia que trop, pouſſant vne ieuneſſe par des
« comparaiſons payennes à ne rien ſouffrir, à aſpirer touſiours
« à ce qui eſt de plus haut, & pour y arriuer à ſe ſeruir des
« moyens les plus approuuez du monde, encore qu'ils ſoient
« defendus de Dieu. Que ſi on n'en vient point iuſques-là,
« au moins n'enfonce-t'on pas dans le cœur d'vn ieune Gen-
« til-homme les maximes Chreſtiennes : par exemple vous
« ſçauez que les duels infectent tous les ieunes gens ; Ot
« dites-moy, combien y en a-t'il qui voudroient que leurs
« enfans, eſtans grands & appellez ne ſe batiſſent point, &
« encore moins s'ils eſtoient aſſeurez qu'ils ne ſeroient point
« bleſſez & remporteroient de l'auantage ? mais qu'arriue-
« t'il ? que peut eſtre iamais nous ne ferons vn diſcours ex-
« pres pour condamner les duels ; ce que toutefois nous de-
« urions faire d'autant plus ſouuent & à fond, & en monſtrer
« les ſuites malheureuſes, que l'inclination, que l'exemple,
« l'eſtime & l'honneur du monde y engage & y porte. Si par
« hazard il ſort de la bouche de cette ieuneſſe quelque étin-
« celle de ce braſier que nous auons naturel, on leur dira
« peut-eſtre en riant, ou en paſſant, ô ! cela n'eſt pas bien :
« Dieu le defend, Ouy dea ! mais remarquez, ie vous prie,
« ſi c'eſt ainſi que vous empéchez que voſtre fils n'ait les iam-
« bes tortuës & le corps contrefait ; ſi c'eſt ainſi qu'il apprend
« à dancer & à faire des armes, voila ſes ſentimens là deſſus.

Pour ses Domestiques & les Officiers qu'il auoit dans ses terres, il leur recommandoit singulierement la iustice, la charité & la douceur, & vouloit que l'on fist du bien à tous & du mal à personne autant qu'il se pouuoit. Vn d'entre eux s'estant emporté de cholere & ayant commis quelque excez dans vn cimetiere, il luy en manda cecy. I'ay ,, appris auec douleur ce que vous auez fait, & quoy que ie ,, ne vueille pas croire toutes les circonstances que l'on m'a ,, rapportées, il y en a tousiours assez pour me faire connoi- ,, stre que vostre passion a esté la maistresse. Si ie ne vous re- ,, gardois que pour moy & pour mes interests, ie deurois sou- ,, haiter que vous exterminassiez tous ceux qui me veulent ,, nuire; mais il est question de viure en Chrestien & pour ,, vous & pour moy, ou bien d'estre damné; Si nous n'auons ,, cette creance & ce desir, soyons Turcs & Barbares à dé- ,, couuert. Si vous sçauiez combien ces actions déplaisent à ,, Dieu, quel scandale & quel dommage elles apportent ,, aux hommes, vostre cœur seroit bien tost changé. Ie prie ,, Dieu d'y mettre la main, ie luy offre & biens, & sang, & vie ,, pour vous obtenir cette grace, d'où dépend vostre salut: ,, mais ie vous prie en frere, & vous commande en maistre ,, de reparer le tort fait à Dieu au lieu saint, & au prochain. ,, I'aymerois mieux que ma maison fût perduë pour moy, que ,, vous en vinssiez vne autre fois à cette extremité. Ie dois ,, regler mes sentimens & le desir de conseruer mes biens ,, par ma conscience & par l'amour de Dieu, qui me les a ,, donnés: Ie vous auoüe que la conduite dans le monde est ,, difficile, attendu les malices d'auiourdhuy, & qu'on peut ,, quelquefois par voyes extraordinaires empêcher l'oppres- ,, sion des foibles & s'opposer aux iniustices; mais quand ,, nostre interest y est meslé, il faut se reduire aux voyes ordi- ,, naires, premierement de la douceur; secondement de la ,, iustice; & si cela ne reüssit, prendre patience: c'est là, où ,, nous deuons pratiquer la vertu; Ie ne fais pas grand état ,, de certaines deuotions façonnées, mais ie respecte les ma- ,, ximes de l'Euangile, qui nous apprennent ce chemin. ,,

CHAPITRE IV.

Des vertus de Monsieur de Renty en general.

DEVANT que de parler des vertus de cet homme de Dieu en particulier, ie crois qu'il sera vtile d'en dire quelque chose en general, & d'en faire comme le plan : sur quoy i'ay à dire deux choses.

La premiere, qu'entre toutes les personnes de pieté que i'ay bien connuës, ie n'en ay point veu de qui les vertus ayent esté à mon aduis, apres auoir bien consideré toutes choses, plus solides, plus fortes & plus acheuées que les siennes. I'en parle de la sorte pour l'auoir connu intimement plusieurs années & iusques à sa mort, tellement que quand ie me le refigure en tout le détail de sa conduite & pour son interieur & pour son exterieur, ie ne puis que ie n'en forme vne tres-haute idée & que ie ne me le represente comme vn modele d'vne perfection consommée, dequoy tous ceux qui ont eu quelque liaison auec luy, dont le nombre est tres-grand à cause des emplois qu'il auoit pour le prochain, tomberont aisément d'accord & témoigneront asseurément, que ie ne dis rien de trop.

La seconde est, que nous ne pouuons pas mieux apprendre que de luy mesme ce que nous desirons de sçauoir icy : il nous l'enseigne dans vn recit qu'il donna à son second Directeur qui succeda au R. P. de Condren, & qui luy auoit dit estre necessaire qu'il sçût ses dispositions & l'ordre qu'il tenoit. Voicy ce que porte son Original, duquel toutefois i'ay retranché quelques choses, parce qu'elles sont desia rapportées au chapitre precedent.

" I'ay tardé quelques iours, apres le commandement qui
" m'a esté fait d'écrire l'employ de ma iournée pour tascher
" d'y connoître quelque chose ; mais ie n'y remarque rien

d'ordonné ni quasi qui se puisse écrire, à cause que tout
consiste en abandon, & en vne suite apres l'ordre de Dieu,
ce qui cause quasi toujours choses diuerses, quoy que sur
vn mesme fond.

Pour l'exterieur & le materiel, ie me leue d'ordinaire à
cinq heures (il faut se souuenir de ce qui est cy-deuant,
que c'estoit apres auoir passé vne partie de la nuict en prieres) à mon réueil i'entre dans mon fond d'aneantissement
deuant la Majesté de Dieu, ie m'vnis à son Fils & à son
Esprit pour luy rendre mes homages; estant leué ie prends
de l'eau beniste, ie me prosterne & adore le benefice de
l'Incarnation, qui nous donne accés & nous reconcilie à
Dieu; ie me liure au S. Enfant IESVS pour entrer dans son
Esprit; ie saluë quelquefois mon bon Ange, sainct Iean Baptiste, saincte Therese, & quelques autres Saints, & puis ie
recite l'*Angelus* : il dit, quelquefois, non qu'il y manquat
par vn oubly imparfait ou par inconstance, estant extremement exact & fidele à continuer ses exercices de deuotion;
mais par la force de l'application actiue, & souuent passiue
qu'il auoit à Dieu, & qui l'empéchoit de se diuertir ailleurs.

Ie m'habille: ce qui dure fort peu, & puis ie passe dans
vne petite salle pour aller à la chappelle, où sur la cheminée
i'ay mis vne image de la sainte Vierge tenant son Fils
comme la Dame de la maison: ie baise la terre en sa presence, & luy dis, *Monstra te esse matrem*, *&c*. Ie me dedie &
me renouuelle entierement à son seruice, & luy offre toute
la famille, femme, enfans, domestiques; & ie suis porté il
y a long temps à la luy offrir, afin que par son moyen elle
soit toute consommée pour Dieu, & en me releuant, ie luy
dis, *Mater incomparabilis ora pro nobis*.

Apres, i'entre dans la chapelle, où ie me prosterne &
adore Dieu, ie m'abaisse deuant luy, me faisant le plus petit, le plus nû & le plus desemply de moy que ie peux, &
me tiens là en foy, ayant recours à son Fils & à son diuin
Esprit pour faire tout ce qu'il luy plaira que ie fasse, & ie
demeure ainsi; si i'ay quelque penitence à faire, ie la fais

« sur les six heures & demie, & puis ie lis deux chapitres du
« Nouueau Testament teste nuë & à genoux : à sept heures
« ie monte dans vn cabinet, où il y a trois stations, la premie-
« re à la Vierge, la seconde à saint Ioseph, & la troisiéme à
« sainte Therese, ausquels ie rends mes petits deuoirs, &
« apres ie vaque aux affaires : que si ie n'ay rien de pressé, ie
« me mets à genoux deuant Dieu iusques à ce que i'aille à la
« Messe, & ie demeure à l'Eglise iusques à vnze heures &
« demie, exceptés les iours, que nous donnons à disner aux
« pauures, que ie reuiens à vnze.

« Deuant disner ie fais l'examen du matin & quelques
« prieres pour l'Eglise & l'accroissement de la Foy, & pour
« les ames de Purgatoire ; puis ie dis l'*Angelus* ; ie disne à
« midy, & pendant le disner ie fais lire ; depuis midy & demy
« ie parle l'espace d'vne heure à ceux qui ont affaire à moy,
« & c'est le temps que ie donne pour me trouuer. Apres, ie
« sors pour aller où l'ordre de Dieu m'enuoye. Il y a certains
« iours reglez, les autres sont tousiours retenus d'vne semai-
« ne à l'autre, s'il arriue que ie n'aye rien à faire ie prie dans
« vne Eglise : mais quoy qu'il arriue ie tasche de ne point
« manquer à visiter tous les apres disner le saint Sacrement,
« & de faire sur le soir vne heure d'oraison.

« Sur les sept heures, apres que i'ay fait quelque priere vo-
« cale, on souppe : pendant le souper on lit le Martyrologe &
« la vie du Sainct du lendemain ; le souper acheué, ie parle à
« mes Enfans, & leur dis quelque chose pour leur instruction ;
« à neuf heures on sonne la priere à laquelle tous les domesti-
« ques assistent, apres laquelle chacun se retire, & moy ie me
« tiens en la Chapelle en oraison iusques à dix que ie m'en vay
« à ma chambre ; m'estant donné & recommandé à mon Dieu
« selon le fond que ie porte, à la saincte Vierge, à mon bon
« Ange, & autres Saints ie prens de l'eau beniste & me cou-
« che ; estant couché ie dis le *Deprofundis* pour les morts &
« quelques autres petites prieres, & puis ie tasche de reposer.
« Voila à peu pres l'ordre du iour pour l'exterieur.

« Mais pour mon interieur ie n'en ay aucun, pour ainsi dire,
« car en suite que i'ay quitté il y aura vn an la semaine sainte

le Breuiaire, toutes mes formes & toutes mes pratiques m'ont „
abandonné, & maintenant au lieu de m'en feruir de moyens „
pour aller à Dieu, elles m'y feroient des empefchemens. Ie „
porte pour l'ordinaire, mais auec beaucoup d'infidelités & „
fi grandes en tout ce que ie dis icy, que ie ne l'écris qu'à re- „
gret, parce que ie ne fuis que vice & que peché. Ie porte, „
dif-ie, pour l'ordinaire en moy vne verité experimentale & „
vne plenitude de la prefence de la tres-fainte Trinité, ou „
bien d'vn myftere qui m'éleue par vne fimple veuë à Dieu, „
& auec cela ie fais tout ce que la diuine prouidence m'en- „
ioint, regardant, non pas les chofes ny pour leur grandeur „
ni pour leur petitefse en mon endroit, mais feulement l'or- „
dre de Dieu & la gloire qu'elles luy peuuent rendre. Pour „
les examens & les chofes de communauté, que i'ay mar- „
quées cy-defsus, ie ne puis fouuent m'y arrefter, i'en fais „
bien l'exterieur pour garder l'ordre, mais ie fuys toûjours „
mon intérieur fans y apporter de changement, parce que „
quand on a Dieu, il n'eft point befoin de le chercher par ail- „
leurs, & lorsqu'il nous tient dans vne maniere, ce n'eft pas à „
nous d'en prendre vne autre; & l'ame connoift bien ce qui luy „
fait fon fond plus net & qui l'vnit, ou ce qui la multiplie. „

Pour l'interieur, ie fuys donc l'attrait, & pour l'exterieur, „
ie vois la volonté diuine qui me le fait fuiure, & qui me porte „
à m'y gouuerner auec le difcernement de fon efprit en fimpli- „
cité : ainfi ie pofsede par fa grace en toutes chofes vn grand fi- „
lence interieur, vn profond refpect, & vne paix folide. „

Ie me confefse d'ordinaire les Ieudis felon l'ordre qui m'en „
a efté donné, & ie communie quafi tous les iours, m'y fentant „
attiré, & en auoir grand befoin. „

En vn mot le fond qui m'eft monftré eft de me rendre à Dieu „
par IESVS-CHRIST, auec vn trait de pureté qui a pour fon „
operation d'adorer Dieu en efprit & en verité d'vne maniere „
toute nuë, & de l'aimer de tout mon cœur, de toute mon ame „
& de toute ma puifsance, & en toutes chofes voir & adorer la „
conduite de Dieu & la fuiure : cela feul demeurant dans mon „
efprit, tout le refte s'efface de moy. „

Ie n'ay rien de fenfible finon parfois quelque trait pafsager, „

" mais, si ie l'ose dire, quand ie sonde ma volonté, ie la trouue
" quelquefois si viue, qu'elle me deuoreroit, si le mesme Sei-
" gneur qui l'anime, quoy qu'indigne, ne la retenoit. I'entre
" en chaleur & en feu, & iusques au bout des doigts ie sens que
" tout parle pour son Dieu, & se répand au long & au large
" dans son immensité, qu'il s'y dissout & s'y perd pour le glo-
" rifier. Ie ne puis exprimer cecy comme il est : Ie ne m'arreste
" point à tout ce qui se passe en moy, ie retombe tousiours
" dans mon neant, où ie trouue mon acte de pureté vers Dieu
" comme dessus. Il conclud apres en ces termes.
"   Ie vous demande pardon, mon Reuerend Pere, si cecy
" est si mal ordonné, ie l'ay mis comme il m'est venu, ie serois
" bien heureux si vous pouuiez connôitre toutes mes miseres,
" car vous en auriez grande pitié. Voila l'écrit qu'il donna à
son Directeur.

Ceux qui le liront iugeront sans doute, s'ils le comprennent bien & penetrent iusques au fond le sens de ses paroles, que les vertus de cét excellét seruiteur de Dieu ont esté tres-grandes, & sa perfection tres-releuée : ce qu'il deuront faire d'autant plus, qu'ils peuuent s'asseurer qu'il n'a point excedé à rapporter les choses qui le touchent, mais plustost qu'il les a diminuées, estant par grace & mesme par nature extremement reserué, & tres-consideré en tout ce qu'il disoit, & singulierement à parler de soy.

SECTION VNIQVE.

La source, d'où ces vertus sont decoulées.

SI maintenant nous voulons examiner le principe de ces vertus & de cette perfection, & la source d'où elles sont decoulées, nous trouuerons que ç'a esté de l'vnion intime qu'il a eüe auec nostre Seigneur IESVS-CHRIST, à laquelle il s'est tousiours addonné par dessus tout.

Son sage & illuminé Directeur le R. P. de Condren sçachant que l'vnion auec IESVS-CHRIST est le fondement de nostre predestination, de nostre iustification, de nostre
sanctification

sanctification, de toute la grace & de toute la gloire que nous pouuons iamais auoir. Que Iesvs-Christ estant le Chemin, tout ce qui est hors de ce Chemin, ne peut estre qu'égarement; estant la Verité, ce qui n'est pas conforme à cette Verité, n'est que mensonge, & estant la Vie, tout ce qui ne vit pas de cette Vie & n'est point animé de l'esprit de Iesvs-Christ, n'est point viuant: mais qu'il est necessairement mort. Il fit ce que deuroient faire toûjours & auec grand soin tous les Directeurs des ames, qui fut de luy faire connoître & bien comprendre l'importance & la necessité de cette vnion, de l'appliquer fortement & constamment à Iesvs-Christ pour le reglement de son interieur & de son exterieur; de le mettre dans ce Chemin, de le lier à cette Verité & de l'vnir à cette Vie. Monsieur de Renty suiuit exactement cette conduite, & y fit de grands progrez, qu'il alla toûjours perfectionnant iusques à sa mort auec de merueilleux accroissemens, de sorte que comme les derniers traits, que le peintre donne à son tableau pour l'acheuer, sont bien differens de ceux qui ne l'ont qu'ébauché; ou bien encore comme le Soleil a beaucoup plus de lumiere & plus de chaleur, à mesure qu'il s'auance en sa carriere & qu'il approche du midy, que quand il se leue: de mesme les applications, les liaisons & les vnions que cet excellent homme auoit sur ses dernieres années auec Iesvs-Christ, & les actions ou qu'il faisoit pour luy, ou qu'il receuoit de luy, estoient toutes autres que celles de ses commencemens; car il estoit pour lors tout consommé en Iesvs-Christ, il auoit comme passé en luy, & il le portoit naïuemét representé en son corps, en son ame, en ses pensées, en ses affectiõs, en ses appetits, en ses paroles &en ses œuures; d'où venoit qu'il n'auoit autre objet deuãt les yeux que luy, qu'il ne pẽsoit qu'à luy, qu'il n'aimoit que luy, qu'il ne parloit que de luy, qu'il n'operoit que pour luy & toûjours sur son modele, qu'il ne lisoit que le nouueau testamẽt, lequel il portoit toûjours sur soy, & qu'il s'efforçoit par tous les moyens possibles de grauer & sa connoissance & son amour dans tous les cœurs.

Ecriuant à son Directeur l'an mil six cens quarante six sur

le suiet de ses dispositions, il luy manda ces paroles entr'au-
« tres. Pour vous parler de mon interieur, ie me sens ne vou-
« loir que Dieu, & en vnion auec Nostre Seigneur Iesvs-
« Christ luy rendre tous mes homages, c'est là la pleni-
« tude de mon cœur, & ie le sens bien quand ie le sonde.

«   Il dit cecy au mesme en vne autre lettre. Ie suis en
« grande necessité de Iesvs-Christ; mais ie vous dois dire
« par reconnoissance à la misericorde de Dieu & par vne cer-
« titude de verité, que ie sens qu'il est plus dominant en moy
« que moy-mesme : Ie sçay pourtant que ie ne suis de moy que
« peché ; mais auec cela i'experimente Nostre Seigneur en
« moy, qui est ma Force, ma Vie, ma Paix, & mon Tout. Ie
« le supplie qu'il soit nostre Plenitude.

«   Et en vne autre encore. Ie me trouue, dit-il, bien em-
« pesché que vous mander, parce que toutes choses s'effacent
« de moy à mesure qu'elles se passent : ie ne puis rien retenir
« que Dieu, & cela dans vne maniere aueugle d'vne foy nuë,
« laquelle me faisant cõnôitre le mauuais fond qui est en moy,
« me donne toutefois force & grande confiance par voie d'a-
« bandon à nostre Seigneur Iesus-Christ en Dieu. I'ay trouué
« ce matin vn passage dans Sainct Paul que ie crois que nostre
« Seigneur m'a mis en main pour m'exprimer, puisque c'est la
« verité de ce que i'experimente. *Fiduciam autem talem habe-*
« *mus per Christum, ad Deum : non quod sufficientes simus cogitare*
« *aliquid à nobis, quasi ex nobis : sed sufficientia nostra ex Deo est.* Il y
« a enuiron quinze iours que ces paroles me furent mises en
« l'esprit sans aucune contribution de ma part, ni de choses
« qui m'en pûssent rafraischir les idées; *Quære venam aquarum*
« *viuentium,* & comme elles me furent exprimées, mon esprit,
« tout ainsi que si l'on rebroussoit le long d'vne riuiere iusques
« à sa source, fut trouuer Iesus-Christ depuis le commence-
« ment de sa vie voiagere iusques au point de sa gloire, qu'il
« fut assis dans son thrône à la dextre de son pere, d'où il en-
« uoie son esprit pour animer son Eglise & viuifier les siens. Ie
« veis que c'estoit là la source, d'où les veines d'eaux viues nous
« découloient, & que c'estoit là où il nous falloit adresser.
« Ie pourrois rapporter icy plusieurs semblables traits, dont,

ses lettres à son Directeur sont semées, mais ie crois qu'en
voila assez à present pour prouuer sa disposition enuers nostre
Seigneur, & son vnion auec luy.

Quand il écriuoit a d'autres personnes, il inseroit toûjours quelque chose de nostre Seigneur pour les exciter à
s'attacher à luy, & se le proposer en tout pour le modele de
leurs actions. Tantost il mandoit; Oublions tout pour pen- »
ser à cette foy qui fait alliance de Dieu & de nous par Iesus- »
Christ, lequel nous est venu annoncer cette verité, qu'il a »
scelée de son sang & qu'il consommera dans sa gloire, lors »
que nous aurons esté fideles à suiure son esprit : allons apres »
& auec Iesus-Christ à Dieu, car il est nostre Voie. Tantost, »
c'est chose admirable qu'il ayt plû à Dieu de nous enuoyer »
son Fils, afin que nous ne le regardassions plus comme nostre »
Createur seulement, mais encore par l'alliance que nous »
auons auec luy par ce cher Fils, nous l'appellassions nostre »
Pere : Il est donc nostre pere dés à present, & il est certain »
qu'il nous considere comme ses enfans en la personne de son »
Fils incarné; mais l'importance est de nous bien vnir à ce fils »
continuant sa vie sur la terre dans la nostre par la direction »
de son esprit. Et il dit cecy dans vne autre lettre : Que Ie- »
sus - Christ soit nostre Lien, nostre Ame & nostre Vie à »
tous, comme il est nostre Patron; regardons de prés ce Saint »
Original, entrons dans ses maximes, prenons ses desirs, exe- »
cutons ses œuures, & que l'on sçache que nous sommes »
Chrestiens. »

Ecriuant à vne autre il luy parle de cette sorte : I'adore & »
ie benis de tout mon cœur nostre Seigneur Iesus-Christ de »
ce qu'il vous ouure le sien pour posseder tout le vostre ; il le »
fera mourir, & le reduira à vne sainte pauureté qui vous fera »
goûter la vraye vie & toute richesse, & adoüer que c'est vne »
grande misericorde d'estre à Iesus-Christ : Ie le supplie de »
vous distribuer les plus sanctifiantes de ses graces, & que »
nous puissions & bien mourir & bien viure de son esprit. En- »
trons dans cét esprit, qui nous donnera les sentimens & l'e- »
nergie des enfans de Dieu. Toute autre presence & applica- »
tion à la maiesté diuine, qui n'est point en liaison de l'ame de »

« Iesus-Christ, est de creature vers le Createur , qui portē
« bien respect, mais ne donne pas la vie & les mouuemens des
« Enfans de Dieu vers leur Pere; où nous liant aux operations
« interieures de Iesus-Christ, nous y trouuons les affections
« des enfans veritables, que nous ne pouuons auoir qu'estans
« vnis au veritable Fils.

Finissons par ce qu'vne personne, à qui il s'ouuroit confidemment, rapporte de luy sur ce suiet; voicy ce qu'elle dit:
cét homme rare paroissoit touché d'vn amour bien tendre
& bien ardent enuers Nostre Seigneur Iesus-Christ : i'ay remarqué que ses conuersations & ses discours tendoient toûiours à ce but, d'imprimer dans les ames la connoissance &
l'amour de nostre Seigneur auec vne veritable solidité: luy
« parlant, il m'a dit plusieurs fois : i'auoüe que ie ne puis rien
« goûter, où ie ne trouue point Iesus-Christ : vne ame qui n'en
« parle pas, ou dans laquelle on ne sent point d'effet de la gra-
« ce emanante de son esprit, qui est le principe des operations
« tant interieures comme exterieures solidement chrestien-
« nes, ne m'en parlez point : ie pourrois y voir des miracles &
« des prodiges, pour ainsi dire, si ie n'y vois Iesus-Christ, &
« si l'on ne me parle de luy , i'estime tout amusement d'es-
« prit, perte de temps & vn tres-dangereux precipice. Et plu-
« sieurs autres fois il me disoit, aimons Iesus-Christ, vnissons
« nous à son esprit & à sa grace : moy miserable pecheur ne l'ai-
« mant pas , ie serois au moins bien aise de voir ce mien man-
« quement suppleé par d'autres qui l'aimassent ardemment.
« Mais ie suis trop indigne de procurer vne chose si grande, &
« où i'ay si peu de part.

Ce seruiteur fidele & ce parfait imitateur de Iesus-Christ
aiant vne application si forte & vne vnion si intime à ce diuin
Seigneur, comme il est aisé de recueillir de ce qui a esté dit,
nous deuons en suite rapporter à cette application & à cette
vnion toutes ses vertus, dont nous allons traiter en détail, &
les regarder comme des effets de cette cause, des ruisseaux
de cette fontaine, & des reietons de cette tige.

SECONDE PARTIE.

LES VERTVS, QVI L'ONT
perfectionné au regard de luy mesme.

CHAPITRE PREMIER.

Ses penitences & ses austeritez.

OMME nostre chair & nos sens sont de leur nature, & encore plus par leur corruption, fort opposez à la vie spirituelle, & entre les ennemis de nostre salut & de nostre perfection, ceux qui se rendent les plus importuns & les plus violens, Dieu a coûtume d'inspirer à ceux, qu'il veut éleuer au comble de la vertu & les faire saints, au commencement de leur conuersion vn esprit de penitence & de mortification de leur corps. Monsieur de Renty que Dieu destinoit à cette gloire, animé de cet esprit attaque le sien auec de rigoureuses austeritez pour le ranger à son deuoir, & l'empescher qu'il ne luy nuisist dans ses exercices interieurs. Ainsi il commence à ieûner tous les iours & ne faire qu'vn repas, ce qu'il a continué quelques années, iusques à ce qu'on luy ordonna de faire autrement & se nourrir dauantage, pour pouuoir soûtenir les grands trauaux qu'il prenoit pour le prochain: il portoit quelques iours de la semaine vne ceinture de fer, où il y

auoit double rang de pointes fort longues, & vn bracelet de
mesme; en d'autres il se disciplinoit rudement: par fois il prenoit le cilice : il tenoit continuellement sur sa poitrine vn
Crucifix de bronze, dont la longueur luy alloit iusques au
bas de l'estomach, & les cloux, qui estoient tres pointus, luy
entroient dans la chair.

Quand il alloit à la campagne & qu'il estoit arriué à l'ho-
stelerie, il entroit dans la cuisine pour manger, s'il pouuoit,
auec les valets & auec les autres personnes viles qui s'y ar-
restent, & ce à deux fins, pour y mortifier son corps, & pour
dire quelque chose de bon à ces pauures gens ; & quand le
soir il estoit contraint de prendre vne chambre, il se defai-
soit adroitement de ses gens & les enuoyoit coucher autre-
part, & luy passoit la nuit dans vne chaire, ou se iettoit sur
vn lit tout vestu & tout botté, ce qu'il a continué iusques à
sa mort. Estant venu à Amiens où i'estois, & vne Damoiselle des premieres de la ville luy ayant preparé chez soy
dans vne belle chambre vn lit magnifique, pour honorer sa
vertu & sa qualité, il en fut bien marry & n'en voulut point
vser; mais se coucha sur vn banc, & le lendemain tout honteux me fit des reproches de cette Damoiselle : de sorte que
pour auoir la benediction de le loger chez elle, il fallut le
changer de chambre & de lit, & luy en donner de faits &
d'accommodez à sa façon, c'est à dire, où il ne fust pas si à
son ayse.

Il estoit tres mortifié en sa nourriture, mangeant peu &
tousiours du pire; aussi se souuenoit-il que nostre mal-heur
n'est venu que pour auoir mangé d'vn fruit delicieux. Dis-
nant en compagnie vn iour maigre, quelqu'vn des conuiez
qui étudioit ses actions, remarqua qu'il n'auoit mangé que
des pois, & encore auec vne si grande modestie & vn si grand
recueillement, que l'on pouuoit aysement voir qu'il estoit
attaché à Dieu & non au manger.

Comme vn de ses amis, homme de pieté, luy donna vne
fois à disner à Caen auec vn peu de ceremonie, comme à vne
personne de condition, il mangea fort peu & entra dans vn
sentiment d'humiliation & de confusion, ainsi qu'il le de-

clara par apres , de ce que les Chrestiens faisoient des festins, adioustant que peu de choses suffisoient,& que c'estoit vn grand tourment de se trouuer en des repas où il y a tant de viandes , & vn procedé bien contraire à la pauureté de Iesvs-Christ, qui toutefois nous deuroit seruir de regle. Il disoit à ses amis, vn peu de pain, vn peu de lard, & de beurre suffit.

Pour cette cause ses amis aiant reconnu sa grace, ne pensoient plus à luy pour son manger , ils croioient mesme le bien traiter , de luy faire mauuaise chere : La perfection de la vie Chrestienne & l'accomplissement de la volonté de Dieu estoient, à l'exemple de nostre Seigneur , sa viande plus exquise & son mets delicieux, & quand on luy donnoit occasion , ou qu'on le laissoit dans la liberté de la pratiquer, il estoit raui. Souuent à Paris quelque action de Charité l'aiant mené bien loin, & ne pouuant retourner à son logis pour disner, il entroit tout seul & inconnu en vn petit cabaret, ou chez vn Boulanger, & là pour tout son disner mangeoit vn petit pain & beuuoit de l'eau, & apres alloit tout gay reprendre le cours de ses affaires.

Ce qu'il faisoit pour la mortification du goust , il le pratiquoit constamment pour tous les autres sens , pour la veuë, pour l'oüye, pour l'odorat & pour le toucher. Estant allé à Pontoise vn iour d'hyuer qu'il faisoit grand froid, il pria instamment la Touriere des meres Carmelites, chez qui il logeoit, qu'on ne luy fit point de feu , & qu'on ne luy dressat point de lict ; apres auoir parlé à quelques Religieuses , prenant congé de la derniere, il luy dit , il faut aller faire nos petites visites ; c'estoit de visiter les prisoniers, les pauures honteux & s'employer à d'autres œuures de charité , dont il ne s'oublioit iamais, quelque temps qu'il fit & pour peu de loisir qu'il eut. Il reuint sur les neuf heures du soir que les Religieuses alloient dire matines, & sans vouloir rien prendre pour manger, il entre dans l'Eglise & se met en prieres, qu'il continua iusques à onze heures, & puis se retire en sa Chambre sans vouloir permettre qu'on luy fit du feu, encore que par sa propre confession le froid l'incommodât grandement.

Il auoit toûjours les yeux attentifs deſſus ſoy pour en tout temps, en tout lieu, en toutes occaſions, & iuſques aux plus petites choſes, mortifier ſon corps, pour luy faire touſiours quelque mal, ou au moins l'empécher de ſentir du plaiſir, il trouuoit pour cela des inuentions admirables, & ſe rendoit tres-ingenieux, portant ainſi toûjours, comme dit S. Paul, la mortification de Ieſus-Chriſt en ſon corps pour y faire vi-ure & reluire ſa vie, parce qu'il ſçauoit, ce que le meſme dit autre part, que ceux qui appartiennent à Ieſus-Chriſt, qui ſont ſes vrais Diſciples & qui veulent eſtre bien aſſeurément à luy, ont crucifié leur chair auec ſes vices & ſes concupiſ-cences. A vray dire comme nous voyons que plus on s'emplit d'vne choſe, moins peut-on tenir de celle qui luy eſt contrai-re; plus on s'enfonce dans les tenebres, moins on eſt capa-ble de lumiere; & que d'ailleurs il n'eſt rien, ainſi que nous auons dit cy-deſſus, de ſi oppoſé à l'eſprit que la chair, il faut neceſſairement inferer que plus vn homme mignarde ſa chair, plus il s'applique à ſon corps, & en prend plus de ſoin, plus il s'éloigne de l'eſprit, & moins il ſe diſpoſe pour la vie ſpirituelle.

Cét homme illuminé regardoit & traitoit ſon corps com-me ſon ennemi dans le deſſein qu'il auoit de mener vne vie vrayemét ſpirituelle; tout ce qui pouuoit contenter & flater ſes ſens luy eſtoit inſuportable; d'où vient qu'il luy échappa vn iour de dire à vne perſonne confidente, que Dieu luy auoit donné vne grande haine de ſoy-meſme; qui alla ſi auant par ſa ferueur & par le deſir inſatiable qu'il auoit de ſe mortifier, qu'outre le temperament que ſon Directeur fut obligé d'y apporter, vne perſonne celebre de nos iours, Re-ligieuſe Carmelite du Conuent de Beaulne, Sœur Margue-tite du S. Sacrement qui a veſcu & qui eſt morte en grande odeur de ſaincteté, auec qui il auoit des liaiſons intimes de grace, éclairée meſme de Dieu là deſſus, luy en fit des re-proches & luy en donna des auis, auſquels voulant defe-rer pour la creance qu'il auoit en elle, & auec ſuiet, il ſe re-laſcha en quelque petite choſe, encore auec plainte, qu'il
" témoigna à vne perſonne luy écriuant : ie ne ſçay pourquoy
l'on

l'on tient la bride si courte à vne beste si lasche , qui auroit „
bien plustot besoin d'éperon que de retenuë.

Auec toute cette retenuë ne laissant pas de continuër à faire la guerre à son corps en tout ce qu'il pouuoit , mais pourtant dans les ordres qu'il auoit reçûs , il en vint à ce point de
mortification parfaite , que son corps estoit comme mort &
insensible à toutes les choses qui ne faisoient quasi plus d'impression sur ses sens, mangeant sans gout, & disant luy mesme
que toutes les viandes luy estoient egales; voiant sans voir,
d'où il auoüoit qu'apres auoir esté, & lõg-temps, en des Eglises bien ornées , où il auoit eu ces ornemens deuant les yeux,
comme on luy demandoit s'ils n'estoient pas beaux , il répondoit simplement, qu'il n'auoit rien veu.

A force de s'estre ainsi mortifié, il n'auoit plus de peine à
rien de ce qui fait fremir les persones encore viuantes à elles
mesmes & attachées à leurs corps ; & non seulement il n'y
auoit plus de peine, mais , ce qui est le plus haut point de la
perfection d'vne vertu , comme remarque Aristote, il y
auoit vn tres-grand plaisir , qui luy venoit non d'vne abondance de grace sensible , laquelle pourroit rendre à vn homme mesme immortifié & sensuel les austeritez agreables ,
mais du fond de la vertu entierement acquise.

CHAPITRE II.

Sa Pauureté d'esprit.

Vne des plus grandes & des plus admirables vertus qui ait éclaté en Monsieur de Renty, est d'a-
uoir esté dans la possession des richesses si dégagé de leur affection & possedé en vn si haut degré , que nous allons voir, la premiere des Beatitudes , qui declare bien-heureux les pauures d'esprit, parce que le Royaume des Cieux, le Royaume de la grace en ce
monde & le Royaume de la gloire en l'autre leur appartient.

Verité, qui luy a serui d'vn puissant attrait pour tâcher d'acquerir ce riche thresor, dont écriuant à yne persone de pie-
" té, il luy dit : ie fus l'autre iour touché en lisant les huict Bea-
" titudes, & ie connûs sur ce mot de Beatitude, qu'en effet il
" n'y en auoit point d'autres que celles-là, & que s'il y en eut
" eu, nostre Seigneur nous les eut enseignées, & qu'ainsi elles
" deuoient estre toute nostre étude. Mais quoy ? on les laisse là
" sans s'y établir & sans demander la grace de s'y fonder, & on
" court apres les Beatitudes du monde & de nostre conuoitise,
" quittant ce qui est clair & qui nous est donné de nostre Chef
" Iesvs-Christ, pour estre dans des états d'embaras &
" de confusion, & en suite de trouble, de malheur & de dan-
" ger.

Ce n'est pas à ces Beatitudes qu'il a couru, mais bien à celles de l'Euangile, & en particulier à la premiere, dont voicy comme parle vn témoin digne de foy & qui l'a connû intimement. Ie n'ay iamais veu personne dans vne si parfaite pauureté d'esprit, ni dans vn si ardent desir d'en porter les
" effets que luy ; il me disoit dans l'ardeur de son desir. Faites
" que par vos prieres nous changions de forme de vie ; quand
" ferez vous aupres de Dieu que cela soit ? cet habit & ce bien
m'est tres-penible.

I'ay parlé depuis sa mort à vn pere, à qui il auoit communiqué ses mouuemens pour tout laisser, qui me dit qu'vn iour
il luy demanda tout couuert de larmes & à genoux son auis
là dessus, & que iamais il ne fut plus surpris que de voir Monsieur de Renty à ses pieds & dans ces sentimens de pauureté.
Il m'a dit que le trait de Dieu pour le separer des creatures
& luy faire quitter la maniere de viure conuenable à sa naif-
sance, fut si puissant sur son ame, que si vn autre trait de la
mesme main ne l'eut en mesme temps retenu, il eut abandonné tout & s'en fut allé à l'exemple de Saint Alexis pour
mener vne vie pauure comme la sienne, mais que Dieu luy
imprimant ce desir de la pauureté en empechoit l'effet pour
le tenir dans l'état où il l'auoit mis, qui ne luy estoit pas vne
petite croix, parce que le desir tourmente & afflige l'ame
à proportion qu'il est plus vehement, quand elle ne peut par

uenir à la possession de la chose desirée; mais parce qu'il estoit
conforme absolûment à la volonté de Dieu , comme il le
faut estre aussi en tout, il portoit cette croix pour contraire qu'elle fut à son affection , auec vne grande paix & auec
vne parfaite soûmission à ses ordres.

Vn autre témoin de mesme autorité rend de luy ce témoignage. Il m'a dit souuent dans la confiance que nous auions
ensemble, qu'il estoit honteux lors qu'il entroit en sa maison , se voyant si bien logé en ce monde , & que c'estoit vne
de ses grandes peines d'auoir tant de biens & d'estre si à son
ayse; qu'il eust esté raui de se voir reduit à n'auoir que du pain
& de l'eau, & encore à les gagner par son trauail & à la sueur
de son visage. Luy ayant vn iour demandé comme il pouuoit estre si tranquille dans toutes les incommoditez qu'il
souffroit, & en tous les euenemens fâcheux qui luy arriuoiét,
il me répondit à condition que ie luy gardasse le secret, que
par la misericorde de Dieu il se trouuoit en vne disposition
de paix & en vne assiete d'égalité dans les afflictions comme
dans les ioyes, & qu'il n'auoit plus aucun sentiment pour
rien craindre ny pour rien desirer : & i'en ay veu l'experience
en des rencontres, où la meilleure partie de son bien couroit
risque, sans qu'il parut la moindre émotion en luy , & il me
disoit, puis que Dieu m'a donné la conduite de ce bien , ie
feray pour le conseruer ce qu'il faudra , mais apres auoir fait
ce qu'il exige de mes soins, tout m'est égal , quelque succes
qui arriue.

Vn autre rapporte encore cecy : il auoit la pauureté Euāge-
lique en sa perfection, estāt entieremét éloigné d'esprit & de
pensée, de cœur & d'affectiō de tous les biens de la terre, & il
m'a dit qu'il ne sentoit point vne plus grāde croix que d'auoir
du bien, & qu'il auroit vne ioye extreme d'estre mendiant &
inconnu, si ç'eut esté la volonté de Dieu. De là vient qu'il
portoit vne sainte enuie aux pauures, qu'il les iugeoit bien-
heureux, & que les regardant il disoit par fois en soûpirant,
mais d'vn soûpir qu'on voyoit partir du fōd de l'ame : ha! que
ne suis-ie cōme eux! qu'il les honoroit, les aimoit, les caressoit
& se mettoit à genoux deuāt eux, non seulemét par humilité,

mais encore par estime de leur état, pout la disposition qu'il
donne à la perfection de la loy nouuelle, & pour la ressemblance qu'il a auec Iesus-Christ. Estant vn iour allé visiter
les pauures au grand Hospital en la ville de Caën, on le vit à
genoux & la teste nuë sur le paué de la grande Sale, pilant
dans vn mortier quelques drogues pour l'vsage des pauures
malades; c'estoit le respect & l'honneur, qu'il portoit à ceux
pour qui il trauailloit, qui le mettoit en cette posture.

Mais pour la fin écoutons le luy mesme raconter ses sentimens sur cette matiere, & encore qu'il parle de soy, ne faisons point de difficulté d'adiouster foy à ce qu'il nous dira,
parce qu'il est tres-digne d'estre crû. Voicy donc ce qu'il
écrit à la Sœur Marguerite du Saint Sacrement, de qui nous
auons parlé au Chapitre precedent.

Ma tres-chere Sœur.   I'ay dans le cœur que le
" Saint Enfant Iesus (l'Enfance de Iesus estoit vn des mysteres, auquel il estoit plus particulierement & plus vtilement
" appliqué, comme nous verrons en son lieu) veut quelque
" chose de moy, qu'il a enuie que ie luy demande & que ie me
" dispose à l'obtenir; & ie vous auoüe que plus il me vient de
" biens de ce monde, ie connois plus clairement la malignité
" qui y est attachée, & qu'ils ne produisent qu'embarras, & ne
" donnent guere moyen de mieux faire. Mon cœur est tres-
" fort porté au denuëment effectif de tout cela pour le suiure
" seul, puis qu'il est mon Chemin, comme le plus pauure & le
" plus abbaissé des siens. Que si ie ne sçauois que ce me seroit
" presomption de me croire capable de cet état, & vne tenta-
" tion de m'y arrester, à present lié comme ie suis, i'y soûpire-
" rois beaucoup. Ce que i'en veux tirer est, qu'ignorant les
" desseins de Dieu, ie ne sçay ce qu'il me prepare pour l'aue-
" nir, & ie m'offre à tout ce qu'il luy plaira, sçachant qu'auec
" luy ie peus tout, comme sans luy ie ne peus rien, & ne veus
" rien. Ma tres-chere Sœur, i'ay bien besoin de faire penitence
" & d'estre humilié, i'ay grande honte de ma condition & de
" ce que ie suis, i'ay commodité & abondance de toutes les
" choses de ce siecle, mais ma famille & l'état des choses ne
" permet pas qu'il en soit autrement: Et ie vois les Eglises & les

pauures, où ie voudrois tout verser, au moins ce qui se peut „
en iustice, ou bien estre pauure comme les pauures, afin de „
n'auoir pas la honte d'estre mieux qu'eux. Voila ses senti- „
mens, que Dieu a permis qu'il ait mis au iour pour nous faire voir ce que peut la grace dans vn cœur bien disposé, &
iusques où va la parfaite pauureté d'esprit.

SECTION VNIQVE.

Sa Pauureté exterieure.

CETTE haute estime & cette affection sincere, que ce
grand seruiteur de Dieu auoit pour la priuation des
biens de ce monde, & cette excellente pauureté d'esprit où
il estoit arriué, ne pouuant se contenir au dedans ny demeurer renfermée dans l'interieur de son ame, elle a paru au dehors visiblement en mille effets & l'a porté à la pauureté
exterieure en toutes les manieres qui luy ont esté possibles:
car sans parler des grandes aumosnes qu'il faisoit aux pauures, vsant de ses biens exactement selon le dessein de Dieu,
contre l'ordinaire des hommes, entre lesquels il y en a plusieurs qui ont beaucoup de biens, mais tres-peu qui s'en seruent comme Dieu veut, il s'est denué d'vn tres-grand nombre de choses & s'est appauuri en tout ce qu'il a pû : car il se
deffit de quelques liures, dont il se seruoit, parce qu'ils
estoient richement reliez; il ne portoit que des habits fort
simples & tout vnis; il n'vsoit point de gands, quelque temps
qu'il fit, ou au moins c'estoit vne chose tres-rare de luy en
voir; effectiuement il auoit les mains si occupées aux actions
de charité qu'il n'auoit pas le loisir de les ganter; Il n'auoit
de l'argent que pour faire ses aumosnes & l'employer en de
bonnes œuures; & il alloit croissant en cette pauureté exterieure & en ce retranchement effectif. Ie l'ay veu au commencement aller en carosse auec vn Page & des Laquais;
apres en carosse auec vn Laquais, mais sans Page; puis sans
carosse à pied auec vn Laquais, & enfin seul sans Laquais, &
ainsi sans soy-mesme.   E iij

Parlant vn iour à vne personne fort confidente de la Pauureté Euangelique , il luy dit que Dieu luy auoit donné des
desirs si ardens de la posseder , que ne pouuant à cause des
liens qui le tenoient, abandonner ses biens, comme il eut sou-
haitté pour pouuoit suiure, non plus riche mais pauure, Iesvs-Christ son Fils fait pauure pour nous , il tâchoit de se
passer du moins qu'il pouuoit , & de retrancher pour sa personne, non seulement le superflu & le bien commode, mais
encore tout ce qui n'estoit pas precisément necessaire : qu'allant seul par les champs, sa consolation estoit d'estre en liberté de pouuoir viure en cela comme il vouloit ; mais qu'a-
pres tout il n'auoit pû trouuer vn meilleur remede à l'ardeur
de ses desirs, que de se dépoüiller , autant qu'il auoit pû, de
la proprieté de tous ses biens, pour ne s'en plus tenir que le
dépositaire & le simple dispensateur enuers sa famille , ne se
considerant dans leur possession que comme vn pauure, qui
receuoit ses necessitez de Dieu par les mains de sa femme.

Cette personne parle d'vne action heroïque que cet excellent hôme fit en cette matiere, dont voicy l'explication plus
au long dans vn memoire , que i'ay veu écrit de sa main.

" Ie fais resolution en la presence de mon Dieu d'auoir soin
" des reparations, des manufactures, des marchez & des baux
" qui seront à faire dans le bien qu'il m'a donné en maniment,
" & ce d'autant plus qu'il me fait la grace de me disposer à luy
" en faire vne demission totale , & de tout ce que ie suis, à ce
" grand iour de sa Natiuité prochaine, & me mettre en état
" qu'il en sera le proprietaire, & moy le procureur & le serui-
" teur pour le distribuer, & tout prest de le ceder à la moindre
" marque de sa volonté. Ie reconnois donc auiourdhuy par
" sa diuine misericorde , que ma condition estant roturiere
" dans le Christianisme, ie dois m'appliquer à ces soins autant
" que le demanderont les besoins & que les rencontres le per-
" mettront ; & mesme d'y trauailler, & aux choses les plus bas-
" ses , comme à remuër la terre, à massonner & autres choses,
" puis qu'il m'a donné par sa grace l'industrie de quelques arts,
" & ie dois faire autant de cas de ces emplois que de celuy du
" secours des ames, regardant non les choses en ce qu'elles

ſont, mais la volonté de Dieu & ce qu'elle deſire de moy. Ie »
ſupplie ce Seigneur de mon cœur de me pardonner les man- »
quemens, que i'ay faits contre cela iuſques à maintenant. »
Ie fais ce preſent memoire apres la veuë qu'il m'en a donné, »
ce cinquiéme de Nouembre, mil ſix cens quarante trois, »
pour me ſeruir de memorial de mon obligation. »

Voyla ſa reſolution & ſa promeſſe; Voyons comme il l'e-
xecuta. Il fit baſtir à Citry, qui eſt l'vne des terres qu'il auoit
en Brie, conſiderons auec quelle pureté de conſcience, auec
quelle ſublimité de penſées, & quel degagement d'affection il s'y appliqua; voicy comme il m'en écriuit de là, le
huictiéme de May, l'an mil ſix cens quarante huict.

Noſtre grand Dieu ſoit beni à iamais par noſtre Seigneur »
Iesvs-Christ, & par tous les iuſtes qui ſont remplis de ſon »
eſprit. Ie crois que l'ordre de Dieu me veut dans le trauail »
exterieur parmi beaucoup d'ouuriers, puis que la neceſſité »
m'y oblige: elle m'y oblige comme pere de famille en vne »
maiſon conſiderable à mes Enfans, laquelle eſtoit en peril »
pour auoir eſté abandonnée dés longtemps: Ie vous auoüe »
que mon cœur ſouhaite bien vn autre edifice, que celuy qui »
ſe fait des pierres de ce Siecle; mais ie regarde cecy comme »
vne iuſtice de Dieu, qui a deſtiné le premier homme depuis »
ſon peché, & tous ſes Enfans, au trauail; c'eſt pourquoy ie »
le reuere, & ie m'y donne de bon cœur, & auec courage, »
aneanti toutefois dans cette penitence qui n'a guere de rap- »
port à la vie de l'eſprit. Nous auons veu de nos premiers Pa- »
pes, qui eſtoient de grands Saints, condamnés à ſeruir les »
mulets, & moy, qui ſuis vn tres-grand pecheur & qui meri- »
terois l'enfer, ie ſuis traité ſi miſericordieuſement, que ie ne »
ſuis enuoié qu'aux carrieres, non dans le banniſſement & la »
diſette de nos premiers Chreſtiens, mais ſur vne terre qui pa- »
roiſt mienne. Souuent le iour ie penſe que ce trauail eſt in- »
grat & dis, de quoy ſeruent tant de maiſons qu'il faut ſi toſt »
quitter, & qui ſeront encore détruites? Ie ſuis humilié de »
l'œuure, mais non de l'application à l'ouurage.

En celle du dix-neufiéme de Iuillet il me dit ſur le meſme »
ſujet: Ce m'eſt icy vn temps qui m'eſt bien cher, le regardant »

« comme ordonné de Dieu pour faire vne petite partie de la
« penitence deuë à mes grands pechez : ſi la grace ne me ſoû-
« tenoit auec cette veuë, i'aurois grande peine à vn trauail ſi
« ingrat & ſi limité comme de baſtir en la maiſon d'vn ſecu-
« lier, & donner mon temps à cét ouurage qui veut aſſiduité :
« mais ie reſſens qu'il y a ordre de Dieu, & ie quitte par ſon
« mouuemɇ̃t, ce me ſemble, l'état de Magdelaine pour prendre
« celuy de Marthe, acceptant cette humiliation auec anean-
« tiſſement & auec veuë de la iuſtice diuine. Ce qui me fait
« plus connoître qu'il y a ordre de Dieu, c'eſt que de temps en
« temps, & les Feſtes & les Dimanches, les miſericordes de ce
« Seigneur ſont ſi grandes ſur moy, que ie reſſens plus de re-
« tribution en vn inſtant, que la patience & l'humiliation d'vn
« pecheur ne meriteroit en toute ſa vie : il s'ouure tellement à
« moy, que ma dureté eſt amollie, & il me faut fondre en lar-
« mes ; elles me ſont ſi fort ſur le bord des yeux, que tres-ſou-
« uent elles voudroient paroître, penetré que ie ſuis d'amour,
« de reſpect, & de reconnoiſſance des effets de ſa bonté, qu'il
« renouuelle en moy par ſa preſence de lumieres ; il me mani-
« feſte ſes conduites inexplicables, que ie ne peus dire.

«   Ie connois par cecy comme il y a grace de ſuiure l'ordre de
« Dieu, & non le ſien par vn eſprit propre & ſecret de ſuperbe,
« pretexté de la gloire de Dieu pour ſe diſpenſer ſouuent, ſans
« que l'on s'en aperçoiue, du trauail des choſes penibles &
« baſſes dans nos conditions ; que toutefois noſtre Seigneur ne
« benit point ſelon les elections que nous en faiſons, mais qu'il
« benit ſelon qu'il en ordonne ; & noſtre fidelité ne tire pas ſa
« valeur de faire cecy ou cela, mais de ce qu'elle eſt exacte à
« faire ce qu'il exige de nous, abandonnés à tout ce qu'il luy
« plaira. Ie vois qu'il faut vne grande mort à ſoy-meſme & vn
« grand fond d'aneantiſſement pour ſuiure ainſi purement la
« grace, & n'eſtre pas à nos formes, mais à celles de Dieu.

«   En celle du douzieſme d'Aouſt, voicy ſes termes. Ie ſuis
« toujours dans mon tracas, qui me prend bien du temps &
« preſque tout ; Mais ie n'oſerois regarder ailleurs, ains ſeule-
« ment m'abaiſſer & me ſoûmettre à l'ordonnance diuine.
« C'eſtoit vne choſe bien groſſiere à Iᴇsᴠs-Cʜʀɪsᴛ de conuer-
uerſer

uerser auec des hommes, qui auoient plus de rudesse que ”
mes pierres, & plus d'opposition à sa pureté que mon ”
ouurage n'en a à mes ouuriers : il souffroit pourtant tout, il ”
portoit tout, & n'en a conuerti que tres-peu. Ie vous sup- ”
plie de m'obtenir part à son obeissance & à sa patience aux ”
ordres de Dieu son pere. ”

Et écriuant à vn de ses amis, il lui parle de cette sorte. Ie suis ”
en ce pays au milieu de quatre ou cinq Ateliers d'Ouuriers ”
pour rétablir vne demeure de la terre en ma famille, que la ”
caducité faisoit deperir. Que peut faire l'esprit en ce trauail, ”
lequel suiuant l'esprit de la foy doit estre en terre pelerin & ”
étranger ? sans doute il gemit beaucoup, non de l'ordre de ”
Dieu, mais apres la patrie au milieu de ces occupations, ”
comme opposées à sa liberté. Il faut faire penitence en tra- ”
uaillant : c'est l'arrest de Dieu apres le premier peché. ”

Voilà les sentimens, auec lesquels cet excellent homme
bastissoit, & dont tous les Chrestiens, qui sont faits pour
s'établir non en la terre, mais au Ciel & y auoir vne demeure
eternelle, deuroient estre animez quand ils bastissent.

CHAPITRE III.

Son Humilité.

A pauureté a suiui l'austerité & la mortification
du corps, comme aiant beaucoup de liaison auec
elle ; & l'humilité suit la pauureté, attendu mes-
memét que selon Saint Augustin la pauureté d'esprit, dont parle nostre Seigneur en la premiere Beatitude,
n'est autre chose que l'humilité. En effet, il n'y a Gens au
monde plus pauures d'esprit que les vrais Humbles, dautant qu'ils s'estiment n'estre rien, n'auoir rien, ne pouuoir
rien & ne valoir rien, mais estre les rebuts & les balieures de
la terre, auoir besoin de tout, & ne s'attribuent aucune
loüange de quoy que ce soit. Monsieur de Renty en est venu

là, & il a possedé cette vertu au plus haut degré de son excellence.

A la verité si l'humilité, comme tous les Saints le disent,
est le fondement des vertus, Dieu ayant dessein d'éleuer en
luy vn magnifique palais à toutes les vertus, & de bastir l'e-
difice d'vne perfection tres-sublime, il falloit par necessité
que le fondement en fut ietté tres-bas & que son humilité
fut tres-profonde. Il estoit étably en cette vertu si solidemēt,
que cela estoit admirable, & il en a fait vn si grand nombre
d'actions remarquables, que les personnes, qui ont demeuré plusieurs années auec luy & qui l'ont connu tres-particu-
lierement, asseurent qu'il seroit impossible de les rapporter
toutes.

Il faisoit vn état nōpareil de cette importante vertu ; il l'aimoit de tout sō cœur ; il la desiroit auec des ardeurs extremes ;
il prioit instamment & coniuroit ses amis de la demander à
Dieu pour luy & de la luy obtenir; Et comme nous voyons la
pierre descendre auec roideur, & les eaux couler en bas im-
petueusement, il faisoit le mesme vers l'humilité ; c'estoit là
sa pente. Il écriuoit dans ce sentiment à vne personne confi-
  « dente, ayez pitié de moy, ie suis plus infidele que creature du
  « monde, ie me mets à genoux deuant vous pour vous prier
  « de le croire : Si nostre Seigneur ne me monstroit ce que ie
  « suis, Lucifer ne seroit pas peu riche en ma personne ; mais ce
  « benin Seigneur me montre toujours par sa misericorde mon
  « neant, c'est là où la grace me porte. Il mande à vn autre ;
  « toute ma resolution est en ces paroles de Dauid. *Elegi abie-*
  « *ctus esse in domo Dei mei.* Mon chois est d'estre petit & abiect
  « en la maison de mon Dieu. A vn autre encore ; Ie suis porté
  « à demander vne vie humiliée, souffrante & inconnuë aux
  « hommes, i'y ay grand attrait. Et i'ay vn papier écrit de sa
  propre main & tout de son sang, qui contient ces mots.

  « Ie vous donne ma liberté, ô mon Dieu, & vous demande
  « le Neant, où il faut que le Chrestien arriue pour surgir pu-
  « rement vers vous.

GASTON IEAN BAPTISTE.

Dominus Iesus semetipsum exinaniuit vsque ad mortem crucis: pro-

pter quod & Deus exaltauit illum. Ce troisiéme Decembre,
mil six cens quarante quatre. Amen.

Voila son inclination & son attrait, & auec raison ; car
comme d'vne part il s'estoit proposé nostre Seigneur pour le
patron de sa vie, & auoit pris vne resolution determinée de
l'imiter en tout ce qu'il pourroit, & que de l'autre l'humilité est la vertu propre de IESVS-CHRIST, ainsi que l'appelle Saint Bernard apres S. Paul, il a embrassé pour ce suiec
l'humilité de toute son affection, il s'y est addonné de toutes ses forces & la exercée dans toute son étenduë, comme
nous allons voir par la suite.

Mais deuant que nous le voyons dans les actions de cette
vertu, écoutons ce qu'il nous en apprend & les lumieres
qu'il nous en donne : l'humilité, disoit-il, est la base qui por- »
te & qui soûtient tout l'œuure de Dieu en nous ; Elle fait la »
creature si nuë & si separée d'elle mesme, qu'elle ne luy lais- »
se point le pouuoir d'aucun regard sur soy, mais la rend si »
occupée de la grandeur de Dieu qui l'aneantit, qu'elle est »
toute perduë en respect & en abbaissement : c'est là la grace »
des Chrestiens voyageurs, qui nuds & dépouillés de tout »
ne s'estiment qu'vn neant & vn souffle d'estre, lequel n'aiant »
que ce qu'il a reçû de Dieu, n'a instinct que pour Dieu. »
C'est vne belle humilité de ne voir en soy que le neant, & »
qui n'y voit que le neant, n'y voit rien ; ainsi l'ame qui ne »
voit rien en soy, ne trouue rien en soy qui l'arreste, & par ce »
moyen elle est toujours pointée vers Dieu : c'est comme vne »
aiguille touchée de l'aimant, qui ayant esté enueloppée de »
toutes sortes de nipes, viendroit à en estre degagée ; car aussi »
tost elle se tourneroit vers son nort, &y demeureroit toûiours »
fixe, encore que la tempeste de la mer & les vens bouleuer- »
sassent le vaisseau : voila sa disposition, & le regard de l'ame »
vrayement humble, regard du neant en soy, & regard de »
Dieu dans sa grandeur. »

SECTION PREMIERE.

Son Humilité de cœur.

L'HVMILITE' peut-estre partagée en trois, en l'Humilité du cœur, en l'Humilité des paroles, & en celle des œuures ; & comme l'Humilité du cœur est la principale & la vraye, de laquelle seule aussi nostre Seigneur s'est donné pour exemplaire, & de qui les deux autres ne sont que les effets, si elles sont vrayes, ou autrement ce sont seulement des ombres & des phantômes d'humilité ; c'est pourquoy nous commençons par elle.

Et nous disons qu'elle consiste en l'Humilité de l'entendement & des pensées, de la volonté & des affections, à se bien connoistre & sçauoir au vray ce que l'on est de soy, que l'on n'est que neant & peché ; & en suite de ces connoissances prendre des opinions de soy tres-petites & tres-basses, se iuger indigne de toute estime & de toute loüange, se mépriser & aimer son abbaissement. C'est ce qu'a fait excellemment ce parfait imitateur de IESVS-CHRIST.

Il auoit vn si bas sentiment de soy qu'il seroit malaisé de l'expliquer, & quoy qu'il eut de tres-rares qualitez naturelles & surnaturelles, il ne voioit pourtant rien en soy que ce que nous auons dit, le neant & le peché ; & par vne persuasion veritable & sincere il se reputoit le plus indigne de tous les hommes, prenant ce titre en quelques vnes de ses lettres : mais le nom qu'il se donnoit plus ordinairement estoit celuy de pecheur & de grand pecheur, qu'il repetoit tres-souuent & auec vn esprit vrayement humilié. Ce que i'ay remarqué en luy en prés de six ans que i'ay eu l'honneur de sa connoissance, dit vne personne digne de foy, a esté vne humilité tres-profonde qui le tenoit dans vn ancantissement perpetuel deuant Dieu & deuant les creatures, mais d'vne maniere que ie n'ay iamais veuë en qui que ce soit, encore que i'aye connû de tres-saintes ames. La grandeur de Dieu l'humilioit iusques aux abysmes ; Et y a t'il, me dit-il vn iour,

quelque chose de grand deuãt cette Grandeur? ie m'y vois si »
petit, si petit & rien: & puis s'éleuãt à Dieu dans ce sentimẽt »
de petitesse, il disoit, vn atome au Soleil est bien petit, mais »
ie suis encore bien plus petit en la presence de Dieu, car ie »
ne suis rien. Puis s'humiliant dans vn autre sens il disoit, »
helas ie suis trop, ie suis vn pecheur, vn infidele, vn ana- »
theme par mes crimes. Et il manda encore à la mesme »
personne: il me semble que ie m'écrase deuant Dieu com- »
me vn œuf, à qui ie donnerois vn coup de pied de toute ma »
force contre terre; aussi vous faut-il parler de moy, & que »
i'aye seulement vn nom? c'est chose étrange. »

Cette opinion tres-basse qu'il auoit de soy, luy fit dire
plus d'vne fois, & tout prest à en pleurer, qu'il étoit étonné
de la bonté que l'on auoit pour luy de le souffrir, & qu'il ne
pouuoit assez admirer comme on ne lui iettoit de la bouë
par tout, & comme toutes les creatures ne se bandoient contre luy. Cette mesme opinion luy auoit persuadé que c'estoit
beaucoup de hardiesse à luy de parler, & qu'on vsoit d'vne
grande misericorde enuers luy de supporter sa conuersation,
qu'il croioit estre fort onereuse. Ie l'ay vû tres souuẽt, rapor-
te vne persõne de pieté qui l'a fort connû, s'humilier iusques
au centre de la terre, lors qu'il me parloit de Dieu, disant que
ce n'estoit pas à vn homme de sa condition d'en parler, mais
qu'il deuoit plutôt se contenir dans le silence; aussi n'en parloit il pas sans mouuement particulier que nostre Seigneur
luy en donnoit, ou pour la necessité du prochain, ou pour
quelque autre bien que Dieu en vouloit tirer pour sa gloire,
demeurant hors de là par humilité, comme s'il n'ût sçû en dire deux mots. Dãs vne lettre qu'il écrit à vne autre, il luy dit; „
Viuons de Verité, quelle place pouuons nous tenir deuant „
Dieu & deuant ses Saints, que celle du Neant? auec éton- „
nement que l'on souffre ce neant de tout bien & ce composé „
de tant de maux. „

Cette humilité de cœur estoit en luy generale, parce qu'il
la pratiquoit en tout, & il n'y auoit point de chose qui ne lui
seruit à s'abaisser. Il s'abaissoit grandement dans la connoissance de la foiblesse de nostre nature. Sur quoy il m'é-

« criuit vn iour ce sentiment. Il faut que ie vous die auant que
« de finir , vne chose qui me tient dans vn merueilleux mépris
« de moy, & qui me fait ressentir combien il y a peu d'assû-
« rance en l'homme , c'est que quand S. Pierre & les Apostres
« rendent plus de témoignage de leur fidelité à nostre Sei-
« gneur ; nostre Seigneur leur marque l'infidelité qu'ils doi-
« uent commettre : ayant dit à S. Pierre qu'il ne pouuoit le
« suiure pour lors, où il alloit, S. Pierre luy répondit, pour-
« quoy ne puis-ie pas vous suiure maintenant? ie suis prest de
« donner ma vie pour vous : tu donneras ta vie pour moy? re-
« plique nostre Seigneur ; ie te dis en verité que le coq ne
« chantera pas , que tu ne me renies trois fois. S. Pierre ne
« comprenant pas ces paroles, continuë dans la protestation
« de sa fidelité, & dans l'occasion de la prise de nostre Sei-
« gneur il met la main à l'épée , qu'il ne remet point dans le
« fourreau que nostre Seigneur ne le luy ordonne; Il le suit &
« ne l'abandonne point estant pris, mais apres il le renie à la
« simple parole d'vne seruante. Les veuës de ces foiblesses,
« qui me viennent non par recherche, ny par étude, mais par
« lumieres diuines & par l'impression qu'elles font en moy,
« me tiennent tout aneanti & sans confiance aucune en moy-
« mesme, mais ie la mets toute en Dieu & en son fils nostre
« Seigneur: cet état me tiendroit dans vne merueilleuse pe-
« titesse, si i'y estois fidele ; i'ay des instans qu'il me semble que
« mesme tout mon corps est écrasé, broyé & aneanti, & l'in-
« terieur encore bien plus.

«   Il mande à vne autre personne ; c'est pitié que de l'hom-
« me & de son infirmité, il est par fois important qu'il ayt
« experience de ce qu'il est, afin qu'il n'oublie pas ce qu'il
« est, ny la place qu'il doit tenir. *Vt non glorietur omnis caro in con-*
« *spectu eius,* afin qu'estant auili, aneanti & rendu comme vne
« chose qui n'est point, Iesus-Christ soit en luy vie de grace &
« de saincteté, attendant le temps de nostre redemption, c'est
« à dire, l'entrée dans la gloire, & comme il est écrit, que ce-
« luy qui se glorifie, se glorifie au Seigneur.

«   Et à vne autre encore: L'état de nostre pauureté & la veuë
« de nos miseres nous fait connoitre le besoin que nous auons

de la grace, & fonde l'ame dans le neant de soy-mesme, & „
dans la persuasion de son impuissance à tout bien, & dans „
cette verité, qu'elle n'a iamais esté & qu'elle ne peut-estre, „
que retardement & que diminution aux operations de Dieu „
en soy. „

La connoissance de ses fautes & de ses pechez l'humiliant
étrangement, comme ce sont aussi les plus grands & les plus
iustes sujets d'humiliation que nous puissions auoir, il m'é-
criuoit vn iour : ie vous asseure que i'ay bien dequoy m'hu- „
milier & trauailler à bon escient à me corriger quoy qu'en „
patience, car i'experimente & ie vois clairement, que quoy „
que nous trauaillions, & que nous souhaitions de sortir de „
nos imperfections, nostre Seigneur nous y laisse quelque- „
fois long-temps pour nous faire connoître nostre foiblesse, & „
nous humilier. „

Il desiroit d'estre auerti & repris de ses fautes, & voicy ce
qu'il y obserua au commencemét de son appel à la haute perfection. Il fit qu'vne personne, qui estoit beaucoup au dessous de luy, eut ordre de son Directeur de l'auertir, si elle
voyoit quelque chose en luy qui fut contraire à la perfection;
lors que cette personne l'auertissoit de quelque manque-
ment, quoy que tres-leger, & mesme de l'ombre d'vn defaut, il l'écoutoit auec respect & remerciement, & s'en humilioit comme s'il eut commis vn crime : luy mesme s'accu-
soit quand il pensoit auoir failly se mettant à genoux, & disant qu'il estoit vn pecheur miserable, & qu'il auoit fait vne
telle faute, qu'à peine pouuoit-on souuent discerner. Cet
exercice, comme tres-salutaire & fort efficace, luy seruit
beaucoup pour faire vn grand progrés, car nostre nature a
besoin dans sa foiblesse de semblables appuis pour marcher
droit & ne pas tomber.

Si ses imperfections & ses pechez l'humilioient, ses qualitez excellentes & les graces qu'il receuoit de Dieu le faisoiét
aussi, & les mesmes choses, d'où la plus part des hommes tirent de la vanité, luy seruoient de motifs pour s'auilir. L'esprit de IESVS-CHRIST, dont il estoit animé, extremement
éloigné des grandeurs de la terre les luy faisoit non seule-

ment mépriser, mais encore en auoir honte ; ainſi il prenoit
des ſuiets d'abaiſſemens de ſa condition releuée ſelon le
monde & des auantages qu'elle luy donnoit : ce qui le portoit ſouuent à gemir deuant la maieſté de Dieu, & à dire,
qu'il eſtoit dans vne condition bien humiliante & bien roturiere ſelon l'eſprit de IESVS-CHRIST, & qu'il auoit grande
confuſion deuant luy de ſe voir en cet état.

　　Delà vint qu'eſtant nay Gentilhomme de ſi bon lieu comme nous auons dit, il renonça à ſa Nobleſſe & s'en demit
entre les mains de noſtre Seigneur, qui auſſi luy donna la
ſienne, comme il le fit connoître à vne ſainte ame, c'eſt à
ſçauoir ſon amour, qui par ſa propre force transformant
l'homme en Dieu l'aneantit à ſoy-meſme, & ne laiſſe en luy
que Dieu ſeul viuant & regnant, & par ce moyen l'éleue
ainſi deifié au plus haut degré de nobleſſe où il peut monter :
pour cela il portoit à peine qu'on l'appellât Monſieur, & diſoit par fois de bonne grace entre ſes familiers, ie ſuis vn
beau Monſieur, c'eſt bien à moy. Et dans ſes lettres il leur
a fait des plaintes de ce qu'ils le traitoient de cette qualité;
mais dans l'vne donnant vn autre tour à ſon humilité il dit:
“ croyez, ie vous ſupplie, que c'eſt grande pitié que de moy,
“ Ie reprens le monſieur que i'auois reietté, ma ſuperbe doit
“ auoir tous ces appanages plûtôt que de tromper voſtre can-
“ deur, qui vous feroit peut-eſtre prendre en moy vn verre
“ luiſant au lieu d'vn diamant.

　　Par humilité il ne voulut point porter le titre de Mar-
quis qui luy eſtoit deu, comme propre de ſa maiſon, attendu
que Charles le Quint Empereur auoit erigé Renty en Mar-
quiſat, & il ſouffrit celuy de Baron de Renty, que le Commun luy donna.

　　Pour les graces & les dons de Dieu, comme ils eſtoient
reçus dans vne ame diſpoſée, ils produiſoient auſſi excellemment en elle leur vray effet, qui eſt d'abaiſſer & d'é-
leuer l'ame tout enſemble, de l'éleuer à Dieu & de l'abaiſſer
à elle meſme. Premierement ſon humilité luy faiſoit cacher autant qu'il pouuoit les dons de Dieu, & elle nous a dérobé la connoiſſance de mille belles actions qui euſſent bien
ſerui à cette hiſtoire.　　　　　　　　　　　　Secondement

Secondement quand il receuoit quelque grace de Dieu, ou qu'on luy rendoit quelque honneur, la clarté auec laquelle il voyoit le neant de la creature, & le discernement dont il estoit doüé pour distinguer le precieux du vil, & ce que Dieu met de son costé en toutes les choses bonnes & ce que l'homme y apporte du sien, faisoit qu'il n'y prenoit aucune part, mais referoit le tout à Dieu comme à sa vraye source, & ainsi dans le maniment de ces grands biens dont Dieu l'enrichissoit, il auoit toujours les mains nettes sans faire tort à Dieu ni toucher à ce qui luy appartient; & pour soy il se mettoit à couuert de la vanité, qui se glisse tres-subtilement & tres-facilement dans vn esprit abondant en richesses du Ciel, aussi bien qu'en celles de la terre, s'il n'y prend garde de prés.

Il ne vouloit pas pour cela, qu'on le considerât en tout ce qu'il faisoit & disoit, mais qu'on y regardât Dieu tout seul. Il écriuit à vne personne qui desiroit fort qu'il luy donnât vne visite: Ie ne puis porter qu'auec peine le cas que vous ″ faites de mes visites & de mon entretien: voions beaucoup ″ Dieu, lions nous sans cesse à IESVS-CHRIST, afin d'appren-″ dre de luy l'aneantissement profond de nous mesmes: O mon ″ Dieu, quand est-ce que nous n'aurons plus de veuë sur ″ nous, que nous ne parlerons plus de nous, & que toute vani-″ té sera détruite? Et il manda à vne autre: Ie vous supplie de ″ ne regarder en moy que mes infirmitez, & vn fond de mali-″ ce & de superbe épouuentable qui y est. Voila dequoy i'au-″ rois besoin que tout le monde me parlât, & me punît. ″

En troisiesme lieu il s'estimoit tres-indigne des graces de Dieu, & croioit qu'il ny en auoit pas vne pour petite qu'elle ″ fut, qui ne fut bien au dessus de ses merites, & pour les gran-″ des dont il estoit si rempli, elles le mettoient à non plus. Il ″ écriuit à vne personne confidente: Les dons de Dieu sont ″ quelquefois si grands, qu'ils nous mettent au delà de nous ″ mesmes, pour ainsi dire, & si nous pouuions trouuer à nous ″ reculer plus loin que par delà le neant, nous irions: Vous ″ voyez parmi les hommes, quand on donne quelque chose ″ de proportionné à quelqu'vn, qu'il en rend graces & en dit ″

“ grand mercy ; Mais si vn Prince donnoit à vn pauure selon
“ la grandeur de son pouuoir, ou vne somme d'argent, ou vne
“ charge, vous verriez ce pauure reculer & dire, helas, mon
“ Seigneur! Ie pense que vous ne me connoissez pas, il ne m'en
“ faut pas tant, ie suis indigne de cela : il y a de mesme des
“ biens qui vont au delà de nos attentes, & qui nous font voir
“ ce que nous sommes sans oser leuer les yeux, tant leur éclat
“ éblouït & leur grandeur épouuante.

Enfin il s'humilioit toujours des graces de Dieu, parce
qu'il pensoit, ou que par sa lâcheté il n'y correspondoit pas
selon toute leur étenduë, ou que par la seule misere de la
Nature il en vsoit mal & leur faisoit perdre vne partie de
leur force : comme il arriue aux plantes du Leuant, qui por-
tées en vn païs étranger n'y conseruent pas toute leur vertu,
mais y degenerent & se sentent du terroir ; & si les choses
spirituelles de la nature se falsifient en nous passant par nos
sens & s'y rendent grossieres, à combien plus forte raison celles de la grace & les diuines viendront-elles à s'y affoiblir &
à s'y alterer ? ces veuës le rendoient tres-humble dans
les plus grands dons de Dieu & dans les choses les plus su-
blimes.

SECTION SECONDE.

*Suite de son Humilité de cœur, & son Humilité dans
les paroles.*

COMME les affections, que nous portons aux choses,
sont toujours fondées sur l'estime que nous en faisons,
Monsieur de Renty s'estimant si peu & rien, & aiant vne
opinion si basse de soy, il s'est en suite extremement abaissé
& auily dans son cœur. Il se mesprisoit en tout, & vne de ses
plus fortes pentes selon la grace, qui est vne grande marque
de l'esprit de Dieu dans vne ame, estoit de se condamner
“ toûjours. Il écriuit à son Directeur; i'ay tout à la fois deux
“ veuës bien contraires, l'vne de vous aouër auec reconnois-

sance & sentiment de gratitude, que Dieu me remplit des „
effets de sa bonté & des impressions de son royaume ; & l'au- „
tre que ie suis plus porté à me condamner qu'à me regarder, „
car auec tout c'est grande pitié que de mon fait. Et vne autre fois apres luy auoir parlé de beaucoup de grandes lumieres & d'excellens sentimens que Dieu luy auoit communi-
quez , il luy dit ; Ie ne m'arreste point à tout cela , ie vous „
dis seulement ce qui s'est passé pour vous en rendre compte, „
ne me seruant de mon iugement que pour me condamner „
dans mes vices, le suspendant pour tout le reste , & le ren- „
uoiant à Dieu. Il manda à vne autre personne confidente. Ie „
ne sçay ce qui arriuera de nostre affaire : il ne faut dire mot „
en douceur & en patience, mais ie perdray mon credit quel- „
que part ; si ce pouuoit estre par tout ce seroit grande iustice. „
Helas ! si personne ne me souffroit, & que tout le monde „
me condamnât, peut-estre ma superbe s'humilieroit.   „

Porté de cet esprit il auoit vn desir ardēt, quoy que toujours
dans sa paix ordinaire & dans son abandon aux ordres de
Dieu, de receuoir du mespris. Si i'auois, disoit-il, à souhai- „
ter quelque chose, ce seroit d'estre beaucoup humilié & „
aneanti, & d'estre traité comme les balieures des autres, ce „
seroit là ma ioye ; mais ie crois bien que ie ne meriteray pas „
vne si grande grace. Ce desir le portoit iusques à ce point,
que s'il ne se fut retenu par la consideration de plus grands
biens , il eut fait des choses étranges pour estre méprisé &
pour receuoir de la confusion. Il dit dans ce sentiment & de
l'abondance de son cœur à vne personne, i'aurois grand „
plaisir , s'il m'estoit permis, de m'en aller tout nû en chemi- „
se courir par les ruës de Paris pour me faire mépriser & esti- „
mer vn fou. D'où nous deuons apprendre deux choses. La „
premiere, que Dieu donne par fois aux saintes ames des pensées, des affections & des desirs si éleuez au dessus du commun & de la raison humaine, qu'ils paroissent extraua-
gans, côme celuy-cy qu'il auoit donné à Monsieur de Renty , & qu'auoit eu deuant luy nostre Fondateur S. Ignace. La
seconde, qu'il ne faut point executer ces desirs, qu'ils n'aiēt
esté auparauant bien examinez & pesēz iustement dans la

balance de la charité & de l'edification du prochain.

Ce brûlant desir que Monsieur de Renty auoit du mépris le luy faisoit rechercher, & aimer sa propre abiection, & quãd elle arriuoit, la prendre non seulement auec patience, mais encore, qui est le plus haut degré où puisse monter l'humilité, auec ioye. Il en donna vn euident & illustre témoignage au premier voiage qu'il fit à Diion, où vn proces, qu'il eut auec Madame sa mere, & qui luy fut par vne conduite tres-particuliere de Dieu vn des plus grands exercices de patience & d'humiliation qu'il porta en toute sa vie, duquel nous parlerons plus au long au Chapitre suiuant, l'auoit obligé d'aller: car voicy ce qu'il en écriuit à son Directeur le vingt-quatriéme de Iuillet, mil six cens quarante trois.

" Ie suis donc à Dijon, puis qu'il a plû à Dieu, où i'ay con-
" nu par les opinions anticipées qu'on auoit prises de moy, ce
" que Dieu vouloit tirer de mon voiage, qui est que ie menas-
" se vne vie cachée & inconnuë aux hommes dans vn esprit de
" penitence. Le bruit que l'on auoit semé de moy, que i'estois
" vn bigot, qui n'auoit que des artifices & des apparences de
" deuotion pour colorer mes malices, a fait que i'ay esté fort
" retiré dans le cabinet, de peur de donner en me produisant
" plutôt du scandale, que quelque exemple de vertu. I'ay
" trouué vne Communauté qui sollicitoit contre moy, qui
" toutefois est celle, de laquelle i'auois plus de suiet, ce me
" semble pour plusieurs iustes raisons, d'esperer de l'appuy,
" que d'aucune autre, & i'ay éprouué tout le contraire: mais
" aussi Dieu par là m'a fait beaucoup de graces. Ie les ay esté
" voir, où i'ay reçû humiliation auec grande ioie: ie me suis
" bien gardé de m'ouurir de ce qui m'eut pû rendre recom-
" mandable aupres d'eux; i'ay seulement fait pour mon affai-
" re ce que ie deuois à la verité, & aprés i'ay pris tout le reste à
" ma confusion & à ma condamnation, ainsi que ie le dois: ie
" crois estre icy côme l Excommunié & le Bouc de la loy an-
" cienne, chassé au desert pour mes pechez enormes, dont il
" m'a semblé que Dieu vouloit que ie fisse penitence, non par
" des peines toutes pures, mais par des peines qui portassent
" encore confusion. Ie vous le dis pour vous en rendre com-

pte, & ne m'y arrestant pas apres dauantage, ma seule veuë „
estant d'aimer Dieu & me condamner. „

L'humilité de cœur, dans laquelle Monsieur de Renty
estoit profondement étably, produisoit en luy celle des paroles, qui l'empéchoit d'en dire iamais aucune qui sentit tant
soit peu la vanterie, & qui portât la moindre teinture d'ar-
rogance, & d'estime de lui-mesme, ou qui fut proferée d'v-
ne façon altiere, & d'vn ton imperieux ou suffisant: mais au
contraire, elles estoient toutes trempées dans l'humilité &
dans la modestie : comme il s'estimoit veritablement pecheur, lasche, ingrat, perfide, ignorant, aussi se donnoit il
ces noms & se qualifioit de ces titres. Nous en auons desia
vû quelque chose cy-dessus, à quoy nous adioûterons encore cecy qu'il manda à vne persone.

Ie ne suis, à dire le vray, qu'vn idiot, vn pauure laïque & „
vn pecheur. Ecriuant à vn Prestre il luy dit; Que fais-ie „
immonde & roturier en grace & en condition dans l'Eglise „
de Dieu, qui porte vn état que IESVS-CHRIST à reprou- „
ué pour soy? Ie parle à vn Prestre & à l'Oint du Seigneur : „
Mon Dieu, si ie faisois retour sur moy, que serois-ie deuant „
mes yeux? Mais que suis-ie deuant les vostres & deuant ceux „
de vos seruiteurs? Il écrit à vne autre personne; Ie vous re- „
mercie des deuoirs de deuotion que vous auez rendus ce „
vingt quatre & ce vingt cinquiéme iours derniers pour vne „
chose si basse que moy, qui ne merite point de nom qu'entre „
les enfans d'Adã qui trõpent tout le monde, & qui deuroient „
sentir l'ire de tous les enfans de Dieu, si la priere de son fils „
en croix n'imploroit grace pour ses persecuteurs. Et à vne „
autre encore; Puisque l'on me souffre si volontiers, & que „
vous perseuerez à desirer cela de moy, ie supplie mon Sei- „
gneur, en la main & en la disposition duquel ie veux estre „
tout, qu'il se serue, s'il luy plaist, de ce miserable festu pour „
vous donner quelque consolation en la vie de ses enfans, & „
dans les voyes qui vous menent à l'heritage. „

Il a écrit vn tres-grand nombre de lettres : c'est vne chose merueilleuse qu'il n'y en a pas vne dans laquelle il ne s'a-
uilisse, & qui ne porte quelque trait d'humilité ; ce qu'il fai-

soit de mesme en sa conuersation : car encore qu'il eut dessein pour s'aneantir dauantage, & faire ce qu'vniuersellement parlant on croit estre le meilleur, si ce n'est en quelques rencontres où la vertu oblige à pratiquer le contraire,
de ne parler de soy ni en bien ni en mal, neanmoins il luy
estoit comme impossible de s'en empecher, à cause de cette opinion tres-basse qu'il auoit de soy & du mépris qu'il en
faisoit, surquoy vne personne confidente, luy disant vn iour
que cela n'estoit pas bien de tant parler mal de soy, il frap-
poit aussi tôt sa poitrine, auoüant qu'il faisoit mal. Il est vray
que l'on peut parler mal de soy par orgueil à dessein d'écu-
mer par cette fausse humilité vn peu de gloire, & d'acquerir quelque reputation d'vne personne humble : mais apres
tout nous ne voions pas que les orgueilleux soient beaucoup
suiets à ce defaut, & a moins d'vn grand fond d'humilité il
est tres-difficile de parler de soy comme faisoit cet homme
de Dieu. Qui a la verité parloit de soy tres-mal & en termes
de grande confusion, & tres-souuent, mais neanmoins sans
importunité & sans ennuy d'aucune personne, & d'vne telle maniere que l'on voioit euidemment qu'il parloit du fond
du cœur & selon sa pensée ; & ce qui est encore plus merueilleux, il auoit vne telle grace de parler mal de soy & de se
confondre, que plusieurs ont remarqué & experimenté que
les paroles d'humilité & de confusion qu'il disoit de soy, im-
primoient sa mesme disposition en ceux qui l'entendoient
parler, & leur portoient dans l'ame des effets de petiresse &
donnoient des sentimens d'humilité.

 Quand par mouuement particulier du S. Esprit il parloit
des graces & des misericordes que Dieu luy faisoit, c'estoit
toûjours auec vn esprit humilié & aneanti. Il écriuit à vne
personne : Ie ne suis qu'vn pecheur, ayez pitié de moy, adorant pour moy la bonté de Dieu & de nostre Seigneur, qui,
pour parler selon les termes de l'Euangile, se diuertit quelquefois chez les pecheurs ; i'en peus dire des nouuelles auec
Zachée ; mais ie me confond de ne produire en toute ma
vie, ce que son amour & sa reconnoissance luy firent faire en
vn moment. Et à vne autre, Ie supplie nostre Seigneur de

me tenir tres-petit deuant luy & deuant vous : car ie dois porter la confusion de mes crimes en tous lieux, puisque par tout ie suis miserable, sans toutefois cesser de m'vnir auec vous pour dire, *Misericordias Domini in æternum cantabo.*

Quand il parloit des persones pieuses vnies à ses exercices de charité, il vsoit souuent de ces termes; si i'ose ie vous prie „ de les saluër de ma part. Ie m'estime bien heureux d'estre le „ dernier de cette Compagnie, i'en suis tout à fait incapable „ & indigne (encore que pourtant il en fut l'auteur) ie seray „ condamné par vous tous si vous n'auez pitié de moy, & ne „ me rachetez de mes miseres. „

SECTION TROISIEME.

Son *Humilité dans les actions.*

APRES l'humilité du cœur & des paroles vient celle des actions, que Monsieur de Renty a pratiquée ex-cellemment. Nous l'auons desia veu en plusieurs rencon-tres, nous le verrons encore en beaucoup d'autres, & parti-culierement quand nous parlerons de sa patience & de sa charité enuers les pauures & les malades; mais outre cela, nous disons qu'il estoit continuellement attentif à toutes les occasions d'humilité, & qu'il n'en laissoit échaper pas vne sans en vser.

Depuis sa vocation speciale au seruice de Dieu, il ne vou-lut plus qu'on luy portât de carreau à l'Eglise, & afin d'y estre caché & méprisé il se méloit parmy les gens de mestier & les personnes viles, où il estoit souuent poussé & incommodé pour n'estre pas connû; ce qu'il portoit auec grand plaisir. Il se mettoit toûjours, autant qu'il pouuoit, au bas de l'E-glise auec l'humble Publicain. Et à Dijon dans celle dés Vr-sulines, les Tourieres le virent prier tout en bas, & les bras étendus en croix, lors que le peuple fut retiré;& mesme sou-uent il faisoit sa priere deuant la porte fermée, pour ne pas, disoit-il, donner la peine d'ouurir à vn pauure pecheur.

Entendant la grande Meſſe en ſa Paroiſſe il alloit toûjours
à l'Offrande auec vn pauure homme, & il s'eſt trouué quelquefois auec le meſme homme accompagner le S. Sacrement par les ruës, ſans qu'il y eut perſonne de marque que
luy ſeul.

Pendant la guerre de Paris, il alloit acheter luy meſme
le pain pour les pauures, & le portoit par les ruës, & autant
que ſes forces le luy pouuoient permettre. Comme en ce
temps il fit la charité à vn Monaſtere de Religieuſes de garder l'argenterie de leur Egliſe, il preſſa fort qu'on luy donnât à porter en ſon logis diſtant d'vne grande demie lieuë de
là, & tout à pied qu'il eſtoit, vne piece fort grande & fort
peſante; mais s'il eut l'humilité de la demander, on eut la
diſcretion de la luy refuſer. Quand on le prioit au meſme
Monaſtere, que lors qu'il voudroit leur faire la grace de les
viſiter, il prit ſon caroſſe à cauſe de la diſtance & de l'incommodité qu'il en receuoit, il répondoit agreablement, qu'il
n'aimoit pas de ſe ſeruir de caroſſe; parce que cela ſentoit ſon
Monſieur, & qu'il falloit tâcher de ſe faire en tout tres-petit.
Il y alloit donc à pied, & retournant aux iours les plus courts
à cinq & ſix heures du ſoir, tout ſeul, & quelquesfois par vn
temps de degel, comme on luy témoignoit de la peine de
celle qu'il receuoit qui ne pouuoit eſtre petite, il diſoit que
noſtre Seigneur s'eſtoit bien autrement humilié, qu'il auoit
bien pris d'autres fatigues pour les ames, & qu'il eſtoit ſon
Patron.

Deuant vn iour aller voir vne perſonne de tres-grande
condition pour vne affaire qui regardoit la gloire de Dieu, il
ne voulut point y aller en caroſſe, encore qu'il fallut trauer-
ſer quaſi tout Paris, & qu'il plût à verſe, mais y aller à pied:
on luy propoſa, qu'il ſe fit au moins porter vn manteau par
vn laquay, afin de le prendre quand il ſeroit arriué là, & ne
pas ſe preſenter deuant cette perſonne auec vn manteau tout
trempé & luy parler auec cette meſſeance, il ne le fit non
plus, mais pour accommoder ſon humilité auec la bien-
ſeance il mit ce manteau par deſſus le ſien, & alla par les ruës,
& ſi loin, en cet equipage humiliant, & puis dans l'hoſtel mit
bas

bas ce manteau moüillé , & parut auec le sien ordinaire.

Mais voicy vn autre effet de son humilité, dont il écriuit à son Directeur le vingtiéme de Decembre de l'an mil six cens quarante six : il faut maintenant , dit-il , que ie vous ,, rende compte d'vne affaire qui se passa auant-hier. Madame ,, la Chanceliere m'enuoia vn paquet dans lequel ie trouuay ,, des Lettres du Roy scellées en toutes leurs formes qui me ,, faisoient Conseiller d'Etat, ie ne m'attendois point à cela. ,, Ie luy manday que i'aurois l'honneur de la voir pour la re- ,, mercier de ce que Monsieur le Chancelier daignoit penser à ,, moy, que i'honorois trop ce qui auoit la marque du Roy & ,, qui venoit de leur part pour ne pas le receuoir auec respect, ,, mais que ie la supplios tres-humblement d'vne chose, que ,, viuant d'vne maniere simple & commune comme ie faisois, ,, elle trouuât bon qu'en me tenant tres-étroitement leur obli- ,, gé , ie ne le fûsse point d'accepter ces Lettres , & que la ,, chose s'assoupit sans bruit. On me represente qu'en de cer- ,, tains rencontres vn *Committimus* me pouuoit estre necessai- ,, re , & que deux mille liures de pension par an me donne- ,, roient moyen de faire encore plus d'aumônes. Ie répondis au ,, premier point, que par la grace de Dieu ie n'auois point d'af- ,, faires pour ainsi dire , & que souuent les *Committimus* sont de ,, grandes vexations à ceux contre qui on en vse, que c'est à ,, nous de porter nos petites croix dans les voies communes ,, sans en donner d'extraordinaires à d'autres ; & pour le se- ,, cond, que Dieu m'ayant donné des biens plus que ie n'en ay ,, de besoin, ie ne croyois pas les deuoir augmenter, mais de- ,, meurer dans ma petite maniere. Voila où nous en sommes. ,,

Surquoy ie vous diray que cecy ne peut auoir effet que ie ,, ne prenne la qualité de Conseiller d'Etat & que ie ne sois ,, couché sur l'Etat comme pensionnaire du Roy, I'ay, com- ,, me vous auez vû par le papier que ie vous enuoiay il y a quel- ,, que temps, donné ma noblesse terrestre à Dieu, & cecy y de- ,, rogeroit, & de plus ce seroit vn pas pour m'engager ie ne ,, sçay où, que ie ne vois point, & que ie ne veux point voir, ,, ayant d'autres choses à enuisager. Ma disposition sur les af- ,, faires de telle nature est de n'y auoir aucune part, si elles se ,,

H

“ font par force & sans moy, ce me sera vne croix veritable,
“ que noſtre Seigneur me donnera grace pour lors de porter.
“ Enfin : *Elegi abiectus eſſe in domo Dei mei ; & abſit mihi gloriari,*
“ *niſi in cruce Domini noſtri Ieſu Chriſti.* Voila ce que ie reſſens en
“ moy. C'eſt-ce qu'il luy manda qu'il conclud par ces paroles, qui portent vn autre trait d'humilité, & beaucoup de ſa-
“ geſſe. I'ay voulu tenir l'affaire ſecrete pour éuiter l'oſtenta-
“ tion, qui ſe trouue ſouuent dans les refus des choſes qui ont
“ de l'éclat & qui font parler.

C'eſt ainſi qu'il ſe comporta dans cette conionĉture, neantmoins quelque temps apres il fut contraint par bon conſeil,
pour vn ſujet où il y alloit beaucoup de la gloire de Dieu &
du ſoulagement des pauures, d'accepter ces Lettres & cette
qualité, & de s'en ſeruir.

Ie trouue dans vn papier qu'il écriuit au meſme ce qui ſuit,
“ qui fait bié à noſtre propos. Marchất vn des iours de ce Ca-
“ reſme par les ruës de Paris fort crotté & bien bas d'exterieur,
“ ie portois en moy ce ſentiment de l'Apoſtre, quand il dit
“ qu'il eſtoit comme l'ordure & la balieure du monde, & com-
“ me il me ſembloit que i'eſtois dans ce rebut, ie donnois be-
“ nediĉtion pour malediĉtion, & le reſte du paſſage qui me fut
“ mis en puiſſance paſſiue, & en aĉte receuant lumiere pour
“ l'entendre & force pour l'executer. Ie connûs combien la
“ propreté, & les choſes neuues iuſques aux bottes, iuſques à
“ vn regard & à vne contenance bleſſent, ſi l'on n'y prend bien
“ garde, la ſimplicité & la dignité de cet auiliſſement chre-
“ ſtien : & ie voyois que c'eſtoit vne grande tentation de pen-
“ ſer conſeruer ſon état de grandeur & de marque pour don-
“ ner plus d'exemple, & auoir plus de poids pour ſeruir Dieu.
“ C'eſt vn pretexte, dont ſe ſert noſtre infirmité au commen-
“ cement : mais la perfeĉtion nous tire enfin à Iᴇsᴠs-Cʜʀɪsᴛ
“ humilié & rendu le dernier des hommes dans la Croix. Quel
“ honneur de tenir compagnie à Iᴇsᴠs-Cʜʀɪsᴛ ſi ſeul & ſi
“ peu ſuiui en ſon ignominie & en ſon humiliation ? c'eſt vne
“ de mes terreurs, que ie n'ay pas encore bien commencé.

Les grandes connoiſſances & les ſentimens merueilleux
qu'il auoit de ces verités & de la petiteſſe d'eſprit, où doiuent

tendre & paruenir les vrays enfans de Dieu & les parfaits
imitateurs de IESVS-CHRIST, luy faisoient souuent dire;
soyons petits & tres-petits. O que la sainte petitesse est vne „
chose grande! „

Il aimoit dans cet esprit les choses basses, & fuioit tout ce
qui exterieurement auoit de l'éclat en quoy que ce fût; où
il sçauoit que la nature par vn retour secret sur soy va toujours, mesme dans les choses les plus spirituelles & les plus
saintes; comme au contraire la grace, pour estre grace de
IESVS-CHRIST, porte continuellement aux choses viles,
que IESVS-CHRIST a embrassées.

Il euitoit dans la mesme pensée tout ce qui tenoit de l'extraordinaire, & disoit que dans les exercices, où il paroissoit
mesme plus de perfection, comme à faire des ieûnes & d'autres penitences plus que les autres, il n'y en auoit pas quelquefois tant que dans les communs, dont le moins est re-
compensé par la mort de la nature, qui bien souuent se recherche soy-mesme dans l'extraordinaire & le particulier,
estant bien aise d'auoir quelque chose par dessus les autres,
pour se faire considerer, & donner suiet de parler de soy auec
estime.

Il faisoit de mesme attention sur son parler pour ne point
se seruir dans les discours des choses spirituelles & des mysteres les plus releuez, de termes magnifiques & pompeux, de
mots nouueaux & hors d'vsage; & s'il luy arriuoit d'en dire
quelqu'vn, il témoignoit que c'estoit auec peine & pour ne
pouuoir s'expliquer autrement : de sorte que ni dans ses
actions ni dans ses paroles, il ne vouloit rien qui portât apparence de grandeur & de singularité.

C'estoit encore vne actiõ d'humilité & de sagesse en luy de
faire état & de parler auantageusement des conduites des
autres pour l'interieur, encore qu'elles fussent bien au dessous de la sienne, disant qu'il falloit soigneusement prendre
garde de ne pas dire comme le Pharisien, ie ne suis pas comme les autres : & il m'écriuit vn iour sur ce suiet: à Dieu ne „
plaise que ie croye qu'il y ait quelque chose de singulier ou „
d'extraordinaire en moy, quoy que ie luy doiue des recon- „

« noiſſances extremes de ſes miſericordes infinies.

Mais entre tous les effets & tous les témoignages de ſon humilité, la façon auec laquelle il ſe comportoit enuers ſon Directeur, doit ſans doute tenir vn des premiers rangs. Il ne faiſoit rien qui fut tant ſoit peu de conſequence de ce qui le touchoit, ſans ſa conduite: Il luy propoſoit la choſe ou de bouche s'il eſtoit preſent, ou s'il eſtoit abſent par écrit, clairement & nettement, luy demandant ſon auis, ſa volonté & la benediction de ſa reſolution, c'eſtoit ſes termes, auec tant d'humilité, tant de reſpect, tant de dependance & de demiſſion de ſon ſens, que cela eſtoit admirable ; & puis ſans retour & ſans diſcuſſion il ſuiuoit exactement & aueuglément ſon ordre, autant que pourroit faire dans vne religion bien reformée vn Nouice tres-obeiſſant & tres-ſimple.

Son Directeur luy ayant écrit quelque choſe qui regardoit ſa perfection, il luy répondit en ces termes: Ie vous ſup-
« plie de croire qu'encore que ie ſois tres-imparfait & grand
« pecheur, ſi toutefois vous me faites l'honneur & la grace
« de me mander vn mot ſur ce que vous connoiſſez m'eſtre
« neceſſaire, i'eſpere auec l'aide de Dieu que i'en profiteray.
« Ie ne reſpire que de trouuer Dieu & Iesvs-Christ auec
« autant de ſimplicité que de verité ; ie ne pretend rien en ce
« monde que cela, & hors de cela ie ne deſire rien. Voila ſa ſoûmiſſion. Encore, qu'il eut, ce qui fait la merueille, vn eſprit excellent & tres-éclairé, qu'il fut doüé d'vne haute prudence, & dans vne ſi grande capacité de tout, qu'il eſtoit conſulté de bouche & par lettres de diuers lieux d'vn tres-grand nombre de perſonnes de tout aage, de tout ſexe, & de toutes conditions Seculieres & Religieuſes.

Pour pratiquer ſi hautement cette ſoûmiſſion, il enuiſageoit noſtre Seigneur, qui eſtoit en tout ſon modele & ſa lumiere, dans celle qu'il a renduë à Saint Ioſeph, dont il fut extraordinairement touché eſtant vn iour aux Carmelites de Pontoiſe priant dans leur Egliſe, & dont s'ouurant à vne perſonne, à qui il le pouuoit auec prudence & auec charité, il luy dit ; Il eſt vray que i'ay reçû ce matin vne grande

grace penfant à l'affuiettiffement & à la dependance, que ››
le Fils de Dieu a voulu auoir de S. Iofeph, à qui il s'eftoit af- ››
fuietti & foûmis en toutes chofes, comme vn Enfant a fon ››
Pere. Quelle grandeur & quelle grace de ce Saint! mais ››
quelle vertu & quel aneantiffement à IESVS-CHRIST! Le ››
Fils de Dieu egal à fon pere affuietty à vne creature & foû- ››
mis à vn pauure Charpentier, comme s'il n'euft pas bien fçû ››
comme il falloit fe conduire! On m'a fait connoître comme ››
par cet exemple du Fils de Dieu nous fommes hautement ››
inftruits & d'vne maniere digne d'vn tel maiftre, fur la de- ››
pendance que les creatures doiuent auoir de Dieu, & fur ››
l'obligation étroite qui nous engage de nous foûmettre au ››
fouuerain pouuoir qu'il a fur nous, & à la directiõ des hômes; ››
de forte que noftre cœur n'ait de repos, que dans cet affuiet- ››
tiffement vni à celuy que rend IESVS-CHRIST à vne creatu- ››
re. O que ce myftere eft profond & qu'il me touche! Il ››
fut enfuite vn peu de temps fans parler comme s'il eut efté
tout occupé de la grandeur de cette grace, & la perfonne,
à qui il parloit, luy ayant dit qu'elle fentoit quelque communication de cette grace, il fe mit à genoux & cette perfonne auffi, & prierent tous deux adorans IESVS-CHRIST en
cet état de dependance & de foûmiffion à vne creature, &
fe donnant à luy pour l'imiter.

SECTION QVATRIEME.

Son Amour pour la vie cachée.

NOVS mettons encore comme vn effet de fon humilité, l'amour qu'il auoit pour la vie cachée & inconnuë,
parce qu'il ne l'aimoit pas feulement pour pouuoir vaquer
dauantage à Dieu & communiquer plus à loifir auec noftre
Seigneur, qui eftoit le cher obiet de fon cœur, mais de plus
pour auoir le moyen de fuir l'eftime, l'honneur & les loüanges des hommes, & eftre effacé de leurs efprits & dans vn
oubly de tout le monde.

Pressé de cet amour il disoit, que si Dieu ne l'ût attaché à
l'état où il estoit, il s'en fut allé en quelque pays étranger &
lointain pour y viure caché le reste de ses iours; qu'il souhaitoit de n'estre connû de personne en terre; qu'il n'estoit pas
expedient qu'on sçût seulement qu'il y fut, & que ce luy eut
esté vn singulier plaisir d'estre banni du cœur de tous les
hommes & ignoré de toutes les creatures; A quoy il contri-
buoit de sa part tout ce qu'il pouuoit, ne faisant chose aucune qui eut pû donner des reconnoissances vers luy & luy acquerir les affections : & on a remarqué que plus il alloit s'a-
uançant en lumieres & en graces, plus la pente pour cette
vie cachée se rendoit forte & plus il auoit de desir d'estre inconnu, comme il le témoigna à vne personne cinq ou six
mois deuant sa mort.

Il regardoit en cela nostre Seigneur & l'exemple qu'il
nous a donné de cette vie, n'aiant point parû l'espace de
trente ans, qu'vne seule fois au temple; encore qu'il n'y eut
point de peril pour luy de hanter les hommes, & qu'il semble qu'il y eut eu beaucoup de bien pour eux, parce qu'il les
eut dressez, polis & sanctifiez par sa conuersation & par ses
paroles, estant mesme venu en terre exprés pour les enseigner. Il iettoit encore les yeux sur Dieu, que le Prophete
appelle vn Dieu caché, & qui effectiuement s'est tenu caché vne eternité toute entiere au dedans de soi-mesme, &
qui par toutes les découuertes qu'il a faites de soy à l'ouuerture & en la suite des temps, & par toutes les monstres qu'il
nous en a données, n'est pas à beaucoup pres hors de soy, ce
qu'il est dedans soy. Ce seruiteur de Dieu & cét esprit illuminé se formoit sur ces modeles.

Dans vn memoire écrit le quinziéme de Mars l'an mil six
cens quarante cinq, qu'il donna à son Directeur, pour luy
rendre compte de ce qui se passoit dans son interieur, il dit.
" Il y a quelque temps que me trouuant dans vne ruë, où il
" passoit & repassoit des carosses, & ne sçachant si ie deuois
" regarder les passans ou non, parce que c'estoit en quartier
" de connoissance, & si cela ne donneroit point sujet de par-
" ler, de voir que ie ne détournasse point les yeux, mais que

i'allaſſe tout droit mon chemin; ces paroles me furent miſes „
en vn inſtant dans l'eſprit, mais d'vne maniere que ie ne ſçau- „
rois douter que ce ne ſoit Dieu. *Ne te ſoucie point d'eſtre connû,* „
ny ne t'arreſte point à connoître. Ces deux mots me donnerent ſi „
grande lumiere & ſi grande force, que ie fûs plus de huit „
iours, que ie voyois conſiſter en cela les plus grandes aides „
de la vie ſpirituelle, & i'en porte touſiours le fond. „

Il eſt certain, que puiſque la pluſpart de nos maux & de „
nos imperfections vient de vouloir eſtre veu, & de vouloir „
voir, c'eſt vn amuſement, qui porte vn grand venin pour „
l'auancement d'vne ame, encore que ſouuent elle n'en ap- „
perçoiue pas le dommage & n'en ſente pas la bleſſure. Ce „
qui met l'impureté dans nos actions de pieté, eſt que l'amour „
propre eſt bien ayſe qu'on les ſçache, & qu'on nous remar- „
que; on montre toûjours le plus beau, on cache les defauts „
& l'enuers, & tout l'exterieur eſt ſi compoſé que noſtre inte- „
rieur y eſt ſouuent plus occupé qu'à Dieu, & il y a peu de „
perſonnes qui n'ayent grande part au regard vain, paſſif & „
actif des creatures. „

Que ces paroles firent en moy vne grande ſeparation de „
ce ſiecle! quelle purgation & quelle pureté, d'eſtre en la „
terre pour n'y voir que Dieu! ô certainement qui viuroit „
comme s'il n'eſtoit point connû, ſans auoir égard à ce que le „
monde dit ou penſe de nous, ſans vouloir y prendre ny rece- „
uoir de part, ſans vouloir connoître ny eſtre connû de per- „
ſone, ny nom, ny liurée, ny viſage, que ſelon que noſtre „
Seigneur le fait; que l'on marcheroit nû, pur & libre d'eſ- „
prit. I'eſtois au milieu des ruës & du bruit, pouſſé & cho- „
qué, auſſi pacifique, auſſi lié à Dieu & autant occupé de luy, „
que ſi i'euſſe eſté dans vn deſert; & depuis ce temps-là ie „
vais ainſi par les ruës, auec liberté toutefois des yeux pour „
voir ce qu'il faut voir, mais ſans m'attacher; & ces paroles „
me ſont remiſes dans l'eſprit aux occurrences neceſſaires, & „
elles me protegent & me conſeruent en Dieu. Ie ſuis pour- „
tant bien infidelle à cette grace, mais la verité & le fond „
ne s'efface point de moy; ce qui me rend bien plus coupable. „
Voila ce que porte ſon memoire.

Finissons parce qu'il écriuit à vne Dame l'an mil six cens
quarante trois sur le sujet de cette vie secrete & retirée de la
" communication des creatures, à qui il dit. Animons-nous à
" mener cette vie inconnuë & toute cachée aux hommes, mais
" connuë & tres-intime à Dieu, nous denüant & chaffant de
" nostre esprit tant de choses superfluës & tant d'amusemens,
" qui neanmoins nous caufent vn si grand dommage, qu'elles
" l'occupent au lieu de Dieu; de sorte que quand ie considere
" ce qui trauerse & qui couppe en tant de morceaux cette
" sainte, cette douce & aimable vnion, que nous deurions
" auoir continuellement auec Dieu, il se trouue que c'est vn
" Monsieur, vne Madame, vn discours, en fin vne sottise pour
" nous, qui neanmoins nous rauit vn temps si precieux & vne
" societé si sainte & si desirable. Quittons cela, ie vous prie, &
" apprenons à bien faire la cour à nostre Maistre, entendons
" bien nostre monde, qui n'est pas celuy-cy auquel nous re-
" nonçons, mais celuy où les enfans de Dieu rendent leurs de-
" uoirs à leur Pere.

CHAPITRE IV.

Le Mépris qu'il faisoit du monde.

ETTE grande affection, que Monsieur
de Renty auoit pour la vie cachée, estoit
vne marque euidente du mépris qu'il faisoit du monde, parce que s'il l'ût estimé il
n'ût pas voulu le quitter : de dire maintenant iusques à quel point il le méprisoit,
il seroit bien difficile. Ce nous est assés pour connoître qu'il
l'a eu en vn mépris extréme, de sçauoir par ce que nous auons
rapporté cy-dessus, comme il a renoncé, autant qu'il a esté
en son pouuoir, à tout ce qu'il peut promettre & donner, &
auec quoy il asseruit & captiue les hommes; comme il s'est
dégradé luy mesme de sa noblesse, a fait cession de ses biens
& s'est dépouillé de leur proprieté pour n'en plus vser qu'en
qualité

qualité de pauure, s'est sevré des plaisirs, a reietté les honneurs & ses dignitez, ausquelles sa naissance & ses perfectiõs
excellentes luy donnoient de tres-grandes ouuertures, s'est
moqué de tous ses attraits & a foulé aux pieds toute sa gloire. Il regardoit pour cela son Patron nostre Seigneur, qui
dés son entrée au monde & dés sa naissance a fait vne profession ouuerte de le mépriser absolûment ; aussi disoit-il,
qu'il n'estoit pas de ce monde.

Ie trouue au suiet de ce mépris dans vn memoire écrit de
sa main, qu'il donna à son Directeur, cette belle & solide
lumiere que nostre Seigneur luy communiqua; Estant au „
mois de Nouembre l'an mil six cens quarante quatre en vne „
Chapelle richement lambrissée & ornée de sculpture & de „
basse taille fort bien-faites, comme ie regardois auec atten- „
tion ces ouurages, parce que i'ay eu quelque connoissance en „
ces choses, & que ie voyois des liasses de glageux & de „
fleurs en forme de festons fort nettement trauaillés, il me fut „
mis tout d'vn coup dans l'esprit, *l'original de ce que tu vois ne* „
t'arresteroit pas la veuë, & ie connûs qu'en effet tous ces gla- „
geux & ces fleurs ne m ûssent pas occupé, & que tous les or- „
nemens, que l'architecture & l'art inuentent, sont choses „
tres-basses, qui tirent quasi tout de feuilles, de fruits, de „
branches, de masques, de roulleaux, de harpies & de chi- „
meres, dont vne partie sont en leur estre choses communes „
& viles, & l'autre imaginaire ; & que cependant l'homme, „
qui s'accroche à tout, se rend amoureux & esclaue, pour „
ainsi dire, de la maniere d'vn bon ouurier, qui copie & con- „
trefait des fadaises. Ie reconnûs par cette veuë comme „
l'homme estoit facile à piper, à amuser & à diuertir de son „
souuerain Bien : & depuis ce temps ie ne peus plus m'arrester „
à considerer aucune de ces choses, & si ie le faisois, i'en au- „
rois reproche; quand i'en vois dans les Eglises & ailleurs, il „
est aussi tost mis en mon esprit : *l'original n'est rien, la copie & li-* „
mage est encore moins, tout est vain fors s'occuper de Dieu seul. „

A la verité le Chrestien nourri & éleué pour des choses si
grandes, comme sont la possession de Dieu & la gloire eternelle, doit mépriser tout ce qui est ici bas, mesme de plus

éclatant, auec autant & plus de suiet, qu'vn grand Roy mé-
prisera vne botte de foin, à laquelle le Prophete aussi com-
pare toute la gloire de ce monde, aupres de sa courone & de
son royaume. C'est la raison, qu'emploia ce seruiteur de
Dieu pour animer vne Dame au mépris du monde, à qui il
écrit.

" Ie vous diray, que comme nous ne sommes Chrestiens
" que par la liaison, la dependance & la vie que nous auons de
" IESVS-CHRIST, ie m'étonne & ne peus comprendre qu'vne
" chose si petite que l'homme, tiré du neant dans sa premiere
" origine, infecté du peché de son premier pere & des siens,
" éleué à vn si haut degré d'honneur, que luy donne l'alliance
" du Christianisme, de n'estre qu'vn seul Christ auec le fils de
" Dieu, d'estre son frere & son coheritier dans le siecle futur;
" ie m'étonne, dis-ie, comme apres des prerogatiues si admi-
" rables l'homme estime le monde & fait état de ses vanitez: y
" faudroit-il auoir le cœur, & estre de cette vie apres ces con-
" siderations? les choses de la terre, dont la mort aussi bien
" nous depoüillera, & pour iamais, seront-elles la plenitude
" de nostre cœur dans le peu de temps que nous auons à y estre
" pour faire nostre salut, pour aquerir les thresors qui nous
" sont preparez & pour rendre graces à Dieu de ses misericor-
" des? deurions-nous pas faire paroître à Dieu & aux hommes
" vne foy toute viuante, quittant librement ce qui n'est que de
" ce siecle, ses honneurs faux, ou pour le moins inutils, ses
" établissemens perissables, ses opinions extrauagantes, &
" tout ce qui passera comme vn songe; ainsi que nous voyons,
" que nos bisayeuls sont passez & desquels il n'est plus de me-
" moire: leurs cadences & leurs decadences, leurs contente-
" mens & leurs déplaisirs, qui leur tenoient si fort au cœur, &
" qu'ils auoiét tant de peine d'accommoder à la loy de IESVS-
" CHRIST & aux esprits de leur temps, tout cela est euanoüy:
" n'est-il pas vray qu'on a suiet de les estimer auoir manqué de
" sens, s'ils ont consideré autre chose que Dieu dans leurs
" voies? Il en sera de mesme de nous, tout passera, & Dieu
" seul demeurera: ô qu'il est bon de s'attacher à luy seul!

Il encourage la mesme en vne autre lettre qu'il luy en-

uoya , & luy dit, ça tout de bon, il faut mourir au monde, „
& rechercher les obstacles qu'il apporte à nostre perfection „
pour les condamner , & viure dans le siecle suiuant le sens „
de l'Apostre, comme n'y viuant point, y possedant comme „
n'y possedant pas : chassons hardiment de nos esprits la com- „
plaisance & l'attache de nos belles maisons, ruinons les de- „
lices de nos iardins , brûlons nos bocages , exterminons ces „
vaines idées que nous auons sur nos enfans, qui cachent en „
eux nostre amour propre, lequel semble mort en nous, & „
nous fait desirer, estimer, & approuuer en leurs personnes „
ce que nous condamnons en nous, à sçauoir le lustre & l'é- „
clat du monde. Ie sçay qu'il y a difference dans les condi- „
tions, mais toutes doiuent reietter les appennages, que l'on „
dit estre de la grande naissance & de la noblesse de sang, „
i'entend ces maximes d'aspirer au plus haut & de ne souffrir „
rien ; ce sont des maximes, que nos enfans apportent de la „
naissance que nous leur donnons, mais il faut que la secon- „
de, que nous leur procurons en Iesvs-Christ, repare ces „
desordres. Ostons leur la vanité de l'esprit, & toutes ces „
conduites politiques, & les exemples de ces Grands des hi- „
stoires, dont les supplices sont aussi eminens dans les Enfers „
que leur presomption a éclaté sur la terre ; car il se trouueroit „
que nous les conduirions à vne pareille fin. „

En vne autre lettre il luy explique ce qu'il luy auoit mandé de ses maisons & de ses iardins , & qui sans cette explication sembleroit trop crû. Mon dessein, dit il, n'a pas esté „
que vous fissiez démolir vos murailles & laissassiez tomber „
en friche vos iardins pour estre plus à Dieu ; i'entend parler „
des détachemens & des ruines, qui se doiuent faire dans nos „
esprits, & non pas estre executez sur des matieres insensibles „
qui n'ont de prix que dans leur forme : quand i'ay dit qu'il „
falloit mettre le feu par tout, i'ay pensé suiure cet esprit ad- „
mirable de l'Apostre, qui veut que nous ayons la pauureté „
dans les richesses, & le denuèment au milieu des possessions: „
il veut que nos esprits soient veritablement purifiez & sepa- „
rez des creatures desquelles nous iouïssons reellement, par- „
ce que le Chrestien, qui tend à la perfection, se fait grand „

“ tort de s'arrester à ces amusemens, & de mettre dans son
“ cœur d'autres inclinations que celles de Iesvs-Christ, qui
“ voioit tout le monde sans le détruire, mais aussi sans s'y ap-
“ pliquer ; le soin de son pere & le negoce de sa gloire estoient
“ sa vie ; les détours des fleuues & les ornemens des campa-
“ gnes luy estoient de foibles considerations, & non pas des
“ occupations. Voila où i'en voudrois venir, & ie n'en deman-
“ de pas dauantage.

C'est en effet ainsi que nous deuons mépriser le monde, à
quoy Dieu nous porte, & pour nous y porter plus efficace-
ment il permet par fois, & souuent, qu'on y reçoiue des dis-
graces & qu'on y rencontre des peines ; ne plus ne moins
qu'on seme des épines dans vn chemin afin d'en faire prendre vn autre. Ce que Monsieur de Renty connoissant bien,
voicy ce qu'il en manda à vne personne. Dieu a son dessein
“ par toutes ces contrarietez, qui est que ceux qui sont à luy,
“ soient encore plus à luy en recours, en confiance, en appuy,
“ en vie, & en tout. Le bruit du monde & ses reuers sont auan-
“ tageux pour faire connoitre son esprit, sa confusion & sa va-
“ nité, à ceux qui n'en sont pas, & qui y estans en esprit de mort
“ n'y attendent plus que la mort, produisant cependant les ef-
“ fets de la vie eternelle, qui est par auance en eux dés cette
“ vie mortelle.

CHAPITRE V.

Sa Patience.

L'Hvmble est assurément patient, par ce qu'il
s'estime digne du mal qu'il souffre, & de bien
plus grands encore, & si nous voulons rechercher la vraye cause de nos impatiences & monter iusques à leur source, nous trouuerons que
c'est nostre orgueil & l'estime de nous mesmes. Monsieur de
Renty ayant esté tres-humble, ainsi que nous auons vû, il a

esté en suite tres-patient, comme ce Chapitre le va montrer.

Et d'abord quand ie me le represente, ie me souuiens de la description que Tertullien fait de la Patience, à qui il donne vn visage doux & tranquille, vn front serain qui ne porte iamais aucune ride ni de tristesse ny de cholere, vn maintien toujours egal, peu de paroles, & la contenance telle qu'on la voit aux personnes innocentes & asseurées: ceux qui l'ont connû, diront que le voila dépeint de ses naïues couleurs, & que suiuant cela il estoit l'image animée de la Patience, parce qu'il auoit toutes ces qualitez en vn excellent degré. Il en auoit encore beaucoup d'autres interieures necessaires à cette vertu; car celles-là ne regardent que le dehors.

Les personnes qui ont demeuré auec luy fort long-temps, & qui ont étudié auec soin ses actions, ne l'ont iamais vû se plaindre pour quoy que ce soit, ni pour maladie, ni pour perte, ni en aucune autre occasion qu'il ait eu de souffrir; mais elles ont remarqué toujours en luy vne constance inebranlable & vne patience inuincible, qui passoit mesme souuent iusques à la ioye, auec vne egalité si grande & si merueilleuse, qu'il ne disoit pas vne parole plus haute que l'autre, ni ne faisoit pas mesme vn geste qui témoignât vn esprit plus prompt & plus ému.

En son second voyage de Dijon, qu'il fit auec Madame sa femme & feu Madame la Comtesse de la Chastre, au second ou troisiéme iour il fut attaqué d'vn rheumatisme violent qui le rendit entrepris de tout son corps; estant arriué à l'Hostellerie il le falloit mettre sur vn lit, il alloit tout courbé, appuyé sur vn bâton, & soutenu d'vne personne; Il souffrit des douleurs extremes en ce voiage, sans dire mot ny faire la moindre plainte. Ces Dames s'en apperceuoient le voyant deuenir pasle & deffait comme vn linge, & puis en vn moment tout enflammé; & encore qu'elles lui disent qu'il souffroit beaucoup, il ne répondoit rien à cela & ne cherchoit point de soulagement à parler de son mal, ce qui est si naturel à vn malade, mais les entretenoit des excessiues & inexplicables douleurs de IESVS-CHRIST, & de la grace que Dieu fait à vne ame de souffrir pour luy, mais dans des termes si pleins de suc & auec tant d'amour & tant de ferueur, que la compagnie estoit touchée d'vne grande deuotion de l'entendre.

Ces deux Dames ne pouuans apprendre de sa bouche ce qu'il souffroit & desirans fort de le sçauoir, elles prièrent la mere Prieure des Carmelites de Dijon, qu'elles croyoient en pouuoir venir mieux about qu'elles, de le luy demander, " à qui il dit simplement, mes douleurs sont grandes à crier & " à euanoüir, mais encore que ie les sente dans toute leur ri- " gueur, ie n'y suis point par la grace de Dieu appliqué, mais à luy. Il luy dit de plus que s'estant fait mener en sa Chapelle de Citry & que s'estant assis sur vn banc à cause de son mal, le banc se rompit sous luy sans aucune apparence que cet accident pût arriuer, & qu'il croyoit que le malin esprit l'auoit rompu pour l'émouuoir à impatience le faisant tomber rude- " ment, mais par la misericorde de Dieu, ie n'en fus pas plus " ému, dit-il, que vous me voyez, quoy que les douleurs, qui " me surprirent, fussent tres aiguës. Il faut estre bien present à soy & bien patient, pour dans de semblables occasions ne point s'émouuoir & se conseruer dans la mesme assiette d'esprit, comme si rien n'estoit arriué.

I'eus la grace, poursuit cette bonne mere, d'estre auec luy enuiron deux heures pendant qu'il estoit trauaillé de ses grandes douleurs, que ie luy voiois porter auec tranquillité & modestie sans se remuër, & parler tout de mesme, comme si au sortir du parloir il n'ût pas esté tout courbé, marchant auec grande peine, vn bâton à la main, mais qu'il eut ioüi d'vne parfaite santé.

Toute nostre communauté fut fort touchée de le sçauoir en cet état, & quelques-vnes eurent mouuement de faire vn vœu pour sa santé à nostre Dame de grace, dont on honore çeans l'Image, croiant que la mere de Dieu ne la leur denieroit pas, tant pour le culte que ce seruiteur de Dieu rendoit à cette image, que pour les grandes obligations que nostre maison luy auoit. Toute la communauté fit le vœu le iour de sa Natiuité apres la Messe, que Monsieur de Renty auoit entenduë, mais sans auoir pû en aucune façon plier les genoux. Le vœu fut agreé, car dés le soir il vint sans baton au parloir, peu de iours apres il se mit à genoux, & fut gueri dans la neuuaine. L'on garde son bâton au Conuent par deuotion & pour memoire de cette grace : & luy en reconnoissance du benefice qu'il auoit receu, enuoya vn cœur de crystal enchassé dans de l'or pour mettre au col de la Vierge.

Ayant perdu vn fils qu'il aimoit beaucoup, il souffrit cette affliction cuisante sans dire mot, sinon pour témoigner sa parfaite soumission aux ordres de Dieu, & porta cette perte sensible auec toute la patience qui estoit necessaire pour rendre cette action heroïque.

Souuent il a eu grand exercice de patience dans ceux de charité qu'il rendoit au prochain, non seulement à endurer la faim, la soif, le chaud, le froid, la pluie, la lassitude du corps & les autres peines exterieures, qui accompagnent necessairement ces emplois, quand ils sont faits de la maniere qu'il y tenoit, mais encore les mépris & les opprobres. Faisant le Catechisme à certains iours reglez dans vn Hospital à des pauures passans, Vn certain étably là dedans s'offença de cette action d'humilité & de charité signalée en vne personne de cette condition, croyant que c'estoit entreprendre sur sa Charge & s'ingerer dans son Office, & le vint trouuer comme il estoit au milieu des pauures les instruisant, & luy dit deuant eux plusieurs paroles iniurieuses & offensiues afin de luy faire perdre l'enuie d'y retourner. Monsieur de Renty voyant cet homme qui s'emportoit ainsi contre luy, l'écoute sans s'émouuoir & souffre auec patience ses mépris & ses outrages, & luy répond auec beaucoup d'humilité & de respect, que s'il desiroit enseigner ces pauures gens, qu'il voyoit en auoir tant de besoin, il ne reuiendroit pas aux iours qu'il prendroit, mais puis qu'il ne vouloit pas s'en donner la peine, qu'il le prioit de ne point empescher ce bien : à quoy cet homme ne voulant point acquiescer, il vint quatre iours de suite dans l Hospital chasser Monsieur de Renty aussi tost qu'il commençoit le Catechisme, le faisant au lieu de luy, ce que ce Seigneur tres-vertueux endura toujours auec vne patience admirable.

Il pratiquoit cette vertu auec vn grand soin & vne grande conduite dans toutes les choses de cette vie, parce qu'il n'y en a point où il n'y ait a souffrir : ainsi dans toutes les choses generales & particulieres qui arriuoient, dans toutes celles qui choquoient sa nature, son corps, son esprit, son iugement, sa volonté, ses inclinations, ses desirs, ses desseins mesme les meilleurs, & tout ce qui le regardoit en quelque façon que ce fût, il taschoit d'en faire vsage de grace & de perfection, & de posseder la tranquillité de son cœur & la paix de son esprit par sa patience, receuant & souffrant tout sans s'alterer, & sans se hausser ni se baisser.

« Priant Dieu deuant le S. Sacrement, dit-il dans vn de « ses memoires écrit de sa main, vn pauure me vint demander « l'aumône; ie m'appliquois pour lors à me recueillir, & on a « accoutumé de receuoir ces petites rencontres auec quelque « contradiction, comme le mot mesme le fait entendre, car « on dit l'importunité des pauures : il me fut en ce moment « donné à entendre que si nous estions bien éclairez, nous ne « nous tiendrions iamais importunez de personne ni empes- « chez de rien, parce que nous regarderions l'ordre de Dieu « conduisant tout à nostre auantage : que côme il nous faut bien « souffrir auec patience les distractions interieures, nous de- « uons endurer de mesme les exterieures, & que le tourment, « l'inquietude, & l'impatience, que nous causent ces petits « accidens, viennent de nostre ignorance & de nostre immor- « tification. Ce n'est pas toutefois que l'on ne doiue oster les « choses qui nous peuuent donner du trouble, mais quand « elles viennent, il faut les regarder comme ordonnées de « Dieu, les receuoir auec vn esprit de douceur, & les porter « auec humilité & respet ; & ainsi, quoy qu'il nous arriue & « nous interrompe, l'ordre de Dieu n'est pas interrompu en « nous, mais nous le suiuons, qui est le thresor & le grand se- « cret de la vie spirituelle, & pour ainsi dire, le Paradis en terre.

Certe rien ne nous trouble iamais que par nostre faute, & toutes les fâcheries que nous ressentons au dedans de nous, & toutes les impatiences que nous faisons éclater au dehors, quand on nous trauerse, qu'on nous empéche absolûment de

faire

faire quelque chose, ou qu'on nous y diuertit, n'ont point
d'autre source, que le déreglement de nos esprits trop attachez. Nous deurions remarquer pour étouffer ces émotions
& conseruer nos cœurs dans la paix, que si on nous oste le
moyen de faire vne bonne œuure, on nous le donne d'en pratiquer vne autre : on vous retire de l'oraison ou de la lecture,
on vous empéche d'executer vn bon dessein que vous auiez
pour le prochain; il est vray, mais on vous met aussi en état
d'éxercer la patiencē, qui dans cette conioncture sera meilleure, plus agreable à Dieu, & plus efficace pour vous perfectionner que ces autres actions, parce qu'en celles-là vostre
volonté s'y trouuoit, & en celle-cy son aneantissement s'y
rencontre, où consiste vostre perfection; car la plenitude de
Dieu n'est que dans l'euacuation de la creature.

SECTION PREMIERE,

Suite du mesme suiet.

CETTE grande patience, qu'auoit Monsieur de Renty,
découloit de la haute estime qu'il faisoit des souffrances, sçachant qu'estans bien prises, ce sont des sources de
vie eternelle, des mines d'or & de richesses celestes, & des
participations de la croix de nostre Seigneur, que Dieu a
renduë la cause de nostre salut & de tous les biens que nous
possederons iamais; à laquelle par consequent doiuent auoir
liaison tous ceux qui veulent estre sauuez. Il manda vn iour
à vne personne qui souffroit, Dieu vous façonne pour luy, „
vous vnissant icy bas à IESVS-CHRIST souffrant. Ha ! que „
c'est vne grande grace, & plus grande que l'on ne pense. Et „
à vne autre; Quelle benediction ! que Dieu vous fasse souffrir „
pendant que le monde rit; si ceux du party contraire auoient „
les yeux ouuerts comme vous, on verroit vne merueille ra- „
uissante : car on vous verroit rire en souffrant & eux pleurer „
de ne pas souffrir : vous auez vne grace qu'ils méprisent par- „
ce qu'ils ne la connoissent pas, & les miserables se tiennent „

K

« heureux de leur malheur.

Cette grande opinion qu'il auoit conceuë des souffrances, les luy faisoit desirer & en estre alteré, & dire dans l'ardeur de son souhait auec cette Sainte, pour qui il auoit tant de deuo-
« tion, *ou mourir, ou patir*. Il écriuoit à vne personne; Ie vois
« quasi tout inutil en ceste vie sinon souffrir: toute consolation,
« toute douceur & ioye est vne anticipation de la recompense,
« qui n'est point deuë aux criminels, lesquels ne seiournent en
« cette terre que pour s'y purifier & y faire penitence; à quoy
« les consolations, les douceurs & les ioies apportent de la
« modification, & empéchent sans doute que la penitence,
« qu'il faut faire, ne soit si pleine, ou qu'on n'arriue pas à vn si
« haut degré de perfection. Ce n'est pas que ces choses ne
« soient par fois necessaires à nostre infirmité, qui a besoin
« d'estre étayée de toutes parts afin de la soûtenir.

Et il écriuit l'an mil six cens quarante-sept, le trentiéme
« d'Avril à son Directeur ce qui suit, I'ay toujours la veuë de
« ma foiblesse & du peu que ie rends à Dieu pour ses graces, ce
« qui me tient en aneantissement, auec grande confiance tou-
« tefois, qui me porte à l'amour, à la docilité & à l'obeissance;
« mais amour & obeissance, qui m'enflamme beaucoup à
« souffrir auec nostre Seigneur : c'est ma plus grande langueur
« & mon plus grand attrait; parce qu'en toute autre chose l'on
« reçoit, mais en celle-cy, quoy que l'on reçoiue toujours la
« grace de souffrir, la souffrance pourtant est ce que nous pou-
« uons proprement donner à Dieu, & côme le plus grand gage
« & la preuue la plus asseurée de nostre amour. Ce n'est pas
« toutefois que ie choisisse par ce raisonnement de souffrir,
« mais ie m'y sens encliné interieurement, & ie suis conduit &
« arresté là. Il y a enuiron quinze iours que i'eus vne telle re-
« connoissance & vn tel amour pour nostre Seigneur IESVS-
« CHRIST souffrant, & s'immolant à Dieu son pere, & nous
« alliant à soy pour n'estre qu'vn mesme amour & vn mesme
« sacrifice, que ie me sentis en vn instant, & pendant vn instant,
« collé à sa croix comme par vne alliance d'amour, laquelle
« est inexplicable, & l'effet me dure encore presentement.

Et en vn memoire qu'il luy donna l'an mil six cens qua-

rante huict, en Caresme, touchant ses dispositions, il luy dit:
Il m'est venu en l'esprit que le moien de me faire passer le Caresme tres-rudement, seroit de me mettre en vne bonne table & m'obliger à faire grande chere, de me ietter dans les
belles compagnies du monde pour causer & pour rire, & me
mener à la promenade & au Cours; car ce me seroit vn petit
enfer, sans mesme parler du peché qui y pourroit estre, & la
seule pensée me fait fremir d'horreur : car il est vray que la
solitude, les ieûnes, & les autres choses, que l'on appelle
penitence, sont mon attrait: & puis par vne conduite de sagesse il adioûte. Encore que ie sente cela, ie ne laisse pas de
connoître ce que ie suis, & dans tout mon attrait & tous mes
desirs ie me garde bien de demander la moindre chose à souffrir : quand ie l'ay fait par moy-mesme, ie l'ay reuoqué apres,
comme aiant agy en fou. I'ay trop d'experience de ma foiblesse, ie me donne seulement à mon Dieu pour tout ce qu'il
desire de moy depuis le plus haut du Ciel iusques au plus profond des Enfers : par son ordre ie veus tout, auec luy ie peus
tout, & ce qu'il ordonne est tousiours accompagné de sa
grace.

Ce grand seruiteur de Dieu éclairé de ces lumieres & touché de ces sentiments excitoit à la patience ceux auec qui il
traittoit, & leur persuadoit de se lier & de s'vnir intimement
à nostre Seigneur souffrant & crucifié. Il écriuit à vn homme affligé : ie supplie nostre Seigneur de vous fortifier de
plus en plus de ses graces, & d'autant plus, qu'il imprime en
vous les characteres de sa passion; qu'il vous fasse croistre
aussi dans le saint vsage de vos souffrances pour accomplir
parfaitement en vostre personne ce que dit S. Paul, *mihi absit*
gloriari nisi in cruce domini nostri Iesu Christi. Ie vous asseure que
c'est vne grande honte à vn Chrestien de passer ses iours en
ce monde plus à son aise, que IESVS-CHRIST n'y a passé les
siens. Ha! si nous auions vn peu de foy, quel repos pourrions
nous prendre hors de la croix? Mais si tous n'ont pas cette
grace, combien ceux, à qui elle est donnée, la doiuent ils
cherir, puisque c'est vne marque du grand degré de gloire,
qu'ils doiuent vn iour posseder? car qui doute qu'à propor-

« tion, que nous serons configurez à la mort du fils de Dieu &
« à sa peine, nous ne le soyons au mesme degré dans sa gloi-
« re, & n'en receuions la recompense dans la beatitude? Et
    puis il luy enseigne la façon de bien endurer, & luy donne
« cet auis, qui contient tout le secret : Mais la beauté de la
« souffrance est à l'interieur, dans les dispositions saintes de
« Iesvs-Christ, qui est, ce que nous deuons beaucoup remar-
« quer & touiours étudier, le Modele, aussi bien que le Chef,
« de tous les souffrans.

   « Et à vn autre il dit dans la mesme pensée. C'est vne gran-
« de grace de souffrir, tout le monde se trompe croiant cette
« grace fort commune, elle est tres-rare: il est vray que nous
« pouuons dire que plusieurs souffrent, mais il y en a tres-peu
« qui souffrent dans les dispositions de Iesvs-Christ; tres-
« peu qui souffrent auec vn consentement parfait à ce que
« Dieu ordonne d'eux; tres-peu sans quelque inquietude &
« quelque attachement d'esprit à leur mal; tres-peu qui dépo-
« sent tous les euenemens à la conduite de Dieu sans y faire re-
« flexion, pour s'occuper entierement à sa louange & luy don-
« ner lieu par nos acquiescemens & nos soûmissions de pren-
« dre sur nous tous les droits qu'il y a.

   « Il fortifie & encourage de cette sorte à souffrir vne Dame
« peinée. Peu entendent le secret du Christianisme; plusieurs
« se disent Chrestiens, & peu en ont l'esprit: plusieurs dans les
« prieres & les affaires ordinaires regardent le Ciel, mais dans
« les actions importantes ils sont enfans de la nature pour ne
« voir que la terre, ou s'ils leuent les yeux au Ciel, c'est pour
« se plaindre & le prier de condescendre à leurs desirs, & non
« pour accepter les siens: Ils donnent de petites choses à Dieu,
« mais ils veulent retenir celles où leur amour les attache, &
« s'il les en separe, c'est vne violence & vn demembrement
« qu'il faut faire & auquel ils ne peuuent consentir, comme si
« la vie des Chrestiens n'estoit pas vne vie de sacrifice & vne
« imitation de Iesvs-Christ crucifié. Dieu, qui connoit
« nostre misere, nous oste pour nostre plus grand bien la cause
« de nostre mal, vn parent, vn enfant, vn mary, pour par vn
« autre mal, qui est l'affliction, nous attirer à soy, & nous faire

voir que tous les attachemens à quoy que ce soit, qui nous »
separent de luy, sont des obstacles de telle importance, qu'vn »
iour à la face de toutes les creatures nous confesserons que la »
plus grande misericorde, qu'il nous ait iamais faite, est de »
nous en auoir affrachis: c'est vn absynthe qui n'est amer qu'au »
sens & à la bouche, mais salutaire au cœur; Il tuë Adam pour »
faire viure Iesvs-Christ; c'est comme vn grand hyuer qui »
est l'assurance de la beauté des autres saisons : mais il faut »
bien veiller, que ce qui nous est donné par grace, nous ne le »
prenions comme vne chose fortuite, ou comme vn malheur; »
car ce seroit conuertir le remede en poison, & receuoir la »
grace pour la chasser. »

Entrons dans la sainte & adorable disposition , dans la- »
quelle Iesvs-Christ a toûjours esté, de souffrir volontai- »
rement pour l'honneur de son pere & pour nostre salut. Est ce »
pas chose étrange que les hommes voient bien, que le che- »
min, qu'a tenu Iesvs-Christ pour arriuer à la gloire , est l'i- »
gnominie, la douleur, & la croix, & qu'eux, qui se disent »
ses disciples & ses imitateurs, en attendent & en demandent »
pour eux vn autre? Le disciple est-il plus que le Maître? & si »
le chef a bien voulu passer par là, quelle consequence pour »
les membres? faut-il pas qu'ils le suiuent? allons donc apres »
luy & souffrons sur son modele; benite soit la maladie, beni- »
te la perte d'honneur, des biens, & des plus proches , & la »
separation des creatures, qui nous tenoient courbez vers la »
terre, laquelle nous redresse & nous fait leuer les yeux au »
Ciel, & rentrer dans les desseins que Dieu à sur nous, benite »
soit la peste, la guerre, & la famine , & generalement tous »
les fleaux de Dieu, qui produisent ces effets de grace & de »
salut en nous. »

Ie conclud par ces paroles, qu'il enuoia à vne autre personne. Nous sommes en cette vie dans le temps de la patien- »
ce, où la foy & l'esperance nous seroient inutiles, si tout nous »
estoit clair & rien ne nous faisoit souffrir, c'est dans l'obscuri- »
té de ce delaissement & dans toutes les sortes d'épreuues tant »
du dedans comme du dehors , que ces vertus s'établissent »
en nos ames & qu'elles nous font bien esperer pour nostre »
salut.

SECTION SECONDE.

Ses Trauerses Domestiques.

LE plus grand exercice de patience, qu'a porté Monsieur de Renty en toute sa vie, a esté celuy que luy a donné Madame sa mere; qui, soit qu'elle se faschât que son fils fût si auant dans la deuotion, toujours dans les Prisons, dans les Hospitaux, & occupé à des actions basses & abiectes aux yeux du monde, indignes à son aduis de sa naissance, & qu'elle eut esté bien aise de le voir dans les emplois éclatans & glorieux, où ses ancestres auoient parû, soit qu'elle ait esté poussée par de mauuais conseils, ou autrement, elle luy a donné sujet de souffrir, & longtemps; & on peut dire, si elle a contribué beaucoup à le faire homme, qu'elle a fort serui pour le rendre Chrestien parfait. Voicy la chose.

Cette Dame pretendant de grands droits sur les biens que feu son mary auoit laissez à son fils, les luy fait demander, qui luy donne auec grande soûmission & grand respect ce qu'il croioit estre de raison, & au delà; mais elle ne se contentant pas de cela demande dauantage, ce que son fils trouuant par bon conseil ne pouuoir luy accorder sans faire tort à ses enfans, remit la chose à des arbitres, & agrea pour la satisfaction de Madame sa mere qu'elle les choisit tous comme il luy plairoit, personnes de capacité & de probité de sa connoissance & que luy ne connût pas, pour iuger ce qu'il pouuoit luy donner sans blesser sa conscience. Estans choisis, il les va trouuer & les prie de contenter Madame sa mere en tout ce qui se pourroit sans auoir égard à luy; qui fut vne priere à des Iuges toute extraordinaire à vne Partie & qui fait bien voir l'affection & l'honneur que Monsieur de Renty portoit à Madame sa mere, & combien il estoit éloigné de rechercher ses interests. Le iour venu, auquel ces Messieurs deuoient donner leur sentence, pendant qu'ils estoient occupez à la concerter, ladite Dame estoit dans vne chambre

de la maison, & son fils auec Madame sa femme & vne Da-
moyselle dans vne autre, où l'occupation de ce fils tres-vertueux fut de prier Dieu pour le succez de l'affaire à sa gloire
& au bien de la paix, & à ce dessein il leur fit reciter auec luy
quelques Hymnes, iusques à ce qu'on luy vint apporter la
sentence pour la signer, dont on luy fit la lecture, qu'il oüit
auec grande tranquillité d'esprit, & encore qu'elle ne luy fut
pas auantageuse, & qu'il y eut vne somme notable à qui des
deux s'en dediroit & en appelleroit, il la signa sans marchan-
der.

Croiant là dessus que Madame sa mere seroit pleinement
satisfaite de ce qui auoit esté arresté, comme il fut retourné
en son logis il fit chanter le *Te Deum laudamus*, l'entonnant le
premier, & de bon cœur, en action de graces de cette resolution, qu'il estimoit deuoir estre le lien de la paix entre Madame sa mere & luy & vn moyen de viure bien auec elle le
reste de ses iours. Mais Dieu pour le purifier & l'affiner encore plus, & lui mettre vne croix sur les épaules qu'il a portée plusieurs années dans des dispositions tres-saintes, permit que la chose ne reüssit pas selon son desir, parce que sa
mere ne se tenant pas satisfaite de l'auantage que ces arbitres
luy auoient donné, trouua moien d'appeller de leur sentence sans toutefois estre obligée de payer la somme du dédit, &
& d'aller poursuiure ses droits pretendus au Parlement de
Dijon. Son fils fit tout son possible pour luy faire changer le
dessein qu'elle auoit de le plaider & pour adoucir son cœur
enuers luy : & afin d'en venir à bout, il eut recours aux remedes surnaturels, il fit de longues prieres, & ioignant la penitence à l'oraison, il ieûna dans vne rigueur extraordinaire
& macera son corps auec de grandes austeritez, esperant que
Dieu auroit égard à ces actions & à la sincerité de ses intentions.

Apres s'estre ainsi preparé durant quelque temps, il s'en
va trouuer Madame sa mere, & se met à genoux deuant elle
dans vne reuerence, dans vne humilité & vne soûmission capable d'amollir les cœurs les plus endurcis, ce qu'il n'a pas
fait vne seule fois, mais plusieurs, & auec abondance de lar-

mes, & luy demande auec les paroles les plus efficaces, dont
il pût ſe ſeruir, qu'il luy plût de le loger & toute ſa famille
chez elle, & l'entretenir comme elle iugeroit, & qu'apres
elle diſposât de tout le bien que ſon pere luy auoit laiſſé.
Elle ne voulut pas conſentir à cette humble & touchante
priere, mais perſiſta dans la reſolution qu'elle auoit priſe
d'aller à Dijon le plaider; ce que voyant ſon fils, encore qu'il
pût par vn expedient qui ſe preſenta, rompre ce coup & ne
point ſortir de Paris, il ne voulut point par reſpect & pour
luy donner ce contentement en vſer, mais il ſe détermine d'y
aller, & s'y en va.

Ce fut dans vne diſpoſition de ſouffrir confuſion & humiliation qu'il embraſſa ce voyage, ce qui auſſi effectiuement ne luy manqua point, parce qu'il trouua les eſprits
preuenus contre luy, & dans vne perſuaſion qu'il auoit
grand tort, pour vn homme qui faiſoit profeſſion d'vne ſi
haute pieté, d'agir ainſi auec ſa mere; ce qu'il endura afin
de prendre part aux opprobres du Fils de Dieu & honorer
ſon aneantiſſement, par lequel il eſt venu pour nous en ce
monde auec la reſſemblance de la chair de peché, & y a
paru comme criminel, eſtant toutefois la meſme Innocence;
Il paſſoit ainſi pour coupable en cette affaire, encore qu'il
ne fut point du tout en faute, mais au contraire qu'il y exer-
çât des actions de vertus heroïques. En voicy quelques-
vnes.

Vne perſonne de pieté & Superieure d'vne maiſon Religieuſe luy ayāt rapporté tous les mauuais bruits, qu'on auoit
ſemez de luy à Dijon, qui eſtoient étranges, & en vn lieu
où il n'y auoit perſonne pour le iuſtifier, parce qu'il n'y eſtoit
pas connû; il écouta tout cela ſans en témoigner aucune
émotion, mais auec vne tranquillité admirable il s'éleua à
Dieu de cœur & de parole & s'humilia, dont elle fut tres-
edifiée. Elle luy demanda enſuite, ſi on auoit fait quelques
écritures iniurieuſes contre Madame ſa mere comme on le
publioit, il répondit que non, que par fois les Procureurs &
les Aduocats en diſent plus qu'on ne voudroit, mais qu'il
auoit veu toutes les pieces d'écritures, & qu'elles eſtoient

toutes

toutes dãs le respect auec lequel on deuoit parler de sa mere.
Elle luy demanda de plus, s'il n'auoit pas peine du procedé.
qu'elle tenoit contre luy, qui sembloit bien rude & bien
extraordinaire, il dit, non, parce que i'adore tellement l'ordre de Dieu sur moy que ie ne peux auoir peine de ce qu'il
permet m'arriuer. Ie suis vn grand pecheur, c'est pourquoy
non seulement ma mere, mais tout le monde se deuroit ban-
der contre moy. En effet on ne l'a iamais entendu faire aucune plainte des mauuais traitemens de sa mere, mais il en
rejettoit toûiours la cause sur ses pechez.

Plusieurs cherchans des voies d'accord, ont eû toutes les
peines du monde d'y faire ioindre cette Dame qui trouuoit
toûiours de nouuelles difficultez, lors mesme qu'on croyoit
luy auoir donné tout ce qu'elle desiroit. Dans ces delais de
iour à autre cette mesme personne luy dit, Monsieur, ie diray volontiers le *Te Deum*, quand i'apprendray que vostre
affaire sera terminée, & vn iour que l'on croyoit signer les
articles sans remise, auquel pourtant tout fut rompu, il vint
auec vn visage fort gay me prier de dire le *Te Deum*; c'est ''
maintenant qu'il est temps de dire le *Te Deum*, me dit il, ''
puis que vous auez eu la bonté de me le promettre; mais ose- ''
rois-ie vous demander de le dire auec vous? ô que nous ''
auons vn Dieu grand & sage, qui sçait bien faire toutes cho- ''
ses comme il faut, & au temps qu'il faut, non pas dans nos ''
precipitations, mais dans son ordre, qui est nostre sanctifica- ''
tion. Il dit là dessus le *Te Deum*, dans vn esprit si éleué à ''
Dieu, qu'il faisoit bien connoître, qu'il estoit tout rempli de
luy.

Et puis, il me dit, hé bien, il n'y a rien de fait; mais il ''
estoit bien iuste de dire le *Te Deum*, pour rendre graces à ''
Dieu de ce qu'il a fait sa volonté, & non pas celle d'vn pe- ''
cheur, indigne qu'il l'écoute & le regarde. Cette action me ''
remplit d'admiration, & d'autant plus qu'on croyoit l'affaire rompuë sans resource.

Ie n'ay pas moins admiré son silence sur vne affaire qui le
touchoit de si prés, parce qu'il ne m'en dit iamais mot, ny de
Madame sa mere, que pour recommander l'vn & l'autre à

L

Dieu, & d'abord que i'eus l'honneur de luy parler, commē ie luy fis sçauoir les recommandations que plusieurs personnes nous auoient faites pour le seruir, il m'en remercia auec grande reconnoissance enuers ces personnes de la bonne volonté que ie luy témoignois, & sans en dire dauantage il se mit à discourir de Dieu, & puis ne m'en a iamais ouuert la bouche: ce qui marque vn merueilleux detachement & vne grande mort à tout, puis qu'il l'auoit dans des intefests si sensibles.

Il s'est passé encore beaucoup d'autres choses à Dijon & du depuis à Paris dans ces demélez iusques à la mort, & encore apres la mort de Madame sa mere, où il a eu besoin d'vne extreme patience, & qu'il a pratiquée dans vne perfection heroïque, qui a donné de l'étonnement à tous ceux qui en ont eu connoissance; mais c'est assez, nous en auons parlé suffisamment, & ie ne doute point que Monsieur de Renty, qui est maintenant, comme ses vertus eminentes nous donnent tout sujet de le croire, au lieu de la parfaite charité, n'approuue mon dessein de n'en pas dire dauantage, & d'vser de retenuë enuers vne personne, à laquelle il a porté toute sa vie tant d'amour & tant de respect.

CHAPITRE VI.

Sa Mortification.

 E que nous auons dit iusques icy dans cette seconde Partie des austeritez, de la pauureté, de l'humilité & de la patience de Monsieur de Renty, fait voir euidemment iusques à quel point il estoit mortifié, & qu'il a esté vn vray grain de ce froment mysterieux dont parle nostre Seigneur, qui meurt, & qui par sa mort porte beaucoup de fruits. Mais outre cela nous toucherons encore icy quelques autres effets de sa mortification.

Tout le secret de la vie Chrestienne consiste à détruire ce que nostre nature a de vicieux, afin de donner place à la grace en nous, & y faire mourir le vieil homme pour y faire viure Iesvs-Christ; lequel nous a enseigné que cela ne s'aquiert que par la mortification continuelle, & pour ce suiet nous a dit; si quelqu'vn ne porte sa croix, & tous les iours, ne peut estre mon disciple.

Cet excellent disciple de ce grand Maistre ayant bien compris sa doctrine a dés le commencement de sa conuersion apporté tous ses soins pour se mortifier en tout, pour domter ses passions, pour regler ses mouuemens interieurs & exterieurs, pour aneantir ses desirs & mourir à toutes les inclinations de la nature gastée, auec tant de fidelité & tant de constance, que dés aussi-tost qu'il s'apperceuoit qu'elle se portoit à quelque chose auec imperfection, & que sa volonté naturelle enclinoit d'vn costé, il faisoit tout le contraire, & il a dit a vne personne tres-confidente, qu'il auoit pris à tâche de resister à sa nature en tout, & qu'auec la grace de Dieu il s'estoit toûjours surmonté : de façon qu'il procedoit en toutes choses auec vn esprit de mort & de sacrifice continuel, ne faisant plus aucun vsage de ses passions, de ses sens, ny de tout ce qui estoit en luy qu'auec vn œil toujours ouuert pour empécher l'operation de la nature maligne & ce qu'elle y pouuoit mettre du sien suiuant la conduite de nostre Seigneur, disant qu'il falloit se dés-appliquer de soy & de tout objet creé, afin que Dieu seul fut nostre objet.

Ce qu'il executoit parfaitement, car quand il estoit malade & qu'il enduroit des douleurs fort cuisantes, il estoit tellement occupé de Dieu & desoccupé de ses maux, qu'il n'y pensoit pas. Il n'estoit point possible de trouuer vn homme plus reserué à parler de ses incommoditez que luy; car comme il sçauoit que la nature se recherche & se soulage en s'entretenant de ce qui la blesse, il luy ostoit cette satisfaction & ce soulagement, éleuant cependant son cœur à Dieu & luy offrant sa peine sans s'y arrester autrement, bien aise que son œuure s'accomplit, que cette chair de peché fut detruite, & que son sacrifice s'auançât. Celuy qui est baptisé,

L ij

« disoit-il, doit estre mort en IESVS-CHRIST pour mener sa
« vie de souffrance & dans la souffrance d'application à Dieu;
« allons toujours à nostre fin, qui est sacrifice en tout dans la
« maniere que Dieu le veut sur le fond d'obeissance à ses or-
« dres & d'aneantissement de nous mesmes, à l'imitation &
« par l'esprit de IESVS-CHRIST. Soyons des victimes dans les
« dispositions interieures & dans les sentimens qu'il a eus de-
« puis sa conception iusques à sa mort & iusques au dernier pe-
« riode de son immolation.

Il auoit pour cela fort souuent en la bouche ces mots,
mort, sacrifice, vnion, voulant dire, que nous deuions nous
étudier & nous efforcer de mourir en tout à nous mesmes, &
pour en venir là de sacrifier à Dieu nostre esprit, nostre iugement, nostre volonté, nos pensées, nos affections, nos desirs,
nos passions, & tout en l'vnion & à la façon de IESVS-CHRIST.
Il écriuit dans ce sentiment à vne personne, qu'il auoit
grande deuotion à ces paroles, que les vingt-quatre vieil-
lards dans l'Apocalypse chantoient à l'Agneau, qui est nostre Seigneur, prosternez deuant son thrône; *Vous nous auez
faits le Royaume de Dieu, & Prestres, & nous regnerons sur la terre.*
Parce que ce diuin Agneau fait que Dieu établit son royaume en nous, en ce qu'il regne en nos ames & en nos corps
par sa grace; que nous sommes Prestres pour nous offrir à luy
en sacrifice; & que par ce moien nous regnerons à iamais
auec luy en la terre des viuans. De sorte que cet homme excellent en toutes les occasions, où il falloit refuser quelque
chose à sa nature & mourir à soy-mesme, iettoit les yeux sur
cet état de sacrifice & de victime pour se sacrifier & s'immo-
ler à la gloire de Dieu sur le patron de son fils nostre Seigneur.

Ce grand soin & cette attention continuelle qu'il auoit à
se mortifier en tout, fit qu'il auoit tellement domté ses passions, tellement reglé les mouuemens de son ame & de son
corps, tellement changé ses inclinations & détruit sa nature,
& qu'à la longue il vint à vn tel point de mortification passiue & de mort, qu'il ne sentoit plus en l'esprit aucune opposition à rien de penible & n'estoit mortifié de quoy que ce

fut : delà vient qu'écriuant à son Directeur de ses dispositions il luimanda, qu'il ne comprenoit pas ce que l'on appelle mortification, parce qu'où il n'y a plus de contradiction ni de resistance dans l'esprit, il n'y a plus de mortification, & quand il luy arriuoit quelque chose de fort mortifiant & qui estoit pour le toucher beaucoup, s'il eust esté encore viuant à soymesme, si quelque personne familiere luy en témoignoit de la peine, il disoit en se riant, que cela alloit fort bien, & qu'il ,, falloit gagner sur nous que rien ne nous mortifiât plus, & ,, que nous fussions comme insensibles à tout. ,,

Il en estoit venu là non par la bonté de sa nature, ni par vne indifference stupide qui se retrouue par fois en de certains esprits endormis, mais par son trauail & sa vertu qui auoient fait cette heureuse operation en luy & changé sa nature : car ceux qui l'ont connû en sa ieunesse, rapportent que naturellement il estoit boüillant, prompt, altier, & moqueur, ce qu'il auoit tellement corrigé, ou pour mieux dire aneanti, que cela estoit à la verité admirable, dautant qu'il s'estoit rendu moderé, attrempé, patient, humble & respectueux dans vn degré de perfection consommée, de sorte qu'à le considerer, on eut dit qu'il estoit d'vn naturel tout contraire & diametralement opposé à celuy qu'il auoit apporté du ventre de sa mere, nous apprenant par vne experience si assürée & si illustre qu'on peut beaucoup emporter sur soy, si on le veut bien, & que quelque vice que l'on ait, on en vient en fin à bout, si on se contraint & si on accomplit cette parole de nostre Seigneur, Le Royaume des cieux veut estre forcé, & les Courageux qui se font violence, sont ceux qui le gagnent.

Aussi recommandoit-il singulierement ce courage & cette sainte generosité pour se faire force, comme celle qui est la mesure du profit qu'on fait en la vraye vertu, & le moyen absolûment necessaire pour acquerir la perfection. Il écriuit à vne personne qui pratiquoit la deuotion : ô qu'il est à crain- ,, dre que nous n'abusions du nom & des apparences de deuo- ,, tion, nous confians en nos exercices de pieté peut estre lâ- ,, chement executez, ne les faisant qu'en speculation & n'en ,, venant point à la pratique & à la victoire de nous-mesmes : ,,

« nous adorons Iesvs-Christ au matin comme nostre Mai-
« stre & nostre Directeur, & nostre vie pendant le iour n'en
« est pas mieux dirigée; nous le regardons comme nostre Pa-
« tron, sans l'imiter; nous le prenons pour la Regle & la Con-
« duite de nos sens, & pourtant nous ne luy sacrisions point
« nos appetits; nous le faisons le Modele de nos conuersations,
« & toutefois elles n'en sont pas plus saintes; nous luy promet-
« tons de trauailler & de nous surmonter, mais ce n'est qu'en
« idée. Certainemét si nous ne connoissons nostre deuotió plû-
« tost par la violéce que nous nous faisons & par l'amendemét
« de nos mœurs, que par la multiplication & par le simple vsa-
« ge de nos pratiques spirituelles, il est à craindre qu'elles ne
« soient pratiques de condamnation & non de sanctifica-
« tion: car apres tout, à quoy bon tout cela si l'œuure ne suit?
« si nous ne nous changeons & ne détruisons ce qui est vicieux
« en nostre nature? autrement c'est comme si vn Architecte
« auoit amassé quantité de materiaux pour faire vn bel edifice,
« sans le comencer iamais. L'œuure de Iesvs-Christ en
« est pourtant quasi là reduit dans les personnes spirituelles de
« ce temps.

Il a dit à vne autre, que l'amour qu'vne ame Chrestienne
estoit obligée de porter aux vertus, que Iesvs-Christ nous
a enseignées, ne se deuoit pas terminer à de simples sentimens d'estime & de respect, par lesquels les ames du commun se persuadent facilement qu'elles satisfont à leur deuoir; en quoy elles se trompent, parce que nostre Seigneur
veut sans doute qu'elles entrent de plus dans la solidité de ses
diuines pratiques, specialement dans la mortification, la
patience, la pauureté & le renoncement de soy-mesme, &
que la cause pour laquelle il y auoit si peu d'ames vrayement
Chrestiennes & solidement spirituelles, mesme par fois dans
les Religions, estoit que l'on se contentoit d'en demeurer à
ce premier pas.

Ie finiray ce Chapitre & cette seconde Partie par vne lettre qu'il écriuit à son Directeur, qui auoit trouué à propos
qu'il visitât vne personne, laquelle auoit grand besoin de secours & d'éclaircissement pour quelque disposition spirituel-

le , ce qu'il fit auec beaucoup de succés & de benediction,
cette lettre datée du quatorziéme de May , de l'an mil six
cens quarante sept , nous fera bien voir le grand degagement qu'il auoit de soy, & sa mortification parfaite suiuie de
dons inestimables, & sa grande lumiere , auec laquelle il
déméle & explique des choses fort subtiles. Voicy ce qu'elle
contient. Pour ce qui est de la personne que vous sçauez & »
de la visite que ie luy ay renduë , c'est Dieu & vostre dire- »
ction qui a tout fait; ie crains tant d'y méler du mien, qu'al- »
lant au lieu où elle est, ie sens que ie ne la redemanderay pas »
sans vn nouuel ordre de vous, ou qu'elle le desire. Ie ne luy »
ay pas fait seulement de recommandation depuis, sentant en »
moy qu'il faut faire vne grande reserue de l'homme & le te- »
nir en grande sobrieté; i'ay crû que ie deuois mettre tout ce- »
la en vous comme ma conduite. Ha mon pere! la grande im- »
perfection des ames est de ne pas assez attendre Dieu; le na- »
turel agissant & qui n'est pas assuieti vient sous de beaux »
pretextes & pense faire merueille, & cependant c'est-ce qui »
ternit la netteté de l'ame, ce qui trouble son silence & dé- »
tourne son regard de foy, de confiance, & d'amour: d'où il »
arriue que le Pere des Lumieres n'exprime point en nous sa »
Parole eternelle & n'y produit point son Esprit d'amour. »

L'Incarnation a tout merité non seulement pour l'abolition »
de nos fautes, mais aussi pour toutes les dispositions de gra- »
ce, où IESVS-CHRIST nous veut associer, dont la principale »
est, comme elle estoit en luy entant qu'Homme, de ne faire »
rien de nous mesmes, de parler & d'agir comme nous rece- »
uons, sçachans que nous ne sommes pas seuls à faire l'ouura- »
ge, mais que le S. Esprit, qui est l'Esprit de IESVS-CHRIST »
& qui l'a gouuerné en toutes ses voyes, est au milieu de nous, »
qui feroit en nous ses impressions & nous donneroit la vie, »
vie reelle & experimentale de nostre Foy, si nous attendions »
sous les poids de la Patience son operation. Voila en quoy ie »
sens mon infirmité, & où toutefois est mon attrait. »

Ie vois ce que ie ne peux dire, car ie possede ce que ie »
ne peux exprimer, & la cause, mon Pere, que ie suis si bref, »
vient & de l'imperfection de mon naturel , & de mon igno- »

« rance, & aussi d'vne trop grande largesse de la bonté diuine,
« qui fait en moy ce que ie ne sçaurois dire : l'effet de cela est
« vne plenitude & vn rassasiement de verité & de clarté de la
« magnificence de Dieu, de la grandeur de IESVS-CHRIST,
« & des richesses que nous auons en luy, de la tres-sainte Vier-
« ge & des Saints, on voit toute loüange & adoration, & on
« est dedans.

« Ie vous dis là bien des choses, ce semble, & neanmoins
« tout cela est d'vn trait si simple & si fort dans la partie supe-
« rieure de l'esprit, que ie n'en suis diuerti en rien de mes oc-
« cupations exterieures, Ie vois tout, i'entend tout, & ie fais,
« quoy que mal, tout ce que i'ay à faire. C'est-ce que ie vous
« presente pour en receuoir instruction & correction.

Voila les biens admirables qu'apporte la mortification
parfaite, & les fruits delicieux que produit ce grain mysterieux de froment, quand il est mort.

TROISIEME PARTIE.

LES VERTVS, QVI L'ONT
bien disposé enuers le Prochain.

CHAPITRE PREMIER.

Son application à noſtre Seigneur IESVS-CHRIST,
au regard du Prochain.

Ovs auons remarqué en la premiere Partie de cette Hiſtoire, que le grand exercice de Monſieur de Renty eſtoit de s'appliquer & de s'vnir à noſtre Seigneur IESVS-CHRIST, & de l'vnion qu'il auoit auec luy & de ſes exemples faire decouler toutes ſes vertus & toutes ſes bonnes œuures. C'eſtoit là le procedé general qu'il tenoit en tout, il ſe formoit deſſus luy pour compoſer ſon interieur & ſon exterieur, & ne leuoit iamais les yeux de deſſus ce diuin Original, tâchant de tirer exactement ſur ſoy ſes traits, de prendre ſes vrais lineamens & de ſe rendre ſa naïue & parfaite Copie.

C'eſtoit là le but de tous ſes deſſeins & de tous ſes ſoins, & particulierement en ce qui touche la charité du prochain, de laquelle il prenoit noſtre Seigneur pour ſon grand Exemplaire; c'eſt pourquoy il regardoit ce qu'il a fait, & ce

M

qu'il a enduré pour les hommes, il consideroit les affections
& les tendresses qu'il auoit pour eux , comme il les cherchoit, comme il conuersoit auec eux, comme il les instruisoit, comme il les consoloit & les encourageoit , comme il
les reprenoit, comme il les souffroit dans leurs défauts, &
comme il les tenoit tous cherement embrassez dans son esprit & serrez amoureusemét dans son cœur. Il pezoit ce qu'il
a dit de la charité du prochain , que c'est elle qu'il a établie
comme le fondement & la perfection de sa Loy nouuelle,
qu'il en a fait vn commandement tres-expres, qu'il appelle
sien par precipû , & duquel il a recommandé l'execution
par dessus tous les autres; Il faisoit grande attention sur ce
qu'il veut que nous aimions nostre prochain sur son modele,
dans la mesure & de la façon qu'il nous a aimez, & enfin
qu'il a mis en cette vertu & non en aucune autre chose là
marque , qui doit distinguer ceux qui possederoient son
vray esprit , d'auec ceux qui n'en auroient que l'apparence.

Monsieur de Renty considerant ces actions & cette doctrine de nostre Seigneur, comme il auoit absolument resolu de trauailler autant qu'il pourroit pour se rendre excellent Chrestien, & imitateur parfait de nostre Seigneur, il
se determina en suite d'embrasser cette doctrine, d'imiter
ses actions & d'aimer son prochain dans l'étendue & dans
l'esprit de ce diuin Maistre.

Ecriuant à la sœur Marguerite du S. Sacrement Carmelite
« de Beaulne, il luy dit: Ie soûpire apres nostre Seigneur Iesvs-
« Christ, desirant de le suiure par où il luy plaira , & de
« l'imiter. Ie vous supplie de m'obtenir son esprit pour estre
« ma Vie & toute ma Vie. Respirez & gemissez pour moy
« apres mon Dieu, afin que ie sois tout à luy en son Fils, que
« ie le suiue & ne viue que de son esprit. Et il manda à vne
« autre personne: I'ay vne si grande veuë de la bonté, de l'a-
« mour & de toutes sortes d'effets d'amour de l'ame tres-sain-
« te de nostre Seigneur , que cet interieur tout de clemen-
« ce, de benignité & de charité me fait conceuoir bien au-
« trement que iamais , comme nous deuons viure de ce diuin

amour & enuers Dieu & enuers les hommes, & comme en ,,
effet c'est en luy que toute la loy s'accomplit en perfection. ,,
Et à la mesme encore: depuis que Dieu s'est manifesté à nous ,,
par son fils & qu'il nous a mis en son fils pour entrer dans sa ,,
grace & dans ses deuoirs tant au regard de Dieu que des ,,
hommes, comment peut-on quitter ce cher fils? qui a Iesvs- ,,
Christ, a vne clef qui ouure bien des portes : elle mon- ,,
tre de larges espaces, elle enrichit de grands thresors, & ,,
rompt, pour ainsi dire, la captiuité du cœur humain, parce ,,
qu'il est trop petit pour ses immensitez. Et derechef à la ,,
mesme. ha ! que le desert est bon, quand apres le baptesme ,,
on y est conduit auec nostre Seigneur par l'esprit de Dieu, ,,
c'est de là que nostre Seigneur sortit pour aller conuerser ,,
auec les hommes, pour les enseigner & operer leur salut; ,,
puis que nous ne faisons auec luy qu'vn Iesvs-Christ, ,,
ayans l'honneur d'estre ses membres, nous deuons viure de ,,
sa vie, prendre son esprit & marcher sur ses traces. ,,

C'est à quoy ce parfait disciple s'est appliqué de toute sa
puissance en cette admirable charité, qu'il a eûe pour les
hommes, & que nous allons voir amplement. Il tâchoit
de s'vnir intimement à nostre Seigneur dans tout le commerce qu'il auoit auec eux, & de se mettre comme vn excellent
instrument en sa main pour les aider; il le supplioit de l'animer de cet esprit de charité du prochain, qu'il nous a apprise
de parole, & encore plus d'effet, & de l'embrazer de ce feu
diuin qu'il a allumé au milieu de son Eglise pour nous en-
trebrûler tous; il le consultoit dans les doutes qu'il auoit là
dessus, le priant de luy inspirer ce qu'il deuoit dire, & ce qu'il
deuoit faire pour leur bien, & quand, & comment, & qu'en
luy & par luy il parlât, il fit & parachevât son œuure.

Il les regardoit tous, non selon les qualitez qu'ils auoient
de la nature, la beauté, la noblesse, les richesses, les dignitez, & les honneurs du monde, mais selon des conditions
beaucoup plus releuées & communes à tous, à sçauoir
comme des creatures diuines, & les images viuantes de Dieu,
faites pour le loüer & pour l'aimer à iamais, comme toutes
teintes & empourprées du sang de Iesvs-Christ, comme

ses freres & ses coheritiers comme ses Acquisitions & son Bien, qu'il a acheté au prix de sa vie & de mille douleurs, & qui par consequent luy est extremement cher, & pour lequel il ne peut qu'il n'ait vn tres grand amour.

C'est dans ces iours qu'il regardoit les hommes, qu'il les aimoit, & qu'il s'appliquoit à leurs besoins; d'où il arriuoit par la pureté de cette conduite, que d'vn costé il leur estoit extremement profitable & qu'il y receuoit de merueilleuses benedictions de Dieu; & que de l'autre, la communication qu'il auoit auec eux ne le dissipoit point, & ne luy faisoit aucun mal, mais beaucoup de bien. On a quelquefois donné conseil à ceux qui traitent auec le prochain pour son salut, particulierement quand ce sont persones, de qui la conuersation est dangereuse pour leurs attraits, de les regarder ou comme des corps sans ames, ou comme des ames sans corps & des esprits tout purs; le conseil est bon & dont quelques-vns se seruent vtilement: mais la veuë de Monsieur de Renty estoit de regarder Dieu & IESVS-CHRIST en chaque homme, & de considerer ce qu'ils demandoient de luy pour son secours, & apres dans cette veuë de luy parler & de faire tout ce qui estoit necessaire pour le bien de son corps & de son ame, croiant que c'estoit veritablement à eux qu'il rendoit ces assistances & ces seruices.

Il en faut vser ainsi pour faire du bien & ne receuoir point de mal; qui ne le fait, se met en peril & de receuoir beaucoup de mal & de faire fort peu de bien; si on y procede par mouuement & par motif de nature, les effets se ressentiront de leur cause & ne seront que naturels, ou vicieux, ou au plus indifferens, pertes de temps, discours legers, amusemés, attaches d'esprits, affections qui tiennent beaucoup des sens pour degenerer apres en chose pire; de sorte que voulant purifier vne persone, on se soüille; & pensant la sauuer, souuent on se damne. Qui veut conduire les ames à IESVS-CHRIST & à Dieu, doit necessairement les conduire par les voies qui y menent.

CHAPITRE II.

Sa Charité du prochain priſe en general.

I A N T deſſein de parler de la charité que
cet homme de Dieu a euë pour ſon prochain, nous la conſidererons premierement en general, & nous dirons qu'elle a
eſté ſi grande & ſi étenduë, qu'il ſemble
qu'elle n'ait point eu de bornes, parce qu'il
n'aimoit pas ſeulement tous les Chreſtiens
& tous les Fideles, mais encore tous les hommes ſans en
excepter vn ſeul; dautant que comme il voioit en tous les
motifs d'vne veritable charité & d'vn amour ſincere, les
regardant côme creatures de Dieu & les chefs-d'œuures de
ſes mains, pour qui noſtre Seigneur s'eſt fait homme & a
donné ſa vie, qu'il aimoit & qu'il veut ſauuer, il les aimoit
auſſi tous & deſiroit de leur bien faire: voſtre commandement, dit Dauid, eſt extremement large, il eſtoit dans
cette latitude, & dans la longitude & toutes les dimenſions
de la charité, parce qu'il aimoit les preſens & les abſens, les
domeſtiques & les étrangers, les bons & les mechans; il les
eſtimoit tous ſelon leur degré, il les honoroit tous, il parloit
bien de tous, il faiſoit du bien à tous & du mal à perſone.

Il n'y auoit aucune bonne œuure publique d'importance
dans Paris, & bien loin, à laquelle il n'ût part & grande part;
Il n'y auoit point d'entrepriſe qui regardât l'honneur de Dieu
& le bien du prochain, dôt il ne fût ou l'auteur, ou le promo-
teur, ou l'executeur, & bien ſouuent tout cela enſemble;
Il eſtoit de toutes les Aſſemblées de pieté, & en pluſieurs
comme l'ame & le premier mobile; Il auoit des correſpon-
dances par tout le Royaume pour toutes les œuures de charité, qui y eſtoient à faire; Il receuoit de touts coſtez des dé-
peſches pour auoir ſon auis ſur les difficultez qui ſe preſen-

toient en l'établissement ou à l'auancement des Hospitaux,
des Seminaires, des lieux de deuotion, des compagnies de
persones vertueuses qui vouloient se ioindre pour vaquer
auec plus de soin à leur salut & à celuy du prochain, & pour
la conduite de toutes sortes de bonnes œuures.

Vn témoin digne de foy écrit à ce propos de la ville de
Caën : Monsieur de Renty estoit nostre appuy & nostre vnique refuge pour l'execution des desseins qui regardoient le
seruice de Dieu , le salut des ames , & le soulagement des
pauures & de toutes sortes de miserables : c'est dequoy nous
luy écriuions continuellement tant pour l'établissement de
nos Hospitaux & pour la maison des Filles Penitentes, comme aussi pour reprimer l'insolence de quelques heretiques
qui faisoient mépris du S. Sacrement trop à découuert. En
fin nous tirions secours & conseil de luy en toutes les occasions semblables, où il témoignoit vn grand zele pour maintenir la gloire de Dieu & extirper le vice. Apres sa mort
nous n'auons pû trouuer persone , à qui nous eussions recours de cette sorte pour les affaires de Dieu. Vn autre mande de Dijon : il faut auoüer que Monsieur de Renty a fait vn
tres-grand profit en cette Prouince par tout où il a esté, &
qu'il a extrémement auancé toutes les œuures de pieté. On
peut dire que ses iours estoient remplis de la plenitude de
Dieu, & nous ne croyons pas qu'il perdit vn seul moment de
temps, ny qu'il fit aucune action , ou dit aucune parole, qui
ne seruit.

Il s'appliquoit aux besoins des Anglois , des Hibernois,
des Captifs en Barbarie , & des Missions du Leuant. Il a
grandement trauaillé au bien de l'Hospital des Forçats qui
est à Marseille , & il a extremement contribué à l'auancement des affaires de la Nouuelle France. Son dessein estoit
de bannir les abus qui se sont glissez dans les Arts & les Mestiers , & les rectifier & les sanctifier tous, faisant que ceux,
qui les exercent, y vecussent dans le vray esprit du Christianisme ; ce qu'il auoit auec quelques autres persones heureu-
sement commencé, & mesme executé en deux, comme nous
dirons autrepart.

De plus comme vn des grands effets de la Charité eſt la concorde & l'vnion, il auoit vn ſoin merueilleux de la conſeruer, de l'accroiſtre, & de la perfectionner en ſoy & en tous ; pour cette cauſe il viuoit en parfaite intelligence auec tout le monde, auec les ſeculiers, auec les Eccleſiaſtiques, & les Religieux; il faiſoit état de tous, il les reſpectoit tous, & parloit de tous auec honneur, & quand quelque diuiſion & quelque démelé s'éleuoit entre eux, il s'en affligeoit amerement & tâchoit par tous moiens de pacifier leurs cœurs, de reünir leurs eſprits & d'accorder leurs differens : parce qu'il ſçauoit que le Dieu, que nous adorons, eſt vn Dieu de paix, qui veut que nous viuions en paix, & que iamais la diſcorde ne vient de luy, mais du diable ſemeur de zizanies; qu'il n'y a rien de plus contraire à l'eſprit du Chriſtianiſme, qui eſt vn eſprit d'vnion & d'amour du prochain, que la diuiſion & ces ſchiſmes de charité, qui font que l'on ne vit pas en freres, mais en étangers & comme ennemis, & qu'au lieu de profiter en la vertu, on multiplie ſes pechez & on augmente ſes vices.

L'eſprit de la Loy nouuelle eſt vn eſprit d'vne charité ſi parfaite & d'vne vnion ſi intime, que comme dit S. Paul, il n'y a plus de diſtinction, pour le cœur, de Iuif ny de Gentil, de Barbare ny de Scythe, d'eſclaue ny de libre, mais IESVS-CHRIST eſt tout à tous pour les lier, les ſerrer & les vnir tous en ſoy : ſuiuant cela ce vray Chreſtien diſoit en l'vne de ſes lettres: les paroles qui nous doiuét demeurer les plus empreintes dans le cœur, font celles de l'amour reciproque, que noſtre Seigneur nous a laiſſées à la fin de ſon Teſtament, cet amour doit animer tous les Chreſtiens, les conſommer en vn, & les faire viure & conuerſer entre eux en freres, & en enfans, & meſme comme vn ſeul enfant de Dieu.

Et parceque la meilleure & la plus neceſſaire diſpoſition, que doiuent auoir ceux qui s'emploient au bien du prochain, eſt l'vnion auec IESVS-CHRIST noſtre Sauueur, à qui les hommes appartiennent, pour prendre de luy la lumiere & la force de les aider ſelon ſon deſſein, & pour receuoir l'eſprit de ſalut qu'il faut leur inſpirer, & qu'ils ſoient bien fondés dans les vertus , specialement dans quelques vnes; qui rendent vne persone plus capable de traiter vtilement auec eux, il a pour cela fait tous ses efforts , comme nous auons veu, pour s'vnir intimement à Iesvs-Christ , & operer en tout par son esprit , & pour acquerir ces vertus & s'y rendre parfait.

Ces vertus ont esté marquées par sainct Paul en la premiere Epistre aux Corinthiens, sur lesquelles il faisoit souuent des reflexions & de longues meditations, il les écriuit mesme de sa main en vn papier , & encore qu'il portât toujours le nouueau Testament en sa poche, il voulut porter de plus ce papier separément sur soy pour pouuoir le lire & le considerer souuent: voicy ce qu'il contenoit.

Charitas patiens est; benigna est;
Charitas non æmulatur; non agit perperam;
non inflatur; non est ambitiosa;
non quærit quæ sua sunt; non irritatur; non cogitat malum;
non gaudet super iniquitate; congaudet autem veritati;
omnia suffert; omnia credit; omnia sperat; omnia sustinet.

La Charité est patiente; elle est pleine de douceur; elle ne porte point d'enuie; elle n'est ny malicieuse ny mal-faisante; elle n'est point vaine ny ambitieuse; elle ne cherche pas ses interests; rien ne l'aigrit & ne la met en cholere; elle ne pense point à mal , mais elle interprete tout en bonne part; elle ne se reiouit point de la faute d'autruy, mais au contraire elle a vn grand plaisir lors qu'elle le voit bien faire; elle supporte de grandes fatigues; elle croit tout, non par foiblesse d'esprit, mais par bonté & par vne sainte simplicité; si son prochain ne se corrige, elle espere toujours qu'il le fera, & cependant il n'est rien qu'elle n'endure de luy.

C'est en ces vertus que doit particulierement s'exercer & se rompre celuy qui veut agir vtilement auec le prochain; autrement c'est en vain qu'il en prend le dessein, & son experience luy fera voir, s'il veut ouurir les yeux, qu'après y auoir emploié & bien du temps & bien de la peine, il y auancera peu. Plus vne personne est pleine de Dieu & dauantage animée de l'esprit de Iesvs-Christ, plus elle est

sainte

fainte pour foy, & plus profitable aux autres en tous ſes emplois, meſme auec peu de paroles bien communes; parce
que ny les emplois ne tirent pas tant leur force de la main
qui les fait, ny les paroles la leur de la bouche qui les pro-
nonce, comme de la diſpoſition du cœur & de l'eſprit qui
l'anime.

Mais comme pour ſeruir beaucoup au prochain, il ne ſuf-
fit pas d'auoir de la vertu, & qu'il eſt encore beſoin de capacité, cet homme parfaitement charitable outre la capacité,
que Dieu luy auoit abondamment départie, tant de l'eſprit
qui eſtoit grand, ſubtil, ſolide, porté au bien, reſolu, laborieux & conſtant, comme du corps qu'il auoit bien fait &
d'vn fort honneſte & agreable rencontre, & les ſciences &
les belles connoiſſances qu'il auoit appriſes en ſa ieuneſſe, il
voulut par ſon propre trauail, & tout homme fait qu'il eſtoit,
en acquerir d'autres, & non ſeulement pour en vſer luy meſme, mais encore pour les enſeigner à ceux qui le voudroient,
afin qu'ils s'en puſſent aider en leurs beſoins, ou en faire autrement leur profit: comme de ſaigner, de faire des medicamens pour guerir les plaies, de compoſer des remedes
pour toutes ſortes de maladies & de maux, dont il auoit des
liures écrits de ſa main qu'il communiquoit, & choſes ſemblables, s'abbaiſſant iuſques aux connoiſſances les plus viles,
pour pouuoir profiter à tous.

Ainſi il mena vn iour a Paris l'vn de ſes amis chez vn
pauure homme qui gagnoit ſa vie à faire des hottes & des
paniers d'oſier dans vne caue, où il deſcendit & en preſence
de ce ſien amy il acheua vne hotte qu'il auoit commencée
quelques iours auparauant, auec deſſein, l'ayant appris, de
l'apprendre apres aux pauures de la campagne & leur donner ce moien de gagner leur vie; & il laiſſa à ce bon homme
ſa hotte, qui meritoit d'eſtre miſe dans vn cabinet parmy les
plus rares pieces, ou mieux encore dans vn lieu de pieté,
comme vn glorieux trophée d'vne charité heroïque, & luy
donna de l'argent pour luy auoir monſtré.

Aiant ſçû, comme il eſtoit à Diion, que les Religieuſes
Vrſulines qu'il aimoit beaucoup, bailloient par charité des

N

drogues & des medicamens aux pauures, il en reçût vne
grande ioye; & pour leur en donner encore plus de moien,
il enseigna aux Seurs infirmieres à faire des compositions excellentes, qui ont grande vertu pour soulager assurément &
en peu de temps les malades; & il les preparoit luy mesme,
il les accommodoit, les mettoit sur le feu & les faisoit cui-
re, s'abbaissant à tout ce qui estoit de plus humiliant & de
plus penible, autant qu'eut pû faire vn valet. Il se tenoit
long temps à la fumée, le visage sur des vaisseaux qui exha-
loient vne tres-mauuaise odeur, aupres d'vn grand feu, d'où
il ne se retiroit que tout en eau, sans dire vne seule parole, ny
monstrer aucun signe de ce qu'il souffroit. Les Religieuses
s'efforçoient bien de luy faire trouuer bon que les Filles du
tour, qui sont au dehors, luy rendissent quelque seruice &
le soulageassent en quelque chose, mais il auoit tant de persuasion & tant d'adresse, qu'elles estoient forcées de le laisser faire, & de donner lieu au feu de sa charité qui le mettoit
interieurement tout en flammes, & qui luy adoucissoit, ou
mesme consumoit toutes les peines, que le feu materiel luy
pouuoit causer; il les contraignit mesme par vne grande prudence de luy dire les heures de leur office & de leur communauté, afin de ne les en point diuertir, & il se rendoit si pon-
ctuel au temps, qui estoit assigné, qu'il n'y manquoit pas d'vn
moment, encore que ce ne fut pas sans difficulté, à cause
des autres occupations, où il se trouuoit ailleurs engagé.

Il faisoit ainsi dans les autres choses; tellement qu'il prenoit toutes sortes de formes, il empruntoit toutes sortes de
figures & se mettoit en tout sens, pour pouuoir secourir le
prochain, estant mesme par la force de ce feu diuin, qui
l'embrazoit, comme passé & tout fondu en charité: ses pensées, ses sentimens, ses paroles, ses œuures, & tout en luy
estoient charité: ce qui luy fit dire vn iour dans vne lettre,
« qu'il écriuit à vne personne tres-confidente. Il me semble
« que mon ame est toute charité, & ie ne vous peux dire auec
« quelle cordialité & auec quelle ouerture ie sens mon cœur
« se renouueller en la vie diuine de nostre Seigneur nouueau-
« nay brûlant d'amour pour les hommes.

SECTION PREMIERE.

Sa Charité enuers les Pauures.

PREMIEREMENT i'ay à dire touchant l'affection, que Monsieur de Renty a porté aux pauures & la charité qu'il a exercée enuers eux, que IESVS-CHRIST en estoit non seulement la source pour luy en donner la grace, mais encore le motif & l'obiet, parce qu'il le regardoit en eux, & s'est luy qu'il pensoit assister & seruir en leurs personnes; de sorte qu'il ne s'arrestoit pas à leurs habits rompus & rapieçez, ny à tout leur exterieur vil & méprisable, qui naturellement déplaist aux yeux & offence l'odorat & les autres sens; mais passant tout outre, il voioit là dedans & là dessous auec les yeux de la foy, nostre Seigneur IESVS-CHRIST present & resident en eux, & les consideroit comme ses naïues images, qu'il aime & qu'il estime. Et comme il brûloit d'vn ardent amour enuers nostre Seigneur, il aimoit aussi tendrement les pauures, il les secouroit de toute sa puissance, & il n'est rien qu'il ne fit pour eux. C'est auec ces yeux, & non point auec ceux de la nature que doit regarder les pauures celuy, qui veut bien les aimer, & auoir des entrailles pitoiables enuers eux & acquerir vne vraie, forte & constante charité pour eux.

En second lieu ayant à traiter icy de cette charité en detail, nous cómencerons par celle qu'il exerceoit dans sa maison, où dés l'an mil six cens quarante & vn, il donna à disner à des pauures, à des hommes, deux en nombre, & au commencement deux iours la semaine, le Mardy & le Vendredy, mais cinq ou six ans apres se trouuant accablé d'affaires pour le seruice de Dieu & du prochain, il reduisit ces deux iours à vn, ordinairement au Ieudy, & pour deux pauures il en prit trois; mais voicy l'ordre qu'il y tenoit.

Voulant ioindre l'aumône spirituelle à la corporelle, qui

est vn secret important, que doiuent apprendre & pratiquer les persones charitables, chacune selon sa capacité , il cherchoit les pauures qui luy sembloient auoir plus de besoin d'instruction; & pour ce suiet, lors qu'il estoit à Paris, apres auoir entendu la Messe, il alloit à la porte de S. Antoine prendre ceux qui ne faisoient que d'arriuer, lesquels ayant amiablemēt salüez, il les amenoit auec soy dans son logis, & si c'estoit en hyuer, il les faisoit aussi-tost chauffer, & en tout temps asseoir, puis auec vne affection cordiale, qui reluisoit en son visage & en tout son maintien, & auec vne grace merueilleuse il leur enseignoit ce qu'il faut sçauoir des mysteres de la tres-Saincte Trinité, de l'Incarnation de nostre Seigneur & du S. Sacrement.

Il les instruisoit en suite brieuement à se bien confesser, à bien communier, en vn mot à bien viure , & apres l'instruction il leur donnoit à lauer & les faisoit mettre à table, où il les seruoit luy mesme , teste nuë , & dans vn respect qui ne se peut dire, & mettoit sur la table les plats qu'il se faisoit apporter par ses Domestiques & par ses Enfans, à quoy Madame sa femme mettoit beaucoup la main: il imposoit silence pendant qu'ils disnoient & vouloit qu'on les laissât manger à leur aise , & apres le disner il leur donnoit encore l'aumône, & les reconduisoit iusques à la porte de son logis auec des reuerences profondes & de salutaires aduis.

Il faut estre bien chrestien pour agir de la sorte , & vn Seigneur de son âge & de sa condition deuoit tenir les yeux fortement attachez sur IESVS-CHRIST pour rendre ces seruices à des hommes ainsi faits: sans ce regard vne telle action luy eut esté difficile , & mesme comme impossible, où elle luy estoit aisée. En effet vn gentilhomme ne fera point de difficulté , mais plutôt tiendra à honneur & à ioye de seruir le Roy, encore qu'il le voie tout crasseux & couuert d'vn mechant haillon, mais il faut quil sçache & qu'il soit bien persuadé que c'est le Roy. Quelques personnes de qualité de Paris & d'ailleurs se trouuans presentes à cette action si chrestienne & si saincte, en estoient extremement touchées, edifiées , & de plus animées à l'imiter, au moins en partie.

Il a côtinüé cette loüable pratique iusques à sa mort, & quãd ses occupations ne luy permettoient pas de la pouuoir exercer par luy mesme , Madame sa femme ne laissoit pas de la continüer, mais à des femmes. Il auoit en outre coutume tous les iours de l'année ausquels la Natiuité de nostre Seigneur estoit écheuë, de donner à disner à vn pauure âgé de dix ou douze ans ; au iour des Roys de faire le mesme à vne pauure femme ayant vn petit enfant à la mamelle pour honnorer le mystere ; au iour de S. Iean Baptiste son patron à douze pauures & de les seruir ; autant & de la mesme façon, le Ieudy saint, apres leur auoir laué les pieds.

Outre cette charité, & beaucoup d'autres soit en aumônes, soit en d'autres assistances de toutes sortes que Monsieur de Renty faisoit en sa maison, il trauailloit au secours de tous les Pauures de Paris & d'ailleurs bien loin en toutes les manieres qui luy estoient possibles : il s'occupoit à apprendre leurs besoins, il pensoit aux moyens d'y apporter remede, & y appliquoit en suite ses soins, & ne pouuant tout faire, il y employoit d'autres persones, il parloit pour eux, il demandoit pour eux, il achetoit luy mesme leurs necessitez , & apres les leur portoit : Il cherchoit des établissemens & des conditions à des hommes, à des enfans & à des filles qui en manquoient, & ne pouuant quelquefois en rencontrer si tost, il en a tenu & nourry quelques-vns en sa maison longtemps, iusques à ce qu'il les eut bien plaçez.

Il a esté le premier qui a eu pensée & mouuement d'assister les pauures Anglois refugiez pour la Foy en France, & de lier dans ce dessein des personnes de pieté pour donner des fons à leur subsistance ; Il en vint à bout, & pour la distribution il se chargoit d'vne partie, qu'il alloit porter tous les mois à pied ordinairement seul, & aux quartiers les plus éloignez qu'il auoit luy mesme choisis, & entrant en leur chambre, il les saluoit auec tendresse & compassion, & puis leur donnoit auec beaucoup de ciuilité & de respect dans vn rouleau leur petit fait. Comme vne fois il se trouua accompagné d'vn de ses amis, il luy dit au retour ce mot remarquable : voilà de bons Chrestiens, parce qu'ils ont tout quitté pour »

N iij

« Dieu ; mais nous autres, nous auons abondance de biens &
« rien ne nous manque ; Ils se contentent de deux écus par
« moys, apres auoir quitté les quinze & les vingt mille liures de
« rente, & souffrent ces grandes pertes auec patience, où nous
« sommes riches. Ha Monsieur ! le Christianisme ne consiste
« pas en paroles ny en apparence, mais en effets.

Dauantage cet homme sage & charitable pratiquoit dans
le soin, qu'il prenoit des pauures vne chose fort considerable
& pleine de grande prudence, à sçauoir que quand il les visitoit apres auoir veu en gros leurs necessitez, il les examinoit
dans le detail, tant les spirituelles comme les corporelles ; il
tâchoit d'abord de remarquer leurs inclinations, leurs passions, leurs mauuaises habitudes, les vices qui predominoient
en eux & où estoit leur foible, pour selon la qualité des maux
& la disposition des persones y apporter les remedes & donner les instructions conuenables, les exhortant toujours à viure chrestiennement & à faire bon vsage de leur pauureté.
Pour les necessitez temporelles, il consideroit la capacité,
l'industrie, le mestier & l'employ de chacun : s'ils estoient
artisans, il regardoit ce qui leur manquoit pour leur trauail
& pour pouuoir gagner leur vie, si c'estoit des outils, ou de
la matiere & des étoffes, ou de la besongne, à quoy il pour-
uoioit, parce qu'il leur donnoit moien d'auoir de nouueaux
outils, ou il degageoit les leurs, il leur fournissoit de la matiere ou leur achetoit des étoffes en espece leur baillant
cependant du pain pour deux ou trois iours, il leur procuroit
de la besongne, & non seulement à eux, mais encore à leurs
femmes & à leurs enfans, afin qu'ils pûssent tous viure : apres
il achetoit de leurs ouurages dont il faisoit d'autres aumônes, il leur en facilitoit le debit, & les encourageoit à trauailler & à fuir l'oisiueté, retournant de temps en temps les visiter pour voir si tout alloit bien chez eux.

Adioutons à cela sa charité enuers les pauures prisonniers,
qu'il visitoit, qu'il consoloit, à qui il donnoit des aumônes,
il en procuroit, & moiennoit la liberté, auec discernement
toutefois, s'il estoit expedient pour leur salut : car il dit vn
iour qu'on le prioit pour faire deliurer celuy, de qui nous

allons parler, que fouuent on mettoit hors de prifon des perfones, qui apres ne fe feruoient de leur liberté que pour offencer Dieu & fe damner, & que pour leur bien il valoit
mieux les y laiffer; à cela prés, il s'emploioit pour eux auec
grande affection, dont voicy vn exemple fignalé.

Il y auoit en la baffe Normandie vn prifonnier de plufieurs
années, & innocent, & reduit à de grandes neceffitez: beaucoup de perfones auoient trauaillé pour fon élargiffement,
mais fans effet, parce qu'il auoit affaire à forte partie; on en
donna connoiffance à Monfieur de Renty, qui bien infor-
mé du fait, entreprend de fecourir ce pauure prifonnier, &
luy fait donner pour rapporteur au confeil, où fon proces
eftoit pendant; vn Maiftre des Requeftes fort homme de
bien, il recommande la chofe à fon Aduocat, il le va voir
& le folliciter plufieurs fois, & promet de fournir à tous les
frais neceffaires. Mais comme ces pourfuites tiroient en
longueur, & que le prifonnier trempoit toujours dans fa
mifere, Monfieur de Renty changeât de refolution écrit à fa
partie pour luy & le prie de luy remettre cette affaire, qu'il
iroit bien toft en Normandie, & que là il trouueroit moien
d'accomoder la chofe à fon contentement. Il s'y en va, &
comme il y fut arriué, il fit commencer la Miffion dans fa
Paroiffe du Beny, & de là à quelques iours prenant auec foy
vn des Peres Miffionaires, il fe tranfporte à la Ville, où eftoit
le prifonnier & fa partie.

Quand on fçeut dans la Ville que Monfieur de Renty
venoit, toutes les rües fe remplirent de peuple qui beniffoit
Dieu de fa venüe, & comme il en fçauoit le fuiet, il difoit
qu'il n'y auoit que luy qui pût acheuer cette affaire & mettre
fin à la mifere de ce pauure homme, & tous louoient Dieu de
ce qu'il auoit choify pour cela vn homme fi faint & faifoient
mille prieres pour luy. Il s'en va en fuite à la prifon, où le
Pere fit vne exhortation aux prifonniers pour les confoler
& les fortifier, & Monfieur de Renty foulagea leurs neceffitez auec fes aumônes, & aprés parla à fon prifonnier &
luy dit, qu'il iroit voir fa partie pour l'induire par raifons, &
le gagner mefme par prieres, de confentir à fon élargiffe-

ment, que cependant il priât Dieu de benir son entreprise,
& que toujours il se tint pour assûré qu'en quelque façon
que ce fût, il le tireroit auec la grace de Dieu de prison. De
là il va trouuer cette partie dans sa Maison, il entre en con-
ference auec luy, il le prie, il le coniure, & sur quelques
difficultez qu'il luy fit, il retourne seul à la prison pour en
estre éclairci, où trouuant que les prisonniers faisoient ensemble leurs prieres accoustumées, il attendit, encore qu'il
fût sept heures du soir & qu'il luy fallût faire deux lieuës de
chemin pour retourner à sa Maison, où il n'arriua qu'à dix
heures. Son prisonnier l'ayant instruit, il va retrouuer sa partie, auec laquelle il tomba en fin d'accord, tellement que
cet homme apres neuf ans de prison & beaucoup de maux,
en sortit par les sollicitations & par la charité de Monsieur
de Renty, qui l'obligea de venir se confesser & communier
en la Mission pour rendre graces à Dieu de sa deliurance; &
afin de luy en donner plus de moien adioustant continuellement charité sur charité, il le retint & le nourrit huit iours en
sa Maison, luy parlant tous les soirs & l'exhortant à bien viure: au sortir de chez luy il voulut qu'il allât voir sa partie, &
il trouua cet homme aussi doux & aussi traitable, qu'il auoit
esté auparauant animé contre luy, & du depuis s'estant fait
Prestre, il fut en l'Eglise de Beny celebrer la saincte Messe à
l'intention de son Liberateur.

SECTION SECONDE.

Sa Charité enuers les Pauures Malades.

SI Monsieur de Renty a eu beaucoup de charité pour les
pauures, il en a eu encore dauantage pour les pauures qui
estoient malades, parce qu'aussi il voioit en eux deux obiets
de cette excellente vertu, la pauureté & la maladie, de sorte qu'elle estoit plus grande de moitié en luy, & son feu re-
doubloit sa flamme dans son cœur misericordieux enuers
eux. Il ne se lit quasi rien dans les vies des plus grands Saints
sur ce

sur ce suiet, qu'il n'ait pratiqué. Sa charité estoit si étenduë,
& les soins qu'il prenoit d'eux, alloient si auāt, que ne se contentant pas d'assister les pauures malades en vne ou deux
manieres, ils trouuoient en luy, & souuent dans vne seule visite vn Bienfaiteur, vn Medecin, vn Apothicaire, vn Chirurgien, vn Pasteur, vn Peré, vn Frere, vn Amy, & vn Seruiteur,
les soulageant en toutes façons , dont plusieurs iusqu'alors
n'auoient pas esté connuës ny exercées, specialement par
des persones de cette condition.

Dés l'an mil six cens quarante & vn il apprit à saigner &
à faire d'autres operations de la Chirurgie : il voulut sçauoir
faire des medicamens & toutes sortes de remedes, & con-
ferant auec vn Medecin il se fit instruire des choses principales de la medecine, & comme son but n'estoit pas la simple connoissance, mais la pratique, il portoit sur soy toujours,
soit qu'il allât par la Ville ou à la campagne, des poudres
medicinales pour les maux ordinaires, & vn etuy, où estoient
ses instrumens de chirurgie pour saigner & faire des inci-
sions, qu'il faisoit auec vn adresse & vne asseurance admirable, sans toutefois s'auancer, comme il estoit fort prudent,
au delà de sa science.

Visitant les pauures malades en quelque lieu que ce fût, il
n'omettoit rien de tous les seruices qu'il voioit leur estre necessaires & qu'il pouuoit leur rendre , comme de faire luy
mesme leurs lits, les y mettre & accomoder, leur faire du
feu, nettoier leur vaisselle, arranger leurs petits meubles,
dresser tout, voulant par là s'insinüer dans les cœurs de ces
pauures gens, pour apres les cōsoler, les exhorter à la patience, & les porter à Dieu auec plus de force. On le veit vn iour
à Diion, qui a esté vn grand & éclatant theatre de ses vertus en plusieurs mois qu'il y a demeuré, sans manteau, auec
vne pierre dans la main, demandant du feu à vne porte pour
chauffer vn pauure malade qui etoit delaissé. Apres auoir
en cette mesme Ville visité vne ou deux fois des pauures malades accompagné de quelques persones, qui luy ensei-
gnoient leurs demeures, il retournoit les voir souuent seul &
exerçoit enuers eux des actions de charité plus grandes &

O

plus viles qu'il n'en auoit pratiqué en compagnie, & les
ſecouroit de iour & de nuit.

Allant voir l'an mil ſix cens quarante quelques pauures
malades à Paris de la paroiſſe S. Paul, il trouua la Sœur qui
en auoit le ſoin ſortant d'vne maiſon, à qui il demanda ce
qu'elle cherchoit dans ce logis là; elle luy répondit qu'elle y
cherchoit Iᴇsvs-Cʜʀɪsᴛ, & qu'elle venoit d'vne chambre
où il y auoit grande charité à faire; cette réponſe le toucha
& en temoigna beaucoup de ioye, luy diſant qu'il le cherchoit auſſi, & là deſſus ils vont tous deux dans cette chambre où il y auoit pluſieurs malades, qu'il auoit dés-ja le
iour meſme viſitez, & leur auoit fait du boüillon, donné à déieuner & fait leurs lits. De là cette bonne Fille
le mena en pluſieurs autres lieux, où il inſtruiſit les malades & donna l'aumône, & du depuis il a toujours continué
ce ſainct exercice auec elle, prenant pour cela vn iour la ſe-
maine, qui eſtoit ordinairement le Vendredy, auquel il les
alloit viſiter, les ſaigner, s'eſſuiant aprés les mains non à vne
ſeruiete blanche, mais à quelque torchon s'il en trouuoit,
leur donner les remedes propres à leurs maux, les aſſiſter &
les ſeruir dans leurs neceſſitez: de plus pour le ſpirituel, les
conſoler, les encourager, les preparer à faire vne bonne Con-
feſſion & à bien receuoir les Sacremens, & il s'informoit
toujours en toutes les maiſons où il entroit, ſi Dieu y eſtoit
bien ſeruy, & s'il n'y auoit point de diuiſion ni de querele,
qu'il tâchoit auec grand ſoin d'accomoder, & ſingulieremēt
parmy les pauures, ne s'en preſentant iamais d'occaſion,
meſme lors qu'il alloit par les ruës, qu'il ne leur dit quelque
choſe pour leur faire cõnoître leur faute là deſſus & les acor-
der. Enfin il ne ſortoit iamais de ces lieux, qu'il n'ût pourueu
à tous les beſoins qu'il y remarquoit auec vne charité, auec
vne douceur & vn reſpect incroiable, ſe donnant le temps,
quoy qu'il eut tant d'autres affaires, de les entendre en tout
ce qu'ils vouloient luy dire auec vne patiēce inuincible.

Dans ſes voiages apres qu'il auoit mis pied à terre, il s'en
alloit à l'Egliſe adorer le S. Sacrement, comme nous auons
dit ailleurs, il s'enqueſtoit s'il y auoit vn Hoſpital, où, ſi le

temps le luy permettoit, il ne manquoit pas d'aller & de voir les malades, demandant s'ils estoient secourus, & apportant à leurs necessitez tous les remedes qu'il pouuoit, de la main par saignées & par medicamens, de parole adoucissant leurs peines auec de bonnes raisons & leur donnant courage, & auec ses aumônes.

Le memoire qu'on a donné du grand-Hostel Dieu de Paris porte ce qui suit. Nous auons veu Monsieur de Renty venir icy l'espace de douze ans & plus auec vne grande assiduité. Entrant & sortant il s'en alloit droit à l'Eglise deuant le S. Sacrement, & demeuroit longtemps en sa presence, ce qui donnoit de la deuotion à tous ceux qui le voioient: c'estoit à son entrée pour offrir son action à nostre Seigneur & luy demander les graces qui luy estoient necessaires, & à sa sortie pour le supplier de la benir & de la rendre efficace. Apres il venoit dans les Sales, où il exerçoit sa charité enuers les pauures malades depuis deux heures iusques à cinq du soir, les enseignant & les soulageant dans tous leurs besoins. Nous l'auons veu panser, medicamenter & essuier les plaies & les vlceres. Nous l'auons veu plusieurs fois baiser les pieds des malades & ayder à enseuelir les morts. De plus il a eu la charité de monstrer aux Religieuses à faire de l'onguent qui leur estoit inconnu, & de le faire luy mesme deuant elles. Quelquefois & le plus souuent il venoit seul, & quelquefois aussi il estoit accompagné de quelques Seigneurs de grande condition, qui animez d'vn tel exemple le vouloient aucunement imiter & auoir part à des œuures si saintes.

Il ne visitoit pas seulement les pauures malades pour leur faire la charité, mais ils l'alloient eux mesmes trouuer, s'ils pouuoient marcher, quand il estoit en quelque lieu, pour la receuoir. Estant à Diion ils le cherchoient en troupes, & pour toutes sortes d'infirmitez & de maladies. Comme il alla l'an mil six cens quarante deux en ses terres de Normandie, il s'emploia sans cesse, l'espace d'enuiron quatre mois qu'il y fut, à ces actions de misericorde, & seruit de medecin & de Chirurgien à tous les pauures malades du pays, de sorte que de tous costez ils venoient à luy pour trouuer les re-

medes de leurs maux ; & il y en auoit preſque toujours vn
ſi grand nombre autour de luy , qu'on ne le pouuoit approcher.

Ie me ſouuiens à ce propos de ce qui ſe lit de noſtre Seigneur, que de toutes parts les malades de toutes ſortes de
maladies & les affligez accouroient à luy pour eſtre ſoulagez
& gueris , & il me ſemble voir auec quelque proportion le
meſme en ce ſien ſeruiteur fidele & vray diſciple, lors que les
malades , les infirmes, les languiſſans, les impotens ou autrement indiſpoſez vont à luy de tous les enuirons , & qu'on le
voit entouré d'vne multitude de miſerables, qui pour eſtre
ſaigné , qui pour auoir de l'onguent, qui dés poudres medicinales , qui d'autres medicamens , qui vn conſeil , qui vne
conſolation, qui l'aumône, qui vn autre leniment à ſon mal:
& que luy auec cette grande & étenduë charité chreſtienne,
auec ces entrailles de miſericorde priſes ſur celles de Dieu ,
auec cet eſprit d'amour, auec lequel le fils de Dieu a eu
pitié de nous , & auec vne ſinguliere bonté & vne patience
infatigable eſt au milieu d'eux tâchant de les ſecourir tous
& d'apporter du ſoulagement à leurs maux.

SECTION TROISIEME.

Suite de la meſme Charité, auec le ſucces.

S A charité que nous allons voir eſt encore plus grande que
la precedente, parce qu'elle s'employe au ſoin & à la cure
des maladies plus fâcheuſes , dont la nature a plus d'horreur, & où il faut qu'elle ſe ſurmonte dauantage.

Cét homme de Dieu eſtant en ſon chaſteau du Beny , y
receüoit les pauures teigneux & les logeoit dans vne chambre bien accommodée & bien parée, où il les alloit voir &
leur oſter luy meſme leur teigne auec ſes remedes, les gar-
dant & les nourriſſant iuſques à ce qu'ils fuſſent gueris. A
Paris il les viſitoit de meſme au faux-bourg S. Germain, où
ils ont leur demeure, & leur portoit des diſtributions, & ioignant l'humilité à la charité, on l'a veu au milieu de ces tei-

gneux tout debout & teste nuë entendre vne exhortation qu'il leur auoit procurée.

Comme i'entray vn iour dans la salle de Beny, dit vn témoin oculaire digne de foy, ie le trouuay maniant vn chancre, qu'on ne pouuoit regarder mesme de loin sans auersion & sans horreur, & luy, étouffant tous ces sentimens de nature, l'accommodoit auec ioye & auec respect.

Dans son sejour à Dijon il s'y rencontra vne pauure fille qui auoit esté prise des soldats, des mains desquels elle s'estoit échappée, apres auoir esté quelque temps leur proye & auoir gagné vne maladie tres-vilaine. Quelques persones charitables en donnerent aduis aux Religieuses Vrsulines afin qu'elles eussent la bonté de la secourir en ce qu'elles pourroient, qui la firent mettre chez de pauures gens dans le voisinage; son corps estoit en vn état si pitoiable que ce n'estoit que pourriture, & il rendoit vne infection si puante, que persone n'en vouloit approcher, son hoste mesme ne la pouuoit souffrir, tellement qu'elle estoit en danger d'estre abandonnée de tous. La Superieure, qui estoit pour lors & qui est à present defuncte, Religieuse de grande vertu, & auec qui Monsieur de Renty auoit beaucoup de liaison, eut la pensée de luy en parler, elle le fit & confera auec luy des moyens d'assister cette pauure creature. La charité de ce sainct homme toûjours agissante ne luy donna pas vn moment de trefue, mais le porta aussi tost à la visiter & à la pouruoir de tous ses besoins. Il gagea vne femme pour la seruir & fit resoûdre son hoste à la garder; il luy faisoit faire les dietes & luy donnoit les medicamens necessaires à cette maladie, il luy portoit les consommés & les autres choses qui regardoient sa nourriture demeurant long-temps aupres d'elle; quand il la voyoit toute en eau il luy essuioit le visage auec son mouchoir, & apres, par vne action plus admirable qu'imitable, il s'en seruoit ainsi tout trempé sans vouloir qu'on le luy changeât: & comme il auoit bien plus de soin de son ame que de son corps, il l'instruisoit, il la consoloit & prenoit la peine tous les iours de luy faire quelque lecture dans vn liure de deuotion, souffrant au reste auec force &

O iij

gayeté toutes les impressions de peine que cette horrible
maladie faisoit sur ses sens, & receuant la mauuaise odeur
qui sortoit de ce corps pourri, & qui faisoit bondir le cœur,
comme si ç'eut esté quelque parfum delicieux. C'estoit sans
doute la bonne odeur de IESVS-CHRIST, lequel il regardoit
dans les pauures, comme nous auons dit, qui luy parfumoit
les infections, & luy faisoit trouuer des suauitez dans les
plus grandes puanteurs.

Enfin par ses soins il retira cette pauure fille de la misere
& de la mort, & l'établit dans les deuoirs d'vne vraye Chrestienne, si bien que depuis elle s'exerce en beaucoup de bonnes œuures, & quand elle va aux Vrsulines, elle ne peut se
tenir qu'elle ne parle & auec grand sentiment des excellentes vertus & sur tout de l'incomparable charité de Monsieur
de Renty, & des obligations extremes qu'elle luy a, qu'elle
publie par tout, & en témoigne de grandes reconnoissances.

Cette action de charité genereuse n'a pas esté seule dans
Dijon, il en a fait beaucoup d'autres semblables dans les
Hospitaux & les autres lieux où il alloit, à ce qu'on nous rapporte, & nous auons sujet de le croire. I'adiouste à cela l'ardent desir qu'il auoit qu'on fit vn Hospital pour les écroüe-
lés, n'y en ayant point ny à Paris ny en toute la France.

C'est ainsi que ce grand Seruiteur de Dieu s'emploioit au
soin des malades, & des malades les plus dégoutans. Voions
maintenant quel succés & quelle benediction Dieu donnoit
à ses soins & à ses remedes, & comme par fois il rendoit par
ses mains, comme miraculeusement, la guerison aux malades. Estant en la basse Normandie fort occupé autour de ses
malades, on s'etonnoit comme il donnoit des remedes pour
toutes les maladies, mesme extraordinaires & incurables, &
qu'auec ces remedes, qui n'estoient quelquefois presque
rien, les malades en estoient gueris promptement : ce qui fit
croire à ceux, qui éclairoient ses actions, qu'il guerissoit souuent non tant par la vertu naturelle de ses medicamens, comme par grace & par miracle.

On a fait la mesme remarque à Diion dans des guerisons
operées de la mesme sorte, & on y a pris la mesme creance

qu'il rendoit la santé par voie surnaturelle. Sur quoy ie ne dois pas omettre vn entretien qu'il eut auec sa Mere Prieure des Carmelites de là, qu'il voioit souuent & auec beaucoup de confiance à qui il raconta, qu'il y auoit peu de iours qu'vne femme estant malade à la mort pour vne mauuaise couche & abandonnée des medecins, on le vint querir pour voir si dans cette extremité il pourroit auec ses remedes luy donner quelque soulagement; il s'y en va. Et ie luy en fis vn, ,, dit il, que ie sçauois bien n'auoir pas la force de guerir vne ,, telle maladie, mais quoy? ie n'auois rien de meilleur, ie priay ,, Dieu d'y donner sa benediction, si cestoit sa gloire & le bien ,, de la patiente, il le fit: car ie viens de la voir qui se porte bien. ,, La Mere luy demanda, s'il faisoit souuent ainsi, il luy répon- dit qu'oüy, quand on l'en prioit; car ce sont, adiousta t'il, de ,, pauures gens qui n'ont rien pour se soulager, ny moy aussi: ,, nostre Seigneur n'est pas attaché aux remedes, il faut auoir ,, de la foy où nous ne pouuons rien; Dieu par sa bonté me la ,, donnée. Elle luy repliqua, mais c'est donc miracle. Et quoy, ,, repart il, n'en fait il pas tous les iours pour nous? Vous en fai- ,, tes donc pour les pauures? luy dit elle; il répondit à cela auec humilité & de fort bonne grace: ma Mere appelle mi ,, racle ce que nostre Seigneur fait, pour moy ie n'y ay point de ,, part si ce n'est de donner aux pauures ce que i'ay, prenez le ,, comme vous voudrez, ie n'y fais point de reflexion que pour ,, remercier nostre seigneur, quand ils sont gueris. ,,

Si les saintes Lettres recommandent de rendre de l'honneur au Medecin à cause du besoin qu'on a de luy, on doit sans doute honorer & estimer dauantage les Medecins, qui traitent & guerissent leurs malades non tant dans la methode de Galien ou de Paracelse, que dans celle de Dieu.

SECTION QVATRIEME.

Son zele pour le salut du Prochain.

CETTE Charité a esté encore beaucoup plus grande &
beaucoup plus ardente en feu Monsieur de Renty que
celles dont nous auons parlé, parce qu'aussi, côme dit S. Tho-
mas, elle est bien plus releuée & bien plus noble. Premierement à raison du suiet, qui est l'ame, que cette charité regarde,
laquelle est incomparablement plus excellente que le corps,
au soin duquel seulemét celles là s'appliquent. Secondement
à cause de l'objet & des choses qui se donnent, qui sont d'vne
valeur tres-inégale, parce qu'où la charité corporelle ne
donne que du pain, de l'argent & la santé, la spirituelle s'emploie à rendre l'ame capable de la grace, de la gloire, & de
la possession eternelle de Dieu, qui sont des biens infiniment
plus grands que ceux-là. C'est pourquoy cét homme sage
& illuminé sçachant bien faire ce discernement important,
auoit des affections encore toutes autres pour aider les ames
que pour secourir les corps. Dauantage, comme il estoit embrazé de l'amour de Dieu & de celuy de IESVS-CHRIST son
Fils, il cherchoit continuellement tous les moyens & faisoit
tous ses efforts pour les faire connoître & aimer en cette vie
& en l'autre, & empécher qu'ils n'y fussent offencez ny haïs.
Ioint que connoissant qu'ils ont des bontez & des tendresses
inexplicables pour les ames, qui leur ont esté si cheres & qui
leur ont tant cousté, il entroit dans leurs affections, il les aimoit sur leur modele, & desiroit auec zele leur salut.

Or ce zele a esté admirable, & il a eu toutes les qualitez
necessaires pour estre tres-parfait. Premierement il a esté
vniuersel, s'étendant sur tous les hommes en general & sur
chacun en particulier, en France, hors de France, & par
tout: de sorte qu'il dit à vne persone familiere, qu'il estoit
prest de seruir tous les hommes sans en excepter vn seul, &

de

de donner sa vie pour chacun d'eux, s'il en estoit besoin.

Il eut voulu conuertir, éclairer de la connoissance de Dieu, bruler de son amour, sanctifier & sauuer tout le monde s'il eut pû; & comme Paris en est vn abregé, il alloit cherchant par tous les quartiers & par toutes les ruës de cette grande & puissante ville tout ce qu'il y auoit à oster ou à mettre pour la gloire de Dieu & le salut des ames. L'esprit de Dieu le conduisant en cette recherche benissoit son trauail & luy donnoit grace pour regler les choses dereglées, pour affermir les branlantes & maintenir celles qui estoient en bon ordre; pour détruire le mal & établir le bien: ce qu'il a fait en tant de manieres, qu'il seroit impossible de le dire. Mais que ne peut vn homme zelé, desinteressé, & remply de Dieu?

Il faisoit par soy mesme tout ce qu'il pouuoit sans s'épargner en rien & sans perdre vn seul moment de temps, mais comme il ne pouuoit pas tout faire, & que ses forces tant de l'esprit que du corps n'estoient pas à beaucoup pres egales à ses desirs, il le faisoit par d'autres: de là sont venuës tant de missions qu'il a fait faire à ses frais, premierement en ses terres de Normandie & de Brie, & puis qu'il a procurées contribüant encore à la depense en beaucoup d'autres Prouince où il n'auoit rien, en Bourgogne, en Picardie, au Chartrain, & en plusieurs autres lieux.

Mais il sera bon de l'entendre parler là dessus; il m'ecriuit touchant la Mission de Citry en Brie. On a commencé icy la » Mission le iour de la Pentecoste, qui a vne benediction toute » extraordinaire, les cœurs sont tellement touchez des senti- » mens de penitence que les larmes coulent en abondance, il se » fait quantité de restitutions & de reconciliations, les prieres » communes & publiques se font dans les familles, les iure- » mens & les blasphemes ne s'entendent plus, & tout y accourt » de trois à quatre lieuës. D'où est venuë entre autres vne Fille » de mauuaise vie qui s'en est retournée auec vn changemēt » veritable, declarant hautement sa conuersion, & rompant » tout son commerce. Ie connois bien maintenant que c'est là » le suiet pour lequel nostre Seigneur m'a fait venir icy & m'a » obligé d'y seiourner. »

Toutes ces operations de grace le combloient d'vne ioye inexplicable & le faisoient fondre en larmes pour la grande part, qu'il prenoit à la gloire qui en reuenoit à Dieu & au bien que les ames en receuoient. Nous l'auons vû, dit vn temoin oculaire, les larmes aux yeux, & comme ie luy en demandois la cause, il m'auoüa qu'elles procedoient de la ioye excessiue qu'il auoit de voir tant de persones touchées & qui donnoient des marques certaines de leur conuersion, restituant le bien d'autruy, se reconciliant auec leurs ennemis, brûlant les mauuais liures, quittant les occasions du peché, & commenceant vne vie toute nouuelle. Nous l'auons vû dans l'Eglise de Citry transporté de zele & de feruecur, la balaier, oster les ordures auec les mains, & sonner les cloches pour faire venir le peuple.

Il se seruoit ordinairement pour les missions, des Prestres seculiers de sa connoissance, viuans en communauté & établis à Caën pour ces emplois, dont ils se sont toujours acquité auec grande benediction, & vn fruit fort notable ; au Superieur desquels il a écrit plusieurs lettres sur ce suiet, le priant & le coniurant d'entreprendre ces missions d'vn grand cœur, luy donnant auis de celles qui estoient assurées, & de celles que l'on pouuoit esperer, ce qu'il auoit fait, à qui il auoit parlé, & de quels moiens il falloit se seruir pour les faire reüssir.

En l'vne de ses letres écrite l'ânée de sa mort, apres luy auoir parlé d'vne missiõ qu'il proiettoit en la ville de Dreux au diocese de Chartres, il luy mâde, I'ay vû quelques persones pour
,, se ioindre à procurer tous les ans vne missiõ, & nous mesmes
,, nous irons, autant que nous pourrons, pour vous y seruir &
,, obeir pour les visites des malades & les charités des pauures,
,, & pour assembler dans ce mesme dessein des compagnies de
,, persones, que la parole de Dieu aura gagnées. Nous auons
,, déja touché tous à la main depuis que nostre Seigneur nous
,, a touchez au cœur : & ma femme & deux autres auec elle se-
,, ront de la partie, pour imiter Saincte Magdelaine, Saincte
,, Ianne, & Saincte Susanne, dont il est dit en S. Luc qu'elles
,, suiuoient nostre Seigneur & ses disciples, & qu'elles contri-

büoient de leurs facultez pour la predication du Roiaume ,,
de Dieu : nous tâcherons de faire cela sans éclat & sans que ,,
l'on nous connoisse, prenant vn petit logis à part. Voiez, mon ,,
tres-cher Pere, si vous voulez estre nostre Pere, & si cette an- ,,
née en l'automne vous pouuez donner le pain de vie eternel- ,,
le à ceux qui vous le demandent auec grand respect. Ie vous ,,
supplie les larmes aux yeux de nous écouter & exaucer tou- ,,
chez du besoin de nos pauures freres, & de la charité de ,,
Iesvs-Christ, qui nous veut tous vnir en vn cœur, qui est ,,
le sien pour y viure deuãt Dieu. Mon tres-cher Pere, ie mets ,,
ce depost entre vos mains, c'est à l'esprit de Dieu de le rendre ,,
fecond en vous & en mes tres-chers peres vos freres. I'ay ,,
confiance que nous serons exaucez & que nous verrons vne ,,
abondance de misericordes. I'attend vostre sentiment là ,,
dessus & pour la chose, & pour le temps ; & que cependant ,,
vous tiendrez s'il vous plaist, l'affaire secrete parmy vous. ,,

SECTION CINQVIEME.

Suite du mesme Zele.

VOICY encore d'autres effets de son Zele vniuersel,
qui luy faisoit desirer le salut de tous, & en chercher
les moyens.

Nous auons remarqué cy dessus comme il auoit des corres-
pondances par toute la France & ailleurs pour les grandes entreprises & les affaires importantes, qui regardoient la gloire
de Dieu & le bien du prochain.

Il lioit par tout, où il pouuoit, des persones pour s'entrai-
der à leur salut & à celuy des autres, & faisoit des Assemblées
de pieté pour diuers suiets. Me voicy de retour de Bourgo- ,,
gne, puis qu'il plait à nostre Seigneur, m'écriuit il le vingtié- ,,
me de Septembre de l'an mil six cens quarante huict : nostre ,,
voiage a esté assés plein d'emplois pour aider à former diuer- ,,
ses Compagnies d'hommes & aussi de femmes, qui ont grand ,,
desir de bien seruir Dieu. ,,

Le memoire venu de Caën porte ces mots. Monsieur de Renty a étably ici plusieurs Assemblées de persones, ausquelles il conseilloit de traiter ensemble toutes les semaines des moiens de secourir les pauures & d'empescher que Dieu ne fut offensé. Ce qui reüssissoit à merueilles. Il conseilloit aussi à des gentilhommes de la campagne de s'assembler de temps en temps pour s'animer les vns les autres à estre parfaits Chrestiens, & à faire profession de ne se battre iamais en duel.

" Il manda au Superieur d'vne Mission; ie me suis bien vny
" à vous Dimanche dernier, que ie crois auoir esté l'ouuerture
" de vostre Mission. Ie vous supplie tres-humblement de croi-
" re, que si vous m'y iugiez vtile sur la fin pour y former quel-
" que petit Corps de gentil-hommes, & des Societez dans la
" ville, comme nous le faisons aux petites villes & aux gros
" bourgs, ie ferois mon possible pour m'y trouuer, mais i'y fe-
" rois plus de mal que de bien.

Estant venu à Amiens, où i'estois, il y a répandu vne si bonne odeur de sa vertu & de sa sainteté, qu'elle a embaumé toute la ville. En moins de quinze iours il y a fait tant de choses, & si grandes, en la visite des Hospitaux, des Prisons & des Pauures honteux, & en toute autre sorte d'actions de pieté, qu'elles sont admirables; Il a dressé & établi, en deux voyages qu'il y a faits, tant par son exemple que par sa conuersation & par ses auis, quantité de notables bourgeois en ces exercices de charité, qui les ont embrassés auec courage, & les ont du depuis continués inuiolablement auec beaucoup de fruit.

Il auoit dessein & grand desir de porter l'esprit du Christianisme dans toutes les familles, & de faire que tous dans leurs conditions seruissent Dieu de bonne sorte, & s'appliquassent serieusement au soin de leur conscience; il eut voulu pouuoir instruire de leur deuoir les peres, les meres & les enfans, les maistres & les maistresses, les seruiteurs & les seruantes; visant mesme en cela à leur bien mutuel, parce qu'on a toûjours suiet de se défier d'vne persone, soit homme soit femme, quand elle ne craint point Dieu, dautant que venant à offencer son Seigneur souuerain & luy faûser la foy, elle donne lieu de croire, qu'où elle verra son interet, vn attrait d'honneur, de plaisir ou de profit, elle pourra bien en faire autant à celuy qui n'est que son valet ; ainsi & pour la gloire de Dieu, & pour le salut de chacun, & pour le bien commun de tous il souhaitoit que tous fussent vertueux, & le procuroit par tous les moyens possibles.

Il dressa quelques reglemens pour les Gentil-hommes & les persones de qualité, comme aussi pour les Dames & les Damoiselles, sçachant que comme ces persones sont releuées par dessus les autres, on les voit aussi de plus loin, & que leur exemple fait plus d'impression pour le bien ou pour le mal, que celuy des persones du commun. I'ay ces memoires écrits de sa main & composez de son style, qui meritent d'estre icy rapportez pour montrer son zele, & pour seruir à l'vtilité publique. Les voicy :

Quelques articles pour faire resouuenir vne persone de qua-
lité de l'obligation qu'elle a dans sa famille, dans ses
terres, & sur ses suiets.

LA premiere & la plus importante obligation pour la conduite de la famille est le bon exemple, sans lequel la benediction de Dieu n'y sçauroit estre. Que donc toute la maison & la famille, depuis les plus grands iusques aux moindres domestiques, donnent exemple de modestie, soit en l'Eglise, soit dans les offices & les deuoirs particuliers d'vn chacun, soit dans les commissions, & les conuersations du dehors ; de sorte que l'on connoisse par l'harmonie du dehors, que Dieu est le premier mobile du mouuement du dedans, & que l'on n'y souffre rien de reprehensible.

Pour les Officiers.

§ 1. Il faut s'informer si les Officiers en détail, comme les

Iuges, les Procureurs Fiscaux, les Greffiers, les Sergens & autres, se gouuernent bien en leurs charges; & prendre vne persone capable & de confiance pour en connoître, & pour donner ouuerture aux remedes.

2. Il faut examiner auec prudence & sans éclat, si les peuples ne se plaignent point auec raison de quelques iniustices & de quelques concussions.

3. S'ils font garder la police suiuant les ordonnances.

4. Si on va au tauernes durant l'Office diuin les iours de Festes & de Dimanches.

5. Si on ne transgresse point les Festes trauaillant & chariant hors de la veritable necessité.

6. Si on reprime & punit les crimes publics, les blasphemateurs, les vsuriers; si on tient la main contre les yurongnes, les fornicateurs, & les chicaneurs qui oppriment les pauures; & si on bannit les filles qui seruent de pierres d'achoppement & font commettre tant de maux.

7. S'il n'y a point de ces Libertins, qui se moquent de la Religion & des Prestres, & qui mangent de la chair en tout temps.

8. Il est bon, s'il se rencontre quelque notable vicieux, de commencer par luy, si on peut, à faire paroître que l'on ne fait point de quartier au vice, ce qui apprendra à tout le monde auec quelle fermeté on agit, & on retiendra les Libertins. Il faut zele & fermeté, & quelquefois aussi clemence pour ceux qui promettent changement auec apparence de touche de cœur.

9. Vn haut Iusticier peut de son autorité, entendant vn blasphemateur, ou le sçachant, & qui que ce soit qui se trouuera souillé d'vn autre vice notable, l'enuoier sur le champ pour vingt-quatre heures en prison auec vn morceau de pain & de l'eau sans autre forme de proces, ni sans estre obligé de luy en rendre raison, & l'auertir, que s'il continuë, on luy fera faire son procez.

10. Il y a de certaines persones qui craignent plus la perte du bien que la peine du corps; il est bon à ceux-là pour le châtiment de leurs fautes, de les condamner sans remission à des amendes.

11. Comme auſſi à tous les notables vicieux, lors qu'ils ſe rencontrent enueloppez auec les autres en quelque affaire, ou pour la taille, de ne les point proteger, & dire nettement & hautement que c'eſt à cauſe de leur mauuaiſe vie qu'on leur en veut & qu'on leur ſera touiours à dos : Mais au contraire témoigner eſtime des gens de bien & des ſimples qui craignent Dieu, & leur faire en cette conſideration quelque faueur publique, & ſe rendre leur protecteur.

12. Les offices ſe doiuent donner *gratis*, afin de pouuoir choiſir des perſones propres pour exercer la Iuſtice, & auoir droit de les y obliger.

13. Il faut donner exemple, ne receuant point de preſent de ſes ſuiets pour l'exemption des gens de guerre, ni de ceux qui ont des affaires deuant vous, ni des pauures, mais montrer que vous eſtes deſintereſſé, genereux & incorruptible; ce qui vous donnera plus d'autorité & plus de pouuoir pour vous faire rendre du reſpect, & tenir en bride tant les Officiers que la Nobleſſe qui releue de vous.

Pour la Chaſſe.

1. On doit recommander aux Gentils-hommes voiſins qui demandent la permiſſion de chaſſer, de ne prendre que les ſaiſons, auſquelles on ne gaſte point les bleds.

2. Que l'on ne prenne point la coûtume de faire nourrir des chiens aux payſans.

3. Que les garennes, qui ne ſont point d'ancienneté, n'incommodent point les voiſins.

Pour la Taille.

1. Il faut prendre garde que les puiſſans n'oppriment pas les foibles.

2. Que l'on ne faſſe point de courſes inutiles de Sergens, leſquelles coûtent beaucoup, & ne déchargent pas le peuple.

3. Il ne faut pas donner ses Fermes à plus haut prix, à cause que l'on empéche par autorité que ses Fermiers ne payent point la Taille; ils peuuent bien estre considerez, à cause de la protection iournaliere du Seigneur qui est vtile à tout le peuple, mais l'excés va à l'iniustice.

4. Il faut recommander & tenir la main que l'on fasse l'imposition des Tailles dans la iustice distributiue & selon que chacun la peut porter. Ceux qui l'assoient, prennent en quelques lieux de l'argent des pauures gens pour les mettre en non-valleur & en rejet, ausquels, pour couper pied à ce mal, il faudra dire qu'ils imposent si bien & si iustement la Taille, que s'il y a des non-valleurs, elles tomberont sur eux.

Pour les Eglises.

1. Il sera bon d'aller visiter Messieurs les Curez pour apprendre au peuple le cas qu'on fait d'eux, & en suite celuy qu'il en doit faire, & sçauoir d'eux s'il n'y a point d'abus, où l'authorité temporelle doit interuenir. L'article des Officiers en contient plusieurs: de plus quelle reuerence ou irreuerence on apporte dans l'Eglise. Si le peuple entend le Prône, s'il est soigneux d'enuoier la Ieunesse au Catechisme, & s'il y vient luy mesme, à quoy vous aussi & vos domestiques assisterez.

2. S'il y a du reuenu au thresor ou à l'œuure de la paroisse. Si les Marguilliers rendent bien leurs comptes & vuident leurs mains au profit de l'Eglise tous les ans. Si l'on n'emploie point le bien de l'Eglise pour la Taille, ou pour les affaires publiques; & si cela est, il en faut non seulement arrester le cours, mais en auertir l'Euesque, car les Thresoriers, qui sont responsables de cét argent, n'ont pû consentir à cette distraction.

3. Il faut faire renoir les comptes du passé, & du reuenant-bon faire acheter ce qui est plus necessaire à l'Eglise; voir si les vases sacrez sont d'argent; s'il y a vn Tabernacle honeste & decent, & les Ornemens requis.

4. Il

4. Il faut s'enquester de Monsieur le Curé, quels sont les plus pauures de la paroisse, en prendre les noms & les faire assister par preference aux autres.

5. Ie ne voudrois iamais marcher deuant les Prestres, particulierement en la presence du peuple.

Voila à mon auis le plus gros de ce à quoy l'on est obligé: du surplus vne Mission est excellente pour donner l'esprit Chrestien au peuple, en laquelle chacun apprendra son deuoir & les moiens de s'en bien aquiter. Ces Gentils-hommes se peuuent allier pour se voir vne fois le mois, conferer de leurs obligations & s'animer à en faire les œuures: on peut aussi lier dans les villes de petites Societez de persones de pieté pour veiller aux abus, oster les occasions de peché, & consoler les pauures honteux.

Il y aura encore moien d'établir parmy les femmes des Confrairies de charité pour l'instruction, pour la consolation & le secours temporel des pauures malades ; & par dessus tout vne compagnie de quelques bons Ecclesiastiques, qui pourront s'assembler vne fois le mois pour penser aux moiens de bien faire les fonctions de leur état, d'où depend tout le bien des peuples. Voila le memoire qui contient les instructions pour les hommes, voicy celuy des femmes.

Quelques Reglemens pour les Dames & les Damoiselles.

1. L'ordinaire de Dieu est de faire surabonder la grace où le peché a abondé. La premiere femme a mis la mort au monde, & la saincte Vierge fait chanter à l'Eglise, que ç'a esté vne faute heureuse, puis qu'elle nous donne l'alliance de son Fils, & son Fils celle de la Diuinité. Mais ce n'est pas tout, si la premiere femme est la cause de tous les maux qui sont au monde il semble aussi que Dieu veut se seruir des femmes pour en faire la reparation, ayant disposé par sa sagesse que ce sont elles qui ont l'education des Enfans, & pour l'ordinaire le soin de leurs familles, les hommes comme plus robustes s'appliquans aux affaires du dehors, où les femmes sont sedentaires pour celles du dedans, tellement

Q

qu'elles voient tout , qu'elles connoissent tout & condui-
sent tout: d'où vient que comme tous les Ordres , soit de
l'Eglise , soit de la Noblesse, soit des Magistrats & des Peuples s'éleuent des familles qui en sont les pepinieres, on peut
dire que Dieu a commis aux femmes le soin de la plus grande consequence qui peut estre , à sçauoir , de luy éleuer &
nourrir des ames dans l'esprit de leur Baptesme , les dispo-
sans comme des miroirs sans tache à receuoir les impressions
de sa volonté & la vocation de l'état, où il les appelle pour
sa gloire & pour leur salut. Il est donc tres-important qu'elles fassent reflexion que le plus grand bien & le plus grand
mal, qui est parmi les hommes, dépend en partie d'elles , &
que Dieu leur en demandera compte.

2. Pour cela qu'elles prennent grand soin de l'instruction
des Enfans dés leur plus tendre ieunesse, reprimant par vertu & par douceur ce que la nature montre en eux de reprehensible, & se souuenant que la plus part des vices viennent
de ce que l'on estime petit, & mesme plaisant tout ce qu'on
voit faire aux enfans , qui se trouuans en vn âge plus auancé
& en la chaleur de leur sang immortifiez & indomtez, sont
apres incapables de correction.

3. Qu'elles veillent aussi sur l'instruction de leurs domestiques fermant la porte de la maison aux blasphemes, à l'impureté , aux ieux insolens, & aux autres vices.

4. Qu'elles empechent que les valets ne frequentent les
tauernes , & n'excedent le peuple.

5. Qu'elles ayent soin qu'ils soient charitablement trai-
tez en leurs maladies, & qu'elles mesmes les visitent comme
estans nos freres & seruiteurs auec nous de Dieu nostre pere
& nostre Seigneur commun , & qu'en tout temps on les
pouruoie de ce qui est necessaire pour leur oster toute occasion de larcin & de murmure.

6. Qu'elles tâchent d'introduire chez elles & en leur
voisinage par tout où elles pourront, mesme parmi le peuple,
que l'on fasse les prieres en commun au soir ; & si les maistres
ne peuuent s'y trouuer , qu'elles fassent assembler les domestiques & prient auec eux.

7. Qu'elles soient continuellement occupées pendant le iour afin de rendre leur vie vtile, & empecher en elles & en leurs domestiques l'oisiueté, pensans à cette parole de l'Apostre, que celuy qui ne trauaille point, ne mange point. Cette pratique prise auec discretion remedie à plusieurs inconueniens, & détourne beaucoup de maux.

8. Qu'elles visitent parfois les pauures familles pour les consoler & les encourager à bien viure.

9. Qu'elles aient soin de faire raccommoder les ornemens & le linge de leurs Eglises, qui faute d'vn peu d'affection deshonorent nostre foy vers les Saints mysteres, & coûtent apres beaucoup plus à l'Eglise.

10. Qu'elles fassent grand cas des Prestres, ne regardant plus en eux leur naissance têporelle, mais la dignité où Iesvs-Christ les a éleuez, & qu'elles traitent auec eux dans cette veuë, à quoy elles sont obligées tant pour faire penser aux Prestres à ce qu'ils sont, que pour apprendre aux peuples par leur exemple ce qu'ils leur doiuent.

11. Qu'elles reçoiuent les visites en esprit d'hospitalité auec grande charité, & auec toute l'honesteté Chrestienne, & qu'elles se gardent d'en perdre le fruit les receuant par coûtume, ou dans les sentimens du monde, & qu'elles euitent les superfluitez paiennes.

12. Qu'elles ne souffrent point dans leurs maisons des tableaux qui montrent des nuditez deshonnestes, & beaucoup moins qu'elles n'en fassent point paroître en leurs persones: qu'elles détruisent le plus adretement qu'elles pourront les afseteries & les curiositez vaines, qui marquent l'impenitence du cœur & ne peuuent produire autre effet, que de nourir les ames dans leur corruption & les détourner de Dieu.

Voila les auis salutaires qu'il donnoit aux Dames pour la bonne conduite de leurs familles.

Il roula longtemps dans son esprit la pensée de reformer tous les mestiers, d'en oster les abus, qui à la longue s'y sont coulez & de les sanctifier, & il souhaitoit qu'en tous il y eue des gens qui vécussent comme les premiers Chrestiens, en sorte que tout le gain de leur trauail fut commun , & apres auoir pris pour eux le necessaire, le reste allât aux pauures. Dieu a accompli son souhait ayant mesme trouué quelques Artisans qui en auoient l'inspiration & estoient dans le mesme dessein, tellement qu'il y a maintenant à Paris deux communautez de ces mestiers, l'vne de Tailleurs, & l'autre de Cordonniers , & de ceux cy en deux quartiers de la ville , & encore à Tolose, où ils viuent & font tout en commun : ils se leuent , ils se couchent, ils mangent, ils trauaillent ensemble; le matin & le soir ils font coniointement leurs prieres, & au commencement de chaque heure ils pratiquent quelque exercice de pieté, tantost de chanter des Hymnes, tantost de reciter le Chapelet, puis de lire quelque Liure de deuotion, apres de s'entretenir des matieres du Catechisme : Ils s'appellent freres & viuent en grande vnion & concorde. Monsieur de Renty a plus qu'aucun autre contribué à leur établissement temporel , & pour le spirituel il a dressé de concert auec d'autres persones de pieté les reglemens qu'ils obseruent & a esté leur premier Superieur. Dans cette fonction il auoit vn tres-grand soin d'eux & les visitoit souuent, & s'il les trouuoit à genoux en quelqu'vn de leurs exercices spirituels, il se mettoit à genoux ne voulant pas permettre qu'ils se leuassent pour le salüer , ou qu'ils interrompissent tant soit peu leur action pour luy, se tenant auec eux comme vn d'entre eux.

Outre ces Artisans viuans en communauté , il y en auoit vn grand nombre d'autres & de toutes sortes de mestier, qui le venoient trouuer chez luy pour auoir conseil, instruction, & assistance en tout, lesquels il receuoit auec grande charité & leur parloit auec vne affection cordiale , répondant à leurs demandes, les éclaircissant dans leurs doutes, & leur enseignant ce qu'ils deuoient & faire & fuïr dans leur vacation pour s'y sauuer.

SECTION SIXIEME.

Continuation du mesme sujet.

LE zele de Monsieur de Renty le portoit a toutes sortes de persones. Il auoit vne inclination particuliere pour retenir les pauures filles qui estoient sur le panchant de tomber dans le mal, ou pour les releuer si elles y estoient tombées. Il seroit impossible de raconter toutes les actions qu'il a faites de cette nature, & le nombre de ces filles qu'il a placées par ses soins, & mesme y contribuant de son bien, les vnes aux Filles Penitentes, les autres à la Magdelaine, & d'autres chez des Damoiselles de vertu, lesquelles s'emploient à cette espece de charité, qui est d'autant plus grande & plus importante, qu'elle ne sauue pas seulement vne pauure fille, qui est en peril de faire naufrage de son honneur & de son salut, ou qui effectiuement dé-ja l a fait & se damne, mais qui empéche encore la damnation de plusieurs hommes, & vn grand nombre de pechez & mille desordres.

I'ay dit en la Section seconde ce que son zele luy faisoit faire au grand-Hostel-Dieu pour l'instruction des pauures, voicy l'exercice qu'il luy donna dans l'Hospital S. Geruais. Comme il passoit vn iour de l'année mil six cens quarante-vn par deuant cet Hospital, il demanda à quoy il seruoit, & quelles œuures de charité on y pratiquoit, on luy répondit qu'on y retiroit & couchoit les pauures passans. considerant cette institution il l'approuua beaucoup, mais voyant que les pauures, qui s'y rangeoient tous les soirs en grand nombre, manquoient d'instruction, il se sentit poussé de Dieu de la leur donner, & pour cela peu de iours apres il vint demander auec grande humilité & beaucoup de soûmission à la Superieure du lieu, la permission de leur venir faire le Catechisme le soir quand ils seroient tous assemblés, ce qu'elle luy accorda fort volontiers sans le connoître autrement, parce qu'il n'auoit pas dit son nom, & mesme le céla l'espace de

six mois. Auec ce pouuoir il entreprit cet employ , qu'il tenoit fort cher, parce qu'il y a tous les foirs de nouueaux paffans, & vint catechifer & inftruire ces pauures gens, & il y
venoit fouuent tout feul & à pied, en Efté & en Hyuer, par
la pluie & par la neige, fans flambeau encore qu'il fit fort
noir; à la fin du Catechifme il les faifoit mettre à genoux
auec luy pour faire l'Examen de leur confcience, enfuite les
Prieres, & apres il chantoit auec eux les Commandemens
de Dieu, & puis leur donnoit l'aumône, ce qu'il a continué
plufieurs années, iufques à ce que quelques bons Ecclefiaftiques émus de fon exemple ont pris ce foin, qui fe continuë
auec grand fruit.

Monfieur de Renty auoit des charités & des tendreffes
accompagnées d'humilité pour ces pauures qu'il n'auoit iamais veus, qui malaifement fe pourroient dire; s'il en rencontroit quelqu'vn à la porte de l'Hofpital il le falüoit ref-
pectueufement & le faifoit paffer le premier; il leur parloit
auec grande reuerence & tefte nuë, s'ils fe mettoient à genoux deuant luy, il s'y mettoit deuant eux, & s'y tenoit iufques à ce que les pauures fe fuffent leuez. Vn d'entre-eux
l'ayant attentiuement confideré & recōnu pour le Seigneur
du lieu d'où il eftoit, fut extrememement touché de le voir
dans cet employ & s'alla auffi-toft ietter à fes pieds, Monfieur de Renty luy fit le mefme, & furent long temps tous
deux en cette pofture, ne voulant point fe releuer auant le
pauure; il leur témoignoit vne ouuerture de cœur & les em-
braffoit fouuent auec grand amour.

Toutes ces actions en vne perfone de cette naiffance &
produites auec vn efprit de Dieu fi pur opererent de tres-
grands effets; Premierement en ces pauures paffans , qui
étonnez d'vne fi ardente charité, & d'vne humilité fi profonde en eftoient merueilleufement émûs & attendris, on
leur voioit couler des yeux les groffes larmes de deuotion &
ils fe iettoient à fes pieds auec beaucoup de repentance de
leurs pechez & auec deffein de changer fa vie, dont ils luy
demandoient & confeil & affiftance, pour commencement
dequoy plufieurs fe confeffoient & fe communioient le len-

demain. Secondement, aux Religieuses qui ont soin de cet Hospital, lesquelles prirent feu à la flamme d'vn exemple si illustre & si touchant pour se resoûdre d'aller elles mesmes, & tous les iours, seruir les pauures, leur faire dire les Prieres & reciter les Commandemens de Dieu. Ce qu'elles n'auoient iamais fait, non plus que beaucoup d'autres choses qui regardoient leur propre perfection & le reglement interieur de leur maison, qu'il leur a inspirées & qu'elles pratiquent à present auec beaucoup de vertu, leur ayant mesme dit & plus d'vne fois, qu'il esperoit qu'auec le temps Dieu y seroit grandement serui & glorifié. De sorte qu'on peut asseurer qu'il a grandement contribué à tout le bien qui s'y fait tant au dedans comme au dehors, si que ie ne doute pas qu'il n'en reçoiue maintenant au Ciel vne grande recompense.

Voyons d'autres effets de son zele. Estant allé accompagné d'vn de ses amis visiter le saint lieu de Montmartre, auquel il auoit grande deuotion, au sortir de l'Eglise sur le Midy, il se retira au lieu le plus écarté de la montagne, pres d'vne petite Fontaine qu'on dit auoir serui autrefois à sainct Denys, où il se mit en oraison à genoux & y passa quelque temps, puis il prit vn morceau de pain & bût de l'eau de la Fontaine, qui fut tout son disner, & apres auoir rendu graces à Dieu, il se remit à genoux & ouurit son nouueau Testament qu'il portoit toujours sur soy, & qu'il ne lisoit que teste nuë & auec des respets extraordinaires. Dans cette coniõcture voila qu'vn pauure homme tenant son Chapelet en la main & le recitant arriue qui s'approche de luy ; Monsieur de Renty se leue pour le salüer, & en suite luy parle de Dieu, mais auec tant de force, que ce bon homme frappant sa poitrine se iette par terre pour adorer Dieu, faisant paroître de si grands sentimens de l'impression qu'il auoit receuë, & produisant ses affections auec tant d'ardeur, qu'en se retirant il laissa Monsieur de Renty & son amy fort étonnés. Incontinent apres vint vne pauure fille pour puiser de l'eau dans la Fontaine, à laquelle il demanda de quelle condition elle estoit, qui luy répondit qu'elle estoit seruante ; mais sçauez

vous bien, luy repliqua t'il, que vous estes Chrestienne, &
pourquoy Dieu vous a creée? & puis l'instruisit & luy dit si
à propos ce qui luy estoit necessaire, que cette fille apres luy
auoir auoüé son ignorance, luy declare ingenûment que
iusques alors elle n'auoit point pensé à son salut, mais qu'elle
alloit y penser à bon escient & en prendre vn grand soin, &
luy promit de se confesser.

Mais voicy des actions d'vn zele fort soigneux. Retournant de Dijon au premier voyage qu'il y fit, deux persones
de condition & de pieté voulurent l'accompagner iusques
à quelques quatre lieuës, pendant le chemin il s'arresta trois
ou quatre fois pour catechiser de pauures passans, & vne
fois il s'éloigna du chemin pour en faire autant à des Labou-
reurs & leur apprendre le moien de sanctifier leur trauail.

Vne fille à Paris ayant esté tres-mal traitée & outragée
auec des excés horribles par vn sien oncle, tomba dans vn
tel desordre d'esprit & vn si grand desespoir, que toute fu-
rieuse elle s'en prenoit à nostre Seigneur, comme s'il eut esté
la cause de son mal-heur & l'ût abandonnée à la rage de son
oncle sans la secourir; dans cette haine de nostre Seigneur &
auec cette conscience criminelle elle communioit plusieurs
fois le iour, & en diuerses Eglises, pour n'estre pas reconnuë,
à dessein d'offencer nostre Seigneur, de luy faire du dépit,
de l'irriter & d'attirer sa cholere sur elle, afin qu'il acheuât
de la perdre, comme il auoit commencé, la laissant tomber
dans l'abysme des miseres où elle se voyoit, & la precipitant
dans les Enfers pour iamais. Monsieur de Renty en fut auerti, qui considerant & l'offence de nostre Seigneur & le mal
de cette pauure creature, transporté de son zele ne perd
point de temps, mais se met aussi tost à la chercher, & la
cherche si bien, qu'apres huit iours de recherches & de
poursuites en diuerses Eglises, il la trouue qui communioit,
il prend des témoins & la fait mettre dans les petites maisons, où il a eu soin d'elle & pour l'ame & pour le corps, en
sorte qu'elle s'est reconnuë & tres-bien conuertie auec de
grandes marques de repentance de ses crimes.

Mais son zele ne s'appliquoit pas seulement à ceux qui
estoient

estoient prés de luy, il se portoit encore aux absens , & bien éloignez, auec qui de plus il n'auoit autre liaison , que celle qui luy donnoit l'alliance en IESVS-CHRIST & sa charité. Ainsi en ce bruit qui courut il y a quelques années , que le grand Turc auoit resolu de faire la guerre aux Cheualiers de S. Iean de Hierusalem, appellez maintenant les Cheualiers de Malthe, & alloit fondre auec sa puissante armée sur leur Isle, s'interessant en leur danger il en écriuit par deux fois à la bonne sœur Marguerite du S. Sacrement Carmelite de Beaulne pour les recommander à ses prieres, qu'il croyoit auoir beaucoup de pouuoir aupres de Dieu. Voicy ce qu'il luy manda en la premiere lettre. Ie vous recommande & à „ la saincte famille l'Ordre des Cheualiers de S. Iean de Hie- „ rusalem ; car l'Ordre est en grand besoin presentement & „ toute la Chrestienté , & iene sçay ce que les ennemis de la „ Foy, qui sont bien puissans, veulent faire. Le petit IESVS, „ qui est tout amour & force , sçaura bien en tirer sa gloire, „ vous luy recommanderez s'il vous plaist. En la seconde il luy „ dit: Ie supplie la puissance du sainct Enfant IESVS de pro- „ teger les siens dans les croix & de les purifier en leur faisant „ faire son œuure, c'est-ce que ie demande pour nos Freres de „ l'Ordre de S. Iean de Hierusalem, „

SECTION SEPTIEME.

Quelques autres qualitez de son zele.

COMME il y a dans le dessein de procurer le salut du prochain beaucoup de choses à faire & beaucoup à souffrir, il faut necessairement que le zele de celuy , qui s'y emploie, soit & courageux & patient. Celuy de Monsieur de Renty a eu ces deux qualitez par excellence : car premiere-ment il estoit plein de courage, resolu & laborieux , faisant des affaires comme s'il eut eu trois corps , & plus en vne de-mie-heure que d'autres n'en eussent fait en plusieurs iours, parce qu'il estoit fort pour prendre toutes les fatigues neces-

R

faires, & de plus il eſtoit expeditif & deciſif.

Vne Dame de grande qualité l'aiant conſtitué executeur
de ſon teſtament par lequel elle faiſoit pluſieurs legs pieux,
on luy donna auis que les parens, perſones puiſſantes, n'en
eſtoient pas trop contens, Mais il répondit auec vne gene-
« roſité vraiement chreſtienne; Ie n'ay ni porté ni ſollicité
« cette Dame de faire aucun leg pieux, mais puis qu'elle a eu
« cette deuotion, ie n'y épargneray point mes peines, i'auray
« ſoin que ſon teſtament ſoit executé, & ſi de plus ie ne crains
« rien; s'il faut ſolliciter les Iuges, ie les ſolliciteray, afin que
« les pauures & ceux, au profit deſquels elle a legué, ſoient
« ſecourus, & elle meſme dans ſon état de ſouffrance, ſi elle y
« eſt encore detenuë.

Son zele eſtoit entreprenant & hardy ſans rien redouter, où
il s'agiſſoit de la gloire de Dieu & du ſalut du prochain.
Rencontrant vn iour des hommes qui ſe querelloient & en
eſtoient venus aux épées & ſe battoient à s'entretuër, il ſe
ietta au milieu d'eux & ſaiſit les plus tranſportez, qui d'a-
bord ſe mirent en état de le mal-traiter, mais voians ſa reſolution à les ſeparer & à faire & à ſouffrir tout plûtôt que de
les voir ſe couper la gorge, ils s'appaiſerent & écouterent ce
qu'il leur dit, & les accommoda ſur la place.

Aiant trouué vn homme, que les heretiques auoient ſu-
borné & gagné pour aller à Charenton, & qui y eſtoit ſi determiné, qu'il vouloit meſme y mener ſa femme par force
quelque reſiſtance qu'elle y fit, il luy parla pour le deſabu-
ſer & pour empécher la violence dont il vſoit enuers ſa femme, qui entra en indignation contre luy ne voulant point
l'écouter, & luy dit de groſſes iniures: Mais ce S. homme,
apres luy auoir laiſſé ietter ſon feu & décharger ſa cholere,
le ramena auec ſa douceur ordinaire à vn état plus tranquille, luy fit connoître ſon aueuglement, & l'erreur, où il ſe
precipitoit; & en pluſieurs fois qu'il le viſita le rétablit &
l'affermit entierement dans la Religion Catholique, &
apres fut trouuer l'heretique qui l'auoit ſeduit, & le menaça
de la Iuſtice, s'il continuoit ſes menées à l'égard de pluſieurs
autres, qu'il auoit taſché de peruertir. Ainſi auec ſon zele

courageux il rompit tous les mauuais desseins de cet heretique , & assûra cette famille qui s'alloit perdre.

En second lieu son zele estoit accompagné d'vne grande
patience ; qui aussi est tres-necessaire à qui veut se rendre
capable d'agir vtilement auec les hommes & de les aider
pour leur salut ; parce qu'il faut pour leur gagner le cœur,
qui est la premiere chose qu'il doit aquerir afin d'auoir entrée & creance dans leurs esprits, qu'il s'accommode & s'a-
iuste à leurs inclinations & à leurs humeurs, qui encore souuent sont difficiles, fâcheuses & choquantes , & ainsi qu'il
ne suiue pas les siennes, qu'il domte ses passions, qu'il re-
nonce à ses volontez, qu'il entre d'vne certaine façon dans
leurs dispositions & se change & se metamorphose en eux ,
comme S. Paul dit de soy ; de plus il doit souuent patienter
beaucoup & long-temps pour ce qui est de leur conuersion
& de leur auancement en la vertu, & attendre sans s'abatre
& se décourager , quoy qu'ils voye qu'auec tous ses trauaux ils gagne peu , les temps & les momens qu'ils soient
touchez & qu'ils profitent : ce qui ne peut estre sans se faire
beaucoup de force , sans beaucoup souffrir & se mortifier
grandement. D'où vient que c'est à luy proprement que nostre Seigneur adresse ces paroles : si le grain de froment tom-
bant en terre ne meurt, il demeure seul sans rien produire ,
mais s'il vient à mourir, il porte beaucoup de fruit.

Il faut donc pour fructifier beaucoup parmy les hommes,
mourir à soy-mesme & auoir vn zele tres-patient , comme
estoit sans doute celuy de Monsieur de Renty ; qui suppor-
toit auec vne patience & vne douceur admirable tous les
trauaux de l'esprit & du corps attachez à ces emplois de charité, qui enduroit sans se fâcher, & mesme sans s'émouuoir,
les importunitez, les plaintes, les choleres, les rebuts, les
mépris, & les iniures des pauures gens , qui souuent les accompagnent. Il fut vn iour voir vn homme, qui par ialousie
& par mauuais soupçon qu'il auoit conçû contre sa femme,
l'auoit cruellement traitée iusques à luy donner vn coup de
couteau, qui le reçût tres-mal comme il luy remontroit sa
faute, & leua mesme la main pour le fraper vomissant quan-

rité d'iniures contre luy , & le voulant faire fortir auec violence. Monfieur de Renty fouffrit tout cela fans dire mot, &
apres s'approche & l'embrafle, & luy parle auec des termes
fi adoucis & fi touchans, qu'il l'appaifa & le difpofa en plufieurs fois qu'il le veit, pour fe confeffer: ce qu'il n'auoit fait
depuis douze ans, le remit bien auec fa femme, & depuis il a
vefcu & il eft mort en bon Chreftien.

Vifitant vne autrefois vn pauure vieillard malade il voulut l'entretenir à fon ordinaire des chofes de fon falut , mais
cet homme, que la maladie auec la vieilleffe & la pauureté
rendoit chagrin, au lieu de l'écouter fe mit en cholere contre luy, & dit qu'il en fçauoit plus que luy, & que s'il vouloit
l'entendre il l'inftruiroit luy mefme. Monfieur de Renty répond que tres-volontiers, & en effet il l'entendit parler, &
comme il auoit eu de la patience à l'entendre, il vfa apres de
fageffe pour fe feruir de fes mefmes paroles , quoy que fort
impertinentes & remplies d'ignorance, pour le conuaincre,
pour l'inftruire & le porter au bien; ce qui reüffit fi heureu-
fement que cet homme fe refolut de fe confeffer , & le refte
de fes iours a toûjours eu grand foin de fon falut.

Il faut rapporter à cecy la conduite qu'il tenoit dans les
fautes du prochain, où il exerçoit & la patience & la force ;
la patience pour les fouffrir; la force pour les corriger.

Quelque perfonne Ecclefiaftique & zelée, luy demandant par lettres auis & fecours pour retrancher certains pechez infames qui fe commettoient & qui demeuroient im-
punis , il luy répondit qu'il falloit auoir recours à Dieu &
vfer de la priere pour obtenir de fa bonté à cés pecheurs la
« lumiere & la force de fe corriger, & puis il adioûte : Il eft
« tres-difficile d'empécher ces maux; noftre Seigneur n'a pas
« ofté tout le mal de deffus la terre comme il y viuoit, nous fe-
« rons auffi contraints d'y en laiffer beaucoup, & Dieu le per-
« met quelquefois autant pour exercer & purifier les bons,
« comme pour punir les méchans.

La mefme perfone l'auertiffant de deux chofes; la premiere, de quelques défauts qui luy fembloient de confe-
quence en vn Preftre qui fe méloit d'aider les ames ; & l'au-

tre, de ce qu'vn Chanoine auoit dóné vn soufflet à vn Prestre
Missionaire qui l'auoit iustement repris. Il luy récriuit cecy:
Ie vous remercie tres-humblement de la peine que vous pre- „
nez pour m'informer de ce qui s'est passé d'important tou- „
chant les Missionaires. Vous estes tous seruiteurs de Dieu, qui „
sçauez reuerer les graces les vns des autres , & qui connois- „
sez que S. Pierre, quoy qu'Apostre & plein de graces , s'est „
trouué reprehensible, comme nous apprend S. Paul. Il faut „
excuser les defauts de son prochain & mettre tout sous le „
pied : l'œuure de Dieu, qui s'opere dans les cœurs, prend son „
témoignage de l'aneantissement veritable, que l'on connoit „
par la patience & par la charité des Saints , laquelle paroît „
aux effets exterieurs ; demandez en l'accroissement pour „
ceux qui en ont besoin. C'est vn grand scandale de voir vn „
Prestre battre vn Prestre; mais les Prestres ont fait mourir „
Iesvs-Christ, & il y en a beaucoup encore auiourd'huy „
qui tiennent plus de la Loy ancienne que de la nouuelle, qui „
n'est qu'alliance & vnion de charité en Iesvs-Christ. „

Ainsi il auoit patience pour souffrir les fautes du prochain,
il les amoindrissoit auec quelque parole d'adoucissement, il
les excusoit, & sa charité les luy faisoit couurir autant qu'il
luy estoit possible. Quelqu'vn luy ayant dit qu'il auoit fait
vne fourbe contre luy, en chose toutefois petite qui concer-
noit son procez de Dijon, il cacha adrétement ce defaut &
par vn détour d'humilité, il dit: ha ! c'est moy qui suis vn „
faiseur de fourbes, c'est moy qui fais des fourbes à mon Dieu; „
puis changea de discours. Il regardoit en cecy l'exemple de „
Dieu & de son Fils nostre Seigneur, qui haïssant infiniment
le peché, & nostre Seigneur estant mesme mort pour le détruire, en souffrent toutefois vne multitude innombrable &
de tres-enormes auec tant de patience & tant de dissimu-
lation.

Mais si Monsieur de Renty auoit de la patience pour les
fautes, c'estoit neanmoins toûjours dans le dessein de les
corriger autant qu'il pouuoit ; à quoy il s'emploioit auec
force & auec grande prudence.

Quand il vouloit reprendre quelqu'vn, il s'acusoit ordi-

nairement le premier pour difpofer fon efprit par cette humilité & par cette reffemblance de foibleffe à tomber, à bien
receuoir ce qu'il auoit à luy dire : ou bien apres il le prioit
qu'il luy rendit la pareille ; ce qu'il faifoit auec tant de grace, qu'il y en a à qui cela fait encore du bien , & qui en con-
feruent vn perpetuel fouuenir. Vne fois ayant deffein d'a-
uertir quelqu'vn, il fe mit à difcourir de l'vnion des efprits &
de l'ouuerture des cœurs, qu'il falloit auoir les vns enuers les
autres pour fe dire leurs veritez ; qu'à moins de cela on ne les
connoiffoit pas, & qu'ainfi on blanchiffoit dans fes vices &
on les portoit au tombeau ; que pour ce fujet on l'obligeoit
extremement de luy faire cette charité. L'autre fentant fon
efprit s'ouurir par ces paroles, le fupplie de luy dire s'il voioit
quelque chofe en luy qu'il dût fçauoir, ce qu'il fit.

Il parloit à vn pecheur fermement & auec des paroles
capables de le terraffer, où il le voyoit neceffaire ; & fçauoit
bien diftinguer quand il falloit fouffrir , & quand il falloit
refifter. Il dit vn iour à vn de fes amis luy parlant d'vn certain homme, gardez vous bien de vous humilier deuant cet
homme là, l'abaiffement luy nuiroit & à la caufe de Dieu,
parlez luy fortement. Il mettoit vne grande difference entre la patience que doit auoir vn Chreftien pour fon particulier, & la force dont il doit vfer pour les affaires de Dieu &
le bien du prochain, & pour foûtenir dignement fon autorité.

SECTION HVITIEME.

Deux autres qualitez de fon zele.

CEs deux qualitez font la Franchife & la Prudence. Il
eft vray que fon humilité, comme nous l'auons dé-ja
remarqué autre-part, nous a dérobé la connoiffance de beaucoup de chofes tres-vtiles qu'il a executées, & luy a fait cacher quantité de fes fentimens interieurs & de fes actions
exterieures. Son zele pourtant luy en a arraché plufieurs &

les luy a fait declarer auec vne charité sincere & vne sainte simplicité, où il a vû qu'il estoit necessaire pour la gloire de Dieu & le salut du prochain, comme le témoignent les memoires que nous auons.

Dans cette necessité & dans cet esprit il parloit parfois directement de soy, par fois en troisiéme persone, comme Saint Paul de ses reuelations, & voicy les belles & bonnes choses qu'il écriuit à ce propos l'an mil six cens quarante à vne Dame de vertu. Vous me permettrez, Madame, de vous declarer vne pensée que i'ay sur la liberté que nous deuõs auoir de communiquer librement les dons, que Dieu nous fait, aux persones à qui cela peut apporter quelque fruit, sans tenir, ce qui vient d'enhaut, étouffé en nous mesmes, parce qu'autrement ce seroit étouffer le second effet que Dieu demande de ses graces, qui est qu'apres nous auoir fait du bien, elles en fassent encore aux autres, voulant que nous les communiquions charitablement & discretement pour les rendre profitables au prochain, & qu'elles soient comme vne semence iettée dans vne bonne terre, qui produit beaucoup de fruits.

Ie voudrois que nous nous considerassions dans le monde comme vn crystal, lequel posé au milieu de cet Vniuers donneroit passage à toutes les lumieres qui luy viendroient d'enhaut, & que par le bon exemple, par l'estime de la vertu, le blâme du vice, les consolations, les conuersations & les autres actions de pieté, nous fissions part des talens, que nous receuons du Ciel, à toutes les creatures sans affectation, sans deguisement & sans aucune chose de propre, mais leur donnant obeissance & passage, tout ainsi que le crystal fait à la lumiere. Dauantage que tous les honneurs & toutes les loüanges, que nous receuons d'en bas, passassent de nous à Dieu sans les arrester en nous mesmes, comme le crystal donneroit passage aux lumieres de plusieurs flambeaux qui seroient sous luy, pour en les purifiant les enuoyer plus brillantes vers le Ciel. Car c'est ainsi que nous deuons rendre à Dieu les honneurs & les loüanges qu'on nous donne, qui seul merite honneur & loüange, & qui a mis en nous ce dequoy on

" nous loüé , non afin que la loüange demeure en nous , mais
" afin que de nous elle passe à luy , & qu'il soit loüé & beny.

"   Deplus il faut remarquer que si on n'oppose rien au crystal
" pour receuoir la lumiere qui passe par luy , elle ne paroit
" point : le Soleil a beau éclater d'vn costé & les flambeaux
" de l'autre , ne mettez rien qui puisse faire reiallir cet éclat,
" il ne sera que dans le crystal; de mesme nous pouuons bien re-
" ceuoir la lumiere celeste & vne abondance de graces, mais si
" nous ne nous approchons de Dieu & du prochain pour don-
" ner à l'vn ce qui est de droit, & à l'autre ce qui est de charité,
" il est vray que nous aurons la lumiere, mais seulement en
" nous mesmes & comme cachée sous le boisseau, où aiant des
" bornes trop étroites elle ne pourra produire son effet, qui est
" de se communiquer, & se trouuera peut estre en danger auec
" le temps d'estre étouffée & éteinte.

"   Considerez encore que quand le Soleil éclaire vn beau
" crystal, il n'y a point de corps qui fasse si bien voir sa lumie-
" re ny qui donne tant d'éclat à ses rayons que luy : de plus
" qu'entre le Soleil & luy on ne voit aucune lumiere ; mais
" lors que le Soleil l'a penetré, c'est vn éclat si net & si vif,
" qu'il ébloüit & qui mesme brûle selon la figure, dont il est
" disposé : pour nous apprendre que ce qui se passe entre Dieu
" & nous, est ouurage de cabinet, qui ne doit point paroître
" qu'apres auoir passé par nous. Ainsi laissons nous penetrer
" aux graces de Dieu , pour apres de l'éclat, qui en sorte,
" éclairer, échauffer & brûler tout ce qui se rencontrera dans
" nostre portée. Imitons ce beau crystal, qui est de matiere
" solide & qui donne seulement penetration à la lumiere ;
" soions comme luy impenetrables à tout, sinon à ce qui vient
" de Dieu & à ce qui retourne à Dieu; & éuitons, ce qui n'est
" que trop ordinaire, de nous laisser aller à nos sens & de con-
" uoiter dereglément les choses de la terre, qui est comme si
" nous iettions de la boüe sur ce crystal, lequel, quoy que beau
" de luy mesme, neanmoins à cause de la saleté qui l'enuiron-
" ne, n'est plus capable de lumiere , & la lumiere ne l'éclaire
" plus autrement que la boüe mesme, tellement que pour le
" remettre en sa capacité de penetration & en sa premiere
splendeur,

splendeur, il le faut bien lauer; ce que nous deuons faire à ,,
nos ames soüillées, les lauant souuent auec les belles eaux de ,,
la penitence. ,,

Ainsi offrons-nous à nostre Seigneur, afin que nous ne ,,
manquions pas dans l'vsage des graces, qu'il nous donne, ny ,,
pour nous ny pour les autres, & que nous n'enseuelissions ,,
point ses talens. Enfin imitons ce crystal qui se laisse seule- ,,
ment penetrer à la lumiere, & puis la distribuë. Leuons le ,,
masque deuant tous les hommes, leur disant hautement par ,,
la bouche de nos actions, comme l'Epouse dans le Canti- ,,
que, Mon bien-aimé est à moy, & moy ie suis à luy, & par ,,
nos exemples & nos soins augmentons le nombre des ames ,,
aimantes leur ouurant & facilitant la voye d'amour. O beni ,,
soit le Dieu d'amour, en qui ie suis, &c. ,,

Cette lettre nous fait voir que quelque dessein qu'eut son
humilité de cacher ses bons sentimens & les graces qu'il receuoit, son zele toutefois les luy faisoit mettre au iour, où il
iugeoit qu'il y alloit de la gloire de Dieu & du bien du prochain : mais pourtant c'estoit toûjours auec grande prudence, car son zele pour estre franc, n'estoit pas inconsideré
pour dire les choses à la moindre apparence de bien, il estoit
tres-circonspect pesant toutes les circonstances du temps, du
lieu, des persones, & de la necessité : c'est pourquoy il donne dans la mesme lettre ce sage auis à cette Dame touchant
l'ordre & la mesure qu'il est necessaire de garder dans cette
communication. Il faut auoir le cœur ouuert aux vns & leur ,,
donner l'exquis, aux autres le temperé venant de loin & ,,
battant à froid, & se tenir serré pour les autres & leur cacher ,,
son secret, ne voyant point de disposition en eux d'en faire ,,
bon vsage. ,,

Vne des qualitez plus necessaires au zele, afin de le rendre
vtile & l'empecher de faire beaucoup de fautes, est qu'il soit
assaisonné de la sagesse & accompagné de prudence pour
bien considerer les choses, & pour les executer en leur meilleure maniere, pour preuoir les maux & aller au deuant,
pour les guerir s'ils sont arriuez, & y apporter des remedes
efficaces, mais qui soient aussi les plus doux & les moins dou-

loureux qui se pourront, & s'il y en a d'incurables, ou de
qui la cure soit pire que le mal mesme, pour les souffrir & les
dissimuler, se souuenant que tout ainsi que nous voyons des
defauts dans les corps qui ne peuuent estre gueris, comme
d'estre borgne, bossu, boiteux, les ames de mesme ont parfois de certains manquemens qui sont comme incorrigibles,
& que Dieu permet souuent pour sauuer & perfectionner
par cette humiliation ceux qui en sont atteints, & ceux qui
traitent auec eux, par leur patience & par leur charité.

Comme Monsieur de Renty estoit par grace & mesme
par nature fort prudent & fort auisé, son zele auoit toutes
ces perfections & se conduisoit en tout auec ces lumieres.
Quelqu'vn luy aiant écrit pour le porter à obtenir des lettres
d'abolition d'vn homicide commis par vn ieune homme,
sur ce que sa mere promettoit, moyenant cette grace, huict
mille liures pour emploier en œuures de pieté & en aumônes.
Dans la premiere réponse qu'il fit il demanda si le criminel
estoit vraiement repentant de sa faute, mais voicy ce qu'il ré-
“ criuit en la seconde. Ie n'ay pas crû deuoir penser à obte-
“ nir ces lettres, parce qu'il sembleroit que sous ombre d'ar-
“ gent on chercheroit l'impunité, & on souïlleroit ses mains
“ du prix du sang épanché. En vn mot encore que d'autres
“ l'entreprennent sans hesiter, & que ie voye des aumônes
“ considerables qui en reuiendroient, neanmoins ie ne peux
“ m'y appliquer. La Prouidence diuine n'oubliera iamais ses
“ saints pauures.

Vn des grands traits de prudence en vn hôme zelé, est de ne
point abbatre son corps de trauaux excessifs, ny surcharger
son esprit d'affaires, qui par leur multitude ou par leur pesanteur étouffent la deuotion, & pour auoir soin du salut
d'autruy ne pas negliger le sien, mais aiuster tout à ses
forces, & apporter vn iuste temperament à l'vn & à l'autre.
Monsieur de Renty écriuit à vn Ecclesiastique pour le premier au sujet de quelque incommodité qu'il eut apres auoir
“ trop trauaillé en mission : Permettez que ie vous die tout
“ simplement qu'vne de mes plus grandes apprehensions à
“ vostre égard est, que vous n'entrepreniez trop sur vous mes-

més, & que n'estant point assez retenu vous vous rendiez ,,
inutile. L'ennemi trouue quelquefois , & pour l'ordinaire, ,,
ses auantages de cette sorte dans les sujets les mieux dispo- ,,
sez; vous n'estes plus à vous , mais vn homme à tout le mon- ,,
de, & qui est redeuable auec S. Paul à tous les hommes. ,,
Conseruez-vous donc, non en vous conseruant, mais en ,,
ne vous accablant pas de trauaux & de fatigues. L'on me ,,
mande combien Dieu vous benit; souffrez que pour l'inte- ,,
rest que i'y prens, ie vous aye dit cecy en tout respect & hu- ,,
milité. ,,

Pour le second qui touche son propre salut, il y prenoit
garde de tres-prés, & à cette cause, quelque affaire qu'il eut
pour le prochain, il preferoit toûjours, selon la regle de la
charité bien ordonnée, ce qu'il deuoit à soy-mesme; il s'a-
quitoit inuiolablement de ses exercices de deuotion, il
emploioit beaucoup de temps, & de iour & de nuit, à conuerser auec Dieu & à le prier; & mesme lors que pendant le
iour il alloit & venoit par les ruës, il entroit souuent dans les
Eglises & demeuroit les heures entieres, & autant que ses
occupations le luy pouuoient permettre, en oraison deuant
le S. Sacrement. Ioint qu'il estoit, principalement sur ses dernieres années qu'il auoit plus d'employ, appliqué continuellement à Dieu, & ny les affaires, ny les objets exterieurs ne
l'en diuertissoient plus. Sur quoy vne persone confidente luy
ayant demandé, si dans vne telle multitude d'occupations il
faisoit toûjours reglément ses deux heures d'oraison, il luy
répondit, quand ie peux i'en fais trois, i'en fais quatre & ,,
cinq, mais lors qu'il se presente quelque occasion de seruir le ,,
prochain, ie la quitte facilement, car Dieu par sa misericor- ,,
de me fait la grace d'estre à luy, & de n'en estre point sepa- ,,
ré, quoy que ie fasse. ,,

SECTION NEVVIEME.

Les succés que Dieu donnoit à son zele.

DIEV auoit mis vne vertu si puissante en ce sien Seruiteur pour aider le prochain, que non seulement ses
œuures & ses paroles, mais encore sa seule presence faisoit
impression de salut; & quelque persone, qui le connoissoit
tres-bien, a dit auec raison, qu'il l'auoit doüé de la grace
Apostolique, parce que comme les Apostres auoient grace
pour porter le flambeau de la Foy & le feu de la Charité, &
establir le royaume de Dieu en tous les païs & tous les lieux,
où la diuine Majesté les enuoioit: luy de mesme, en sa maniere, mais maniere qui passoit bien au delà des bornes de sa
condition, estoit rempli d'vne grace & reuestu d'vne force
diuine, pour dans les villes, dans les bourgs, dans les villa-
ges & dans les maisons particulieres, seculieres & mesme religieuses, où la diuine prouidence là conduit, éclairer les
hommes de la connoissance de Dieu & de celle de son Fils
nostre Seigneur, les échauffer de leur amour & les faire viure
selon leur loy : en quoy il luy donnoit vn grand succés & vne
benediction toute particuliere, comme nous allons voir.

Estant à Paris vn iour de Caresme-prenant dans la maison d'vn pauure pour exercer enuers luy ses actions ordinaires de charité, il entendit vn grand bruit de gens qui chantoient & dansoient dans le logis voisin, laissant son pauure il
s'y en va & regarde ces gens, qui furent si surpris & si étonnés
de sa seule presence, qu'ils quitterent aussi tost & leurs chan-
sons & leur danse, & Monsieur de Renty leur parla en suite
auec tant de ferueur contre les desordres & les dissolutions
qui se commettoient specialement ces iours là, qu'il les fit
tous pleurer, & plusieurs en furent si touchez qu'ils se con-
fesserent dés le lendemain.

Comme il alloit vne autrefois visiter vne pauure fille,
qu'vn ieune homme auoit débauchée & laissée grosse dans

vne extreme necessité, il la trouua plongée dans vne si profonde melancholie qu'elle estoit en resolution de se mal-
faire ; il luy parla , & par la grace & la force que Dieu mit
en ses paroles, il releua son esprit abbatu & le remit en telle
assiete, qu'il la fit confesser ; & puis alla trouuer ce ieune
homme, qui d'abord fit le mauuais & méprisa ce qu'il luy
dit, mais apres plusieurs remontrances de la perte de son
ame, & plusieurs menaces de la iustice de Dieu , il l'émût si
fort qu'il le fit venir aux larmes, & à s'offrir à faire tout ce qu'il
luy diroit, de sorte que par ses bons auis il se mit en tous les
deuoirs d'vn homme vraiement repentant, & épousa la fille, & ont tous deux du depuis vécu bien ensemble.

Lors qu'il fut à Amiens il s'y trouua vne pauure femme
ruinée pour auoir esté surprise dans le commerce defendu
de vendre du sel, dont elle tomba en vn tel excés de tristesse & d'ennuy qu'elle estoit au desespoir, & auec vne telle
haine contre ceux qui l'auoient reduite à cette misere, que,
quoy qu'on luy dit, il n'y auoit aucun moien de la disposer à
leur pardonner, ny en suite à receuoir les Sacremens , encore
qu'elle fut fort malade. On luy méne Monsieur de Renty
accompagné de trois autres persones, lequel luy parla assez
long-temps, mais sans rien gagner sur son esprit, de sorte que
voyant que toutes ses paroles estoient sans effet il se mit à genoux au milieu de la chambre, & inuita ceux qui estoient
auec luy, à faire le mesme, & apres auoir prié quelque peu de
temps il s'adressa à cette femme & luy dit : Ne voulez vous „
pas bien vous ioindre auec nous pour demander misericor- „
de à Dieu ? A quoy elle se laissant aller, il luy fit repeter mot „
à mot certains actes, par lesquelles elle se trouua tellement
changée, qu'elle parût toute autre, protestant deuant tous
qu'elle leur pardonnoit de bon cœur, & receuant auec calme d'esprit toutes les instructions qu'il luy donna , d'où en
suite elle se prepara à la digne participation des Sacremens.

Comme il estoit vn iour à l'Hostel Dieu de Paris instruisant les malades pour les disposer à faire des Confessions generales, vne Religieuse le vint prier de vouloir parler à vn
homme que l'on venoit de leur amener, qui auoit reçû & sans

sujet, vn coup d'épée au trauers du corps, dont il estoit tellement outré contre celuy qui le luy auoit donné , qu'il ne
pouuoit souffrir qu'on luy parlât de luy pardonner: mais aussi
tost que Monsieur de Renty luy eut remontré ce qu'vn
Chrestien est obligé de faire en ces occasions, & luy eut dit
ce qui pouuoit adoucir son esprit, il s'appaisa & dit qu'il luy
pardonnoit de bon cœur, adioûtant qu'il estoit tout prét de
le voir & de l'embrasser , & faisant paroître beaucoup de
bons sentimens de Dieu.

Quelques Abbés & quelques Ecclesiastiques de condition
& de vertu faisans vne Mission à Pontoise , Monsieur de
Renty, qui auoit des liaisons fort particulieres auec la plus-
part fut les visiter , & allant selon sa coûtume, & sans en rien
dire à persone, à la prison, il y rencontra vn prisonnier, pecheur obstiné & de long-temps, qui n'auoit point voulu ny
par prieres, ny par menaces, ny par douceur, ny par rigueur,
ny par aucun autre moien que ces Messieurs eussent emploié,
se disposer à la Confession ; & comme ils enuoierent chercher Monsieur de Renty pour venir dîner, on s'auisa, apres
l'auoir cherché inutilement en diuers lieux, d'aller à la prison où on le trouua assis à table auec les prisonniers , à qui il
donnoit à dîner, les entretenant amiablement, les consolant,
& les excitant à bien viure, & particulierement celuy cy,
pour qui il auoit plus de dessein, & à qui il parla auec tant de
force, & sçût si bien, si adroitement, où plutôt si diuinement
le gouuerner & le manier , qu'il le rangea à son deuoir & luy
fit prendre la resolution de changer effectiuement de vie &
de faire vne bonne côfession de tous ses pechez; ce qui obligea l'vn de ces Messieurs de dire à quelque persone, que
Monsieur de Renty auoit fait en trois iours, ce que d'autres
eussent eu bien de la peine de faire en trois ans.

Ie laisse beaucoup d'autres effets semblables pour finir par
celuy cy , que i'estime fort remarquable. Il fut prié de visiter vne persone de pieté qui souffroit des peines interieures & exterieures horribles, & auoit grand besoin de lumiere & de force, laquelle reçût tant de secours de ce qu'il
luy dit, qu'elle écriuit quelques iours apres cecy. L'ope-

ration que i'ay ressentie de l'entretien que i'ay eu auec
ce seruiteur de Dieu a esté telle, que dés aussi-tost que ie
commençay de me surmonter pour luy parler & de m'ouurir, nostre Seigneur se communiqua à moy si puissam-
ment, que i'estois toute penetrée des effects de sa presence.
Ie ressentis vne assistance tres-particuliere de la saincte Vierge, que ce saint homme auoit eu inspiration d'inuoquer dés
le commencement de nostre conuersation, & ie puis assûrer
auec verité que dés l'instant ie recûs vn grand aide dans
mes besoins, de sorte que toutes ses paroles faisoient impression sur mon esprit & operoient grand effet, qui m'a toujours
depuis continué & me continuë encore à present, que i'écris
cecy. Et bien que mes peines ne soient pas changées, ie le
suis neantmoins tellement dans ma disposition qu'il me semble n'estre plus moy mesme, & que tout ce qu'il y a en moy
ne respire plus que l'execution de la volonté de Dieu & l'accomplissement de ses desseins à quelque prix que ce soit, &
quoy qu'il en coûte à la nature, à laquelle il faut apprendre
à ceder à la grace, à luy seruir & non pas à luy resister. Mes
peines ne sont pas changées, il faut pourtant que i'auouë que
ie ne souffre plus rien depuis que ie suis contente de souffrir:
il est vray que le foible souffre, que le sensible souffre & que
tout ce qu'il y à d'inferieur souffre, mais la partie superieure
ne peut, & n'est pas mesme, ce semble, capable de souffrir,
à cause de la conformité qu'elle à au vouloir de Dieu: mon
seul desir est dans ce contentement que i'ay de souffrir, de
faire bon vsage de mes souffrances, de trauailler à la vertu solide, & m'abandonner absolûment à la disposition de Dieu.

Voila la benediction auec laquelle Monsieur de Renty
s'emploioit pour le prochain; & cette benediction & cette
grace de faire impression sur les cœurs pour les porter à Dieu,
l'accompagnoit comme partout; dont il ne faut pas autrement s'étonner, parce que c'étoit vn instrument conioint &
vny au Seigneur des cœurs & au Sauueur des ames, qui
cherchoit tres-puremet la gloire de Dieu & le salut du
prochain, & ne s'épargnoit en rien de tout ce qui y estoit necessaire. Il auoit pour cela coûtume deuát que de traiter auec

quelqu'vn de se donner à nostre Seigneur (c'estoient ses
termes) pour parler en son esprit & en sa puissance; & ce
Seigneur qui desire infiniment le salut des hommes, le trouuant ainsi bien disposé & si bien auenant à sa main, s'en seruoit pour faire de grandes choses & luy fournissoit de puissantes graces pour operer des merueilles : qui doiuent & instruire & confondre ceux, lesquels par leur profession & par
leur office sont appellés à procurer le salut des hommes , &
qui neanmoins par leur faute y profitent si peu.

Ie trouue de plus que nostre Seigneur luy donnoit par fois
des connoissances & des présentimens des affaires qu'il luy
vouloit mettre entre les mains, pour le preparer par ce moien
à les entreprendre sans crainte & à s'en bien aquiter. Estant
en son Chasteau de Citry sur la fin de l'an mil six cens quarante deux, il luy fit voir qu'a son retour à Paris on luy donneroit vn nouuel employ pour les pauures , & qu'il y auroit
bien à trauailler pour luy , ce qui ne manqua point , parce
que deux iours apres son retour on vint luy donner auis
qu'il y auoit vn fond pour assister les pauures honteux de
cette grande Ville, & le prier d'en vouloir prendre le soin,
ce qu'il fit; & il se chargea pour sa part de visiter la quatrieme
partie de ces pauures , & de leur distribuër des aumônes selon leurs besoins ; qui estoit vn trauail pour l'occuper tout
entier , quand il n'en eut point eu d'autre, dont pourtant il
auoit vn tres-grand nombre; de sorte qu'on peut dire, qu'hu-
mainement parlant & sans vn secours tres-particulier de
Dieu, il n'ût pû faire ce qu'il faisoit, ny suffire à tant de choses : mais Dieu, qui nous a donné les forces du corps & de
l'esprit dans les bornes que nous les auons, les peut aisement
étendre quand il luy plaist.

Il dit vn iour auec beaucop d'humilité & de deuotion à
vne persone fort confidente. I'ay esté cette nuit tout baigné
de larmes pour la veuë que nostre Seigneur m'a donnée.
Puis ayant demeuré quelque temps sans rien dire tout penetré & trãsporté de la grace qu'il auoit receuë, il adioûta, que
faisant son oraison il auoit connu qu'il auroit vn grand employ pour la nouuelle France, que l'on sçait luy estre arriué,

princi-

principalement en la fondation de l'Eglise dans l'Isle de Montreal, à laquelle se ioignant à d'autres persones de pieré, que Dieu auoit encore choisies pour ce noble dessein, il a par ses soins, par ses conseils, par son credit, par ses liberalitez & par celles qu'on luy a élargies, extremement seruy.

Quelquefois sa lumiere n'alloit pas si auant, mais il auoit seulement connoissance & mouuement de faire quelque chose sans découurir rien dauantage : comme quand il fut viuement pressé d'aller à Pontoise, encore qu'il ne sçût pourquoy, & qu'il eut beaucoup d'affaires à Paris, qui l'y deuoient arrester ; obeissant neanmoins en aueugle à l'inspiration, il s'y en va en diligēce, & trouue là vn Seigneur de grande qualité, & d'vne prouince bien eloignée, qui s'y étoit rendu & que nostre Seigneur y auoit amené, pour demander à Monsieur de Renty & apprendre de sa bouche la façon de se sauuer & de seruir Dieu parfaitement, qu'il n'auoit guere bien sceuë, & encore moins bien pratiquée iusques alors. Monsieur de Renty la luy apprit & dit estant de retour à Paris, qu'il ne sçauoit comme ce Seigneur estoit apres disparu.

SECTION DIXIEME.

Sa grace pour aider en particulier quelques ames choisies.

ENCORE que ce digne seruiteur de Dieu ait eu grande grace pour aider en sa maniere tous les hommes vniuersellement, il l'a eu encore plus abondante pour quelques-vns en particulier, & nostre Seigneur l'a appliqué à de certaines ames d'élite, pour les tirer de leurs defauts, & les faire marcher à grands pas dans le chemin de la vertu, & mesme dans le sentier étroit de la perfection ; dont il y en a plusieurs qui viuent encore entre nous, de qui pour ce suiet ie ne puis rien dire, & d'autres qui sont desia decedées, dont ie diray quelque peu de chose, & encore d'vne seule qui seruira de temoignage pour les autres.

C'est de Madame la Comtesse de la Chastre, laquelle

estant engagée dans les affections du monde selon l'ordinaire des ieunes Dames de sa condition, & Dieu par vn amour
particulier qu'il luy portoit, aiant dessein de l'en dégager
& de la conduire par des chemins fort épineux à vne excellente vertu & à cette haute perfection, où apres quelque
peu d'années elle est morte, il voulut se seruir de son fidele
seruiteur pour vn si grand ouurage & en bailla pour cela
mouuement à l'vn & à l'autre, à elle de luy demander ses
conseils, & à luy de les luy donner, ce qu'il fit & auec tant de
succes, qu'en moins d'vn an elle auança si notablement, que
luy-mesme en estoit étonné, & paruint à vn si grand déga-
gement de tous les petits accommodemens dont se flattent
les Dames, & qu'elles se persuadent facilement leur estre
necessaires, qu'vne persone luy en ayant presenté vn, qu'elle auoit auparauant accoutumé de prendre, elle luy fit cette
réponse, qui peut seruir d'instruction, attendu principalement qu'elle estoit d'vne complexion tres-delicate, & auec
cela fort maladiue: ô que l'on se fait accroire de besoins! i'ay
quité tout cela pour l'amour de Dieu, & encore bien d'autres choses, & ie n'en ay pourtant eu aucune incommodité.
il est vray que la nature se choie en tout ce qu'elle peut, &
s'abuse aisement au suiet de ses necessitez, qu'elle croit bien
plus grandes, qu'effectiuement elles ne sont pas, & ne sont
mesme bien souuent qu'imaginaires.

Il auoit beaucoup de grace & beaucoup de lumiere pour
elle, pour connoître sa voie & la luy faire suiure, pour l'a-
uancer en la vertu solide, & la faire mourir peu à peu à elle
mesme, pour la soûtenir dans ses grandes peines interieures,
& pour luy dire auec energie ce qui luy estoit propre: Ce que
doit auoir vn Directeur pour bien conduire vne persone. Et
elle de son costé luy rendoit vne parfaite docilité, pour croire ce qu'il luy disoit, & se faisoit force pour l'executer, ce
qui est aussi necessaire à la persone, qui prend conduite pour
faire du progrez.

Elle receuoit ses auis auec toute la deference qui se peut,
& estimoit que nostre Seigneur luy parloit par sa bouche, ce
qui n'estoit pas sans suiet; car elle a rendu vn temoignage si-

dele à la merueille qui suit , que luy parlant vn iour pour
auoir secours dans vne pressante & excessiue peine , dont
son esprit estoit battu , & ne sentant point de secours pour
tout ce qu'il luy disoit , elle eut mouuement de se mettre à
genoux pour liurer sa volonté à nostre Seigneur & entrer
dans tous les desseins qu'il auoit sur elle : Elle le fit , & puis
se releuant elle ne vit plus Monsieur de Renty , mais en luy
nostre Seigneur IESVS-CHRIST éclatant d'vne grande lumiere , qui luy dit , fai ce que mon seruiteur te dira : ces paroles opererent au mesme moment cet effet salutaire & diuin dans son esprit , que toute sa peine en fut effacée , &
qu'elle demeura remplie de Dieu & d'vne douce paix accompagnée d'vne viue douleur de ses pechez , & du veritable mépris du monde & de soy-mesme.

Quelque benediction que Dieu donna à cette conduite ,
& quelque liaison qu'il eut faite de ces deux esprits , Monsieur de Renty traitoit toujours auec cette Dame dans vne
grande sagesse, dans vne grã de prudence & vne grande retenuë, ne la voyant qu'autant qu'il le falloit pour auancer l'œuure de Dieu en elle , & ne luy disant precisement que le necessaire ; ce que cette Dame trouuant vn peu rude & s'en
ouurant à vne persone , qu'elle croyoit auoir quelque pouuoir aupres de ce saint homme , elle luy dit : Monsieur de
Renty me mortifie extremement auec ses ciuilitez & ses re-
tenuës , i'ay besoin de le voir souuent , & si pourtant ie ne
puis l'obtenir , & mesme quand nous sommes ensemble , il
ne veut point s'asseoir , si ie ne suis malade , ou que ie ne puisse plus me tenir debout , & toujours le chappeau au poing ,
ie vous prie de luy dire ce que ie n'ose par respect , que i'en
ay grande peine , & que ie sens de l'inquietude de le voir en
cet état , moy qui deurois estre sous ses pieds. Cette persone
le luy dit , à qui ce fidele seruiteur de Dieu répondit cecy. Ie me tiens en cet état parce que c'est mon deuoir selon »
Dieu , & que ie le dois à Madame de la Chastre : de plus »
puis que nostre Seigneur m'oblige de luy parler , ie ne le dois »
faire que pour son besoin & pour le necessaire , rien que cela »
& puis nous retirer, cette posture & ce maintien nous le mar- »

“ quent: si i'estois assis il se pourroit dire plus que le necessaire,
“ & peut-estre passeroit-on aux choses inutiles : c'est dequoy
“ nous deuons nous garder & elle & moy. Ie suis homme laï-
“ que & vn pecheur, ie ne luy parle qu'auec grande confu-
“ sion, encore que Dieu vueille que ie luy parle, & que des
“ personnes de sçauoir & de pieté m'aient dit, que i'estois tenu
“ de le faire.

Tous ceux qui se meslent d'aider & de conduire les ames,
doiuent considerer cette sage réponse, & s'assûrer, que la
bonne conduite d'vne ame ne consiste pas à luy parler beaucoup, mais à la bien disposer pour parler beaucoup à Dieu,
& plus encore à la rendre digne que Dieu luy parle & pro-
duise en son fond sa Parole substantielle & son Fils, & apres
luy auoir donné les auis qui luy sont propres selon sa disposition, la mettre en état de les executer auec courage ; car on
doit sçauoir que la vertu ne consiste point en paroles, mais
en œuures.

Voilà l'ordre qu'il a tenu en la direction de cette Dame,
qui par sa fidelle correspondance s'est renduë tres-vertueu-
se, a fait vn excellent vsage de toutes ses souffrances corporelles & spirituelles qui ont esté tres-grandes, & est venuë à
vn tel mépris du monde, qu'elle est decedée dans le dessein,
nonobstant toutes ses infirmitez, de se faire Carmelite au
Conuent de Beaune.

Voicy ce qui touche la conduite de quelques autres persones de grande vertu ; qui sont des Regles d'vne haute
perfection qu'il leur donna, & que sans doute il prit de ce
qu'il obseruoit luy mesme.

I'ay protesté deuant le S. Sacrement de vouloir viure selon
les Maximes & les Conseils de IESVS-CHRIST:
& pour cet effet,

1. De ne rien desirer ny rechercher directement ou indi-
rectement pour augmenter ma fortune, soit pour les richesses, soit pour les honneurs, ny mesme consentir aux auanta-

ges, que mes amis me voudroient procurer, sinon par obeys-
sance & par l'auis du Pere spirituel & du Directeur de ma
conscience.

2. De m'étudier au mépris & à la haine des richesses du
monde & des honneurs, & de n'en plus parler selon l'esprit
de la chair, mais selon l'esprit du Christianisme, & afin d'établir ses maximes dans mon esprit, fuïr tant que ie pourray la
conuersation des persones, qui suiuent les maximes contraires.

3. De n'auoir iamais de procez soit en demandant, soit en
defendant, qu'apres auoir tenté toutes les voies possibles
d'accommodement, sans respect humain, en quoy ie me con-
duiray par auis.

4. De retrancher toutes choses superfluës tãt en ma persone
qu'en ma maison, afin d'en assister les pauures, pour l'execution dequoy i'en feray tous les mois vn examen exact apres la
saincte Communion, comme si i'estois prét de rendre compte
à Dieu.

5. De ne contester iamais, ains ceder tant que ie pourray
à tout le monde, soit pour l'honneur & la preference , soit
pour les opinions , soit pour les volontez d'autruy qu'il faut
preferer aux miennes.

6. De fuir toutes les choses delicieuses, mesme de ne rien
faire ny rien desirer par le motif du plaisir, n'en admettant
aucun s'il n'est conioint iustement à la necessité ou à la con-
descendance au prochain, ou à la santé du corps, ou au relâ-
che & délassement de l'esprit.

7. De souffrir auec patience les mépris, les iniures , les
contradictions, les pertes, les oppressions, & les affrons.

8. De faire ce que ie pourray auec vn zele discret pour
empécher que Dieu ne soit offencé, son saint nom blasphe-
mé, ny le prochain déchiré par medisance ou par calomnie.

9. De fuir & reietter toute sorte de delicatesse pour les
aises du corps, mesme de diminüer tant que ie pourray mes
commoditez, sans interest de ma santé.

10. De receuoir auec charité & facilité les prieres de mon
prochain, & pouruoir à ses besoins, autant qu'il me sera pos-

sible, soit par moy, soit par autruy.

11. De faire auec charité & humilité la correction frater-
nelle en la maniere la plus prudente qu'il se pourra, & la receuoir volontiers.

12. Tous les mois, pour le moins vne fois, ie feray l'examen des manquemens que i'auray faits contre les presentes
resolutions, & tous les ans l'on pourra s'assembler pour renouueller la presente protestation, & auiser aux moiens de
l'accomplir.

SECTION VNZIEME.

La grande connoissance qu'il auoit des choses interieures.

IL faut auoüer que la connoissance des choses interieures
est tres-difficile, & que la science de l'esprit est sans contredit la plus obscure de toutes les sciences, & qu'à moins
d'auoir vne grande grace de Dieu & d'étre bien éclairé du
Soleil de iustice, il est impossible d'y entendre beaucoup &
y deuenir habile. Si la science de traiter & de guerir les
corps est mal-aisée & seulement coniecturale, parce qu'elle
ne se conduit en ses cures que par des signes exterieurs, qui
encore souuent sont ambigus & equiuoques : ce qui fait que
les plus sçauans Medecins s'y trompent par fois & ordon-
nent des remedes tout contraires ; à combié plus forte raison
le sera la science de gouuerner les esprits dans les choses du
salut, qui sont spirituelles, élognées de nos sens, & de plus
surnaturelles, & en suite remplies pour nous de grandes
difficultez & enueloppées de profondes tenebres ?
Monsieur de Renty y estoit toutefois tres-intelligent &
auoit reçû de Dieu des lumieres admirables pour en entend-
dre tous les secrets & en connoitre les voies les plus cachées,
à quoy encore sa propre experience luy seruoit de beaucoup. Ses plus grandes lumieres alloient à discerner le vray
du faux, le seur du perilleux, & les mouuements du bon
esprit d'auec ceux du mauuais, à calmer les ames, à les forti-

fier toujours & leur donner du courage, à les détacher de tout pour les attacher & les vnir à nostre Seigneur IESVS-CHRIST, & par luy à la Diuinité, & à les faire agir en tout par son esprit & sur son modele. Voicy quelques-vnes de ses connoissances & quelques rayons de ses lumieres sur ces matieres, que ie trouue dans des papiers écrits de sa main, & qui nous donneront vn grand iour pour voir beaucoup de mysteres de la vie spirituelle.

Il y a trois sortes d'eleuations & de gemissemens de l'ame à Dieu, dans lesquels elle doit continuellement estre pour pouuoir accomplir ce que nostre Seigneur nous enioint, à sçauoir, de prier toujours & ne se relâcher iamais en ce sainct exercice, afin de ne point tomber dans l'oubly de Dieu, & apres dans quelque peché. Le premier est l'eleuation & le gemissement des Penitens, qui commencent & sont dans la vie purgatiue; le second des Fideles, qui font progres & pratiquent la vie illuminatiue; & le troisieme des Parfaits, qui sont en l'vnitiue.

Les premiers renonçans au peché & aux vanitez du monde deplorent leur vie passée & cherchent Dieu, élançans leurs gemissemens & leurs soûpirs vers luy d'vn fond de crainte & de reuerence; & voilà le commencement de la vie eternelle.

Les Fideles cherchent de connoître ses volontez par sa Parole, qui est son Fils, & desirent de les executer sur son exemple, puis qu'elle est nostre Voie & nostre Verité; c'est icy le progres de cette vie.

Les Parfaits gemissent deuant Dieu pour obtenir l'vnion auec luy, à la façon de nostre Seigneur, & la pratiquent auec les actes de charité & auec l'accomplissement du premier & du plus grand de tous les commandemens, où consiste la perfection de la vie en ce monde.

Il y a des ames dans le premier état, qui renonçans au peché & quittans les vanitez reçoiuent de grandes consolations sensibles de Dieu, & goûtent des suauitez qui les rauissent: si elles ne s'étudient de vouloir passer au second pour apprendre les volontez de Dieu par son Fils & les executer

" fur fon patron, le diable les trompera fous cet appas, & les
" arreftera en la recherche & en la complaifance de ces dou-
" ceurs, de forte que ne marchans point en Iesvs-Christ
" qui eft leur Voie, elles s'égareront, & iront donner dans des
" precipices : leur état fera vn certain abandon vague de vou-
" loir eftre à Dieu, de faire fa volonté & de l'aimer, auec vn
" calme interieur trompeur, où elles fe tiendront affûrées, &
" d'où neantmoins elles degenereront dans vne difpofition
" fort dangereufe, parce qu'elles ne s'établiffent point en
" Iesvs-Christ, que Dieu nous donne pour eftre noftre
" vnique Conduite.

" Que fi apres s'eftre purifiées des affections plus groffieres
" du monde, elles ne fe purifient encore d'elles mefmes, fe
" donnant à Iesvs-Christ, fe determinant de l'imiter
" & d'entrer dans fon facrifice d'aneantiffement ; au lieu
" de receuoir l'efprit de Dieu, elles fe confirmeront dans le
" leur propre, & fe formant de fauffes illuminations elles ne fui-
" uront que leurs fens, & ce que la nature gaftée leur fuggerera
" d'éclatant & de mol, auec grand danger de tomber dans l'er-
" reur des Illuminez, qui fe perfuadent que tout ce qui leur
" vient en la phantaifie, leur vient de Dieu, parce qu'il leur
" femble qu'ils ne veulent, qu'ils ne cherchent & qu'ils n'ai-
" ment que Dieu, & ne fentent plus ou fort peu de reproches
" de leur confcience.

" Si vous prenez garde à tous ceux qui commencent de cét
" air leur vie eternelle, vous trouuerez qu'ils ont peu de foy &
" peu de liaifon à Iesvs-Christ ; & fi on leur demande ce
" qu'ils defirent & ce qu'ils pretendent, ils vous diront en ge-
" neral, tout ce que Dieu veut. Il faudra les redreffer, s'ils en
" font encore capables, & fi la complaifance à leurs douceurs &
" l'attache à leurs fens n'a pas gagné trop auant, les portant à
" vouloir bien ce que Dieu veut, mais à le vouloir fur le mode-
" le de noftre Seigneur & felon les maximes de fon Euangile,
" qu'il nous a laiffé comme vne bonne Nouuelle & comme fon
" Teftament pour eftre noftre Lumiere & la mefure de nos lu-
" mieres.

" Plufieurs s'arreftent en ce premier pas, & font toutefois
eftimez

eſtimez & admirez des perſones meſme qui paſſent pour »
ſpirituelles, & parfois de leurs Directeurs, & on appelle cela »
vie myſtique, où pourtant l'eſprit trompeur de la nature & »
du demon ſe iouë dans ces illuminations tenebreuſes, dans »
ces fauſſes paix, dans ces beaux termes & ces paroles ſubli- »
mes, dans ce nombre d'écrits de deuotion, dont tout le fruit »
pour l'ordinaire n'eſt que dans le papier: d'où vient qu'on re- »
marque ſi ſouuent que ceux qui ont commencé auec pureté, »
tombent à la fin en de lourdes fautes, quand la proprieté »
s'eſt gliſſée en l'ame au lieu de IESVS-CHRIST. »

Il y en a d'autres qui ne s'attachent qu'à la predication de »
S. Iean pour les auſteritez & les penitences, mettans en cela »
leur appuy, ſans s'appliquer dauantage à IESVS-CHRIST ny »
prendre ſon eſprit, mais bien vne ſatisfaction interieure »
& vne certaine confiance en leurs mortifications, & de- »
meurent là. »

D'autres s'arreſtent à IESVS-CHRIST ſeul, comme s'il n'a- »
uoit point de Pere, & ont des deuotions de tendreſſe à ſon »
Humanité, ils ſe touchent du ſenſible, & ne vont pas plus »
auant; ils connoiſſent IESVS-CHRIST, mais non IESVS- »
CHRIST Homme-Dieu, qui eſt noſtre Voie, noſtre Verité, »
& noſtre Vie. »

D'autres établiſſent toute leur eſperance en la Saincte »
Vierge, aux Saints, & en des deuotions particulieres, leſquel- »
les ſont fort bonnes quand elles ſont fondées ſur la repen- »
tance de ſes pechez & ſur la vraie conuerſion du cœur: »
mais ils s'abuſent lourdement d'eſperer du ſecours de la »
Saincte Vierge & des Saints, & d'auoir part à la commu- »
nion de leurs merites, s'ils ne veulent quitter leurs vices. »

Ces trois états ainſi diſtinguez donnent vne grande lumie- »
re ſur la conduite des ames pour voir leur commencement, »
leur progres & leur perfection auec les égaremens, où elles »
peuuent tomber. Or chaque état a ſon œuure, ſa ſouffrance, »
& ſon oraiſon. »

L'œuure du premier état des Commenceãs & des Penitens »
eſt, de rechercher tout ce qui pouſſe au peché, & qui nuit »
au ſalut, & qui retire de Dieu pour s'en éloigner. Leur ſouf- »

V

france est de pleurer leurs pechez, de mortifier leurs passions
& mâter leurs corps en ce qui porte rebellion à la raison &
dommage à l'esprit, comme aussi pour le punir des mouuemens dereglez de ses concupiscences, & de ses échappées.
Leur oraison est de demander grace & force pour cela.

« L'œuure du second des Fideles est d'étudier Iesvs-
« Christ, sa vie & sa doctrine. Leur souffrance, de suppor-
« ter les peines qu'il y a de l'imiter & de souffrir les mépris &
« les persecutions qui accompagnent tous ceux qui marchent
« apres luy. Leur oraison, de demander sa vie, son esprit & ses
« dispositions pour agir interieurement & exterieurement sur
« son modele.

« L'œuure du troisiéme & des Parfaits est de faire tout par
« mouuement de l'esprit de Iesvs-Christ dans l'vnion
« auec Dieu. La souffrance, d'endurer comme il faut la cor-
« ruption, la grossiereté & les tenebres de ce siecle, & les per-
« secutions pour la Iustice, qui ne leur manqueront iamais. Et
« leur oraison, de demander vne participation toujours plus
« abondante de l'esprit de Iesvs-Christ, vne vnion plus
« intime auec Dieu, vne plus grande mort de soy, vn vsage
« plus fidele de la grace & des talens reçûz, & la perseueran-
« ce finale.

« I'adiouste qu'il nous faut trauailler dans le premier état
« pour resister au peché, pour vaincre nos passions & renoncer
« à la vanité, ce que ne peuuent les Commençeans sans se ser-
« uir de plusieurs pratiques & se faire beaucoup de violence:
« mais ceux, à qui Dieu a donné entrée aux deux états suiuans,
« le font ordinairement auec vn simple détour d'esprit, qui
« n'amoindrissant pas l'humiliation, empeche l'empressement
« & le trouble.

« Il faut dans le second vne forte correspondance de nostre
« costé pour suiure Iesvs-Christ, pour n'agir plus selon
« nous, mais selon luy, pour nous simplifier & porter auec pa-
« tience & longanimité la production de nostre pureté en
« Iesvs-Christ. Il faut souffrir nos tempestes secretes &
« nos tumultes interieurs qui nous viennent de nos habitudes
« anciennes, & d'vn esprit qui agissant par le mouuement de

sa nature, quoy que raisonnablement, est tout plein d'ima- „
ges & de formes. Il faut perdre son ame auec beaucoup de „
patience, pour la trouuer reuestuë de IESVS-CHRIST. „

Dans le troisieme, c'est vne action de passion, c'est vne orai- „
son, où la liberalité de Dieu fait quasi tout, & où l'ame goûte „
vn certain rassasîment experimental de la presence & de la „
verité de Dieu, & de sa charité en IESVS-CHRIST, en qui elle „
demeure. Elle se trouue parfois noiée dans la ioye des gran- „
deurs de Dieu, de sa puissance, de sa bonté, & de ses infinies „
perfectiõs, de l'alliance auec son fils, de son amour, de ses ma- „
nieres d'agir, & des effets admirables que produit la parti- „
cipation de son esprit, & elle ioüit en la possession de ces biens „
d'vne paix, d'vne allegresse & d'vne force, qui surpasse les „
sens & l'expression de toutes les paroles. „

La fidelité des deux premiers états dispose l'ame pour le „
troisiéme; mais il faut nous souuenir, que comme nous som- „
mes dans le temps & par nostre infirmité toûjours muables, „
nous auons toujours besoin de trauail pour pouuoir faire „
progrés en ces états, & de renouuellement pour nous y réta- „
blir & pour y reparer nos pertes. Voila ces connoissances, „
des choses spirituelles, qui monstrent assez iusques où alloient les lumieres de cet esprit éclairé.

Que Dieu éclairoit non seulement d'vne façon commune,
mais encore souuent d'vne extraordinaire, luy declarant le
dessein qu'il auoit sur les ames, le faisant lire dans le
fond des consciences & découurir ce qui y estoit de plus
caché, & parler auec des paroles non pas étudiées ny pre-
meditées, mais qu'il luy inspiroit sur l'heure & luy mettoit
dans la bouche, qui estoient aussi des paroles puissantes, par
proportion comme les siennes, pour produire leur effet.

L'an mil six cens quarante quatre, vne Damoiselle, pour
laquelle Dieu luy auoit donné beaucoup de charité, aiant
mouuement de se rendre Carmelite, elle le luy communiqua pour en auoir son auis, qui fut qu'il trouuoit la chose
difficile, & iugeoit pour quelques raisons qu'elle ne deuoit
pas y penser; neanmoins aprés Dieu luy fit connoître auec
vne tres-grande certitude dans l'vne de ses oraisons, qu'il

vouloit que passant par dessus toutes les difficultez, elle embrasât cet institut, & luy marqua mesme le lieu où cela deuoit estre: ce qu'il luy declara, & ce qu'elle reçût auec le respect qu'elle deuoit à sa grace, & comme si Iesvs-Christ mesme luy eut commandé d'entrer en ce Monastere, où elle est encore à present, que i'écris cecy.

Ayant visité l'an mil six cens quarante sept vne persone qui souffroit de grandes peines & qui auoit besoin d'vn homme fait comme luy, voicy ce qu'il en manda à son Directeur. I'ay donc parlé à la persone que vous sçauez, & luy ay dit ce que i'ay crû à propos sur son besoin. Nostre Seigneur m'a donné lumiere pour luy découurir sa conduite sur elle, & comme cet abysme de tenebres & de miseres où elle se trouuoit, ne luy est pas enuoié pour s'y arrester ny pour s'en troubler, mais pour en faire vsage de perfection, & s'en seruir pour aller sans amusement à nostre Seigneur Iesvs-Christ qui est nostre sanctification. Ie luy monstray comme il nous faut faire vn fond de certitude, que nous ne sommes qu'infirmité & la misere mesme; de sorte que lors qu'on nous en touchera quelque chose, on ne nous apprenne rien de nouueau, & que Dieu de ce fond veut en tirer vn autre tres-excellent d'humilité & de deffiance de nous mesmes fondé sur nostre impuissance à tout bien, & nous obliger d'aller à son Fils nostre Seigneur, pour trouuer en luy de la force & le remede de tous nos maux. I'eus beaucoup d'étenduë sur tout ce qu'elle me communiqua, & Dieu luy donna vne si grande plenitude de lumiere & de grace, qu'elle me dit des merueilles sur l'operation de la saincte Trinité en elle, & quantité de choses qui faisoient bien paroître vne assistance diuine tres-particuliere: Ie la laissay en cet état, & puis il ajoûte de soy.

Pour ce qui me regarde, ie n'ay pas grand'chose à dire, Ie porte par la misericorde de Dieu vn fond de paix deuant luy en l'esprit de Iesvs-Christ dans vne experience si intime de la vie eternelle, que ie ne la puis declarer: & voilà où ie suis le plus tiré. Mais ie suis si nû & si sterile, que i'admire la maniere où ie suis, & en laquelle ie parle. Ie m'éton-

nois comme parlant à la perfone fufdite, ie commençois vn „
difcours fans fçauoir comme ie le deuois pourfuiure, & di- „
fant la feconde parole, ie n'auois point de veuë de la troifié- „
me, & ainfi des fuiuantes. Ce n'eft pas que ie n'aye la con- „
noiffance entiere des chofes en la maniere que i'en fuis ca- „
pable, mais pour produire quelque chofe au dehors cela „
m'eft donné, & comme on me le donne, ie le donne à vn „
autre, & aprés il ne me refte rien que le fond deffufdit. „

Ces grandes lumieres & cette haute capacité qu'auoit
Monfieur de Renty pour les chofes interieures, iointe fouuent à des graces extraordinaires, faifoient qu'on le conful-
toit de tous coftés fur ces matieres. Plufieurs Religieux, &
mefme Superieurs de Religions & de Cõmunautés bien reglées tenoient à grand bon-heur de le pouuoir communiquer, & fuiuoient fes confeils en des chofes tres-importãtes,
parce qu'ils connoiffoient par des marques, dont on ne pouuoit douter, qu'il eftoit rempli de l'efprit de Dieu. Vn grand
nombre de perfones Ecclefiaftiques & Seculieres de tout
fexe, & de toute qualité, mefme des plus releuées le voioient
pour receuoir inftruction & fecours de luy en leur conduite.

Ce fut l'an mil fix cens quarante & vn qu'il commença
proprement de s'appliquer à cét employ, mais de tous les
emplois que noftre Seigneur luy a donnez pour fon feruice,
il n'y en a point où il ayt eu plus de peine ny plus de contra-
rieté d'efprit, qu'à celuy-cy, s'en eftimant tres-indigne &
tres-incapable, & ne voulant point paffer outre, quelque
mouuement qu'il en eut, fans en prendre confeil : qui fut,
aprés que la chofe eut efté bien examinée, qu'il deuoit l'entreprendre & que c'eftoit la volonté de Dieu ; à quoy il fe
foûmit auec vne extreme confufion de foy-mefme, que fon
maintien, fes paroles, & toute fa maniere d'agir témoignoit
euidemment aprés dans la communication de ceux qui luy
demandoient fes auis, obeïffant à leurs defirs auec vne grande humilité & vne grande reuerence, comme fçauent tous
ceux qui l'ont connû ; & eux auffi de leur part connoiffans
que Dieu refidoit, parloit, & agiffoit en luy & par luy, fe tenoient en fa prefence auec beaucoup de refpect, & pre-

V iij

noient vne tres-grande confiance en sa conduite.

Et Dieu a bien montré par la benediction & le succes admirable qu'il a donné à ses soins, que c'estoit en effet sa volonté qu'il s'emploiât dans ce ministere: nous apprenant qu'il n'a que faire de nous pour l'execution de ses desseins & qu'il se sert de celuy qu'il luy plaist, & souuent de celuy qui luy plaist, & qu'il trouue bien disposé, laissant ceux, que leurs vices en rend incapables. La meilleure preparation pour estre emploié de Dieu à faire de grandes choses, est d'estre abandonné absolûment à ses ordres, & fort petit en sa propre estime, comme a esté ce sainct homme.

CHAPITRE II.

Sa Composition exterieure & sa Conuersation.

COMME la composition exterieure de l'homme & toute l'œconomie de sa conuersation est d'vne tres grande consequence pour beaucoup seruir ou pour beaucoup nuire au dessein de procurer le salut du prochain, parce qu'on ne voit en l'homme que son exterieur, qui fait en suite, selon qu'il est bien ou mal reglé, la premiere & la plus forte impression sur les esprits & les gagne ou les aliene. De là vient, que Monsieur de Renty qui auoit vn desir ardent d'aider le prochain, & d'aquerir pour cela, quoy qu'il luy en coutât, tout ce qui y seroit necessaire, a fait aussi tout son possible pour biē dresser son exterieur, son maintien, ses gestes, ses mouuemēts, ses regards, ses paroles, son silence, & toutes les parties de sa conuersation, & les mettre dans l'harmonie & en l'état qu'il croyoit deuoir estre plus vtiles au prochain, & plus propres pour le porter à Dieu. Ce qu'il a executé auec tant d'auantage, que l'on peut dire auec verité & auec l'approbation de tous ceux qui l'ont veu, qu'il a esté admirable en ce point, & qu'il a eu l'exterieur aussi bien composé, qu'aucun homme qui ait parû il y a long-temps.

Il estoit tres-modeste, toujours tranquille & inuiolablement egal. Entre toutes les choses que i'ay remarquées en
feu M^r. de Renty, dit de luy vn bon témoin qui l'a connu fort
priuément, sa rare modestie & la grande egalité de son port
& de son maintien m'ont dõné les premieres & les plus hautes
ideés de sa sainteté : il auoit quelque chose de si respectueux
en sa contenance, qu'on iugeoit aisement qu'il estoit toujours
dans vne actuelle presence de Dieu. En quelque lieu , en
quelque état , & en quelque occupation qu'il fut, il estoit
toujours le mesme en son visage, le mesme en ses gestes, en ses
paroles, en ses mouuemens & en toutes ses actions, soit qu'il
fut en son particulier ou en cõpagnie, qu'il fut auec ses amis
ou auec des persones inconnuës, auec des riches ou des pauures, deuant ses enfans , deuant ses domestiques & deuant
vn laquay, aux champs, à la ville, en table, au sortir de table,
& par tout.

Auotions franchement qu'il faut estre bien maistre de soy
pour posseder vne telle immutabilité , & qu'à moins d'estre
continuellement appliqué à la presence de Dieu, & d'auoir
assuieti absolument toutes ses passions & tous ses mouuemens interieurs, on ne pourroit en venir là; Il est trop aisé en
tant de rencontres differens qui se presentent tous les iours,
que nostre esprit s'émeuue, qu'il perde son assiete & s'emporte, & en suite que son émotion & son emportement paroisse
au dehors , ou à la couleur, ou à la parole, ou au geste, ou par
quelque autre signe. C'est pourquoy cette constante modestie & cet état immuable en tout temps & en toutes occasions , ne peut estre sans vne vertu tres-grande; principalement quand on y arriue, comme Monsieur de Renty , auec
vne cõplexion, non point flegmatique mais bilieuse, & auec
vn esprit ardent & actif : mais le soin exact qu'il prenoit, la
force qu'il se faisoit, & la veille perpetuelle qu'il auoit sur soy
sans se perdre iamais de veuë , le tenoit en cet état & formoit son exterieur de cette belle & diuine façon, si capable
de profiter au prochain.

Vn autre témoin tres-digne de foy dit de luy en son me-

moire : ce qui me plaifoit extremement en luy eftoit fon
grand recueillement & fon intime vnion auec Dieu , accompagnée d'vne paix profonde & d'vne trãquillité d'efprit
merueilleufe qui éclatoit fur fon vifage , lequel ne pouuoit
eftre regardé fans deuotion. Cette vnion eftoit continuelle,
ce me femble, & il ne paroiffoit iamais diftrait ; auffi ne faifoit
il rien de leger, ny ne difoit aucune parole qui ne fut neceffaire. La complaifance parmy les compagnies ne l'obligeoit
point à fe répandre au dehors , il vaquoit à Dieu dans fon
interieur & demeuroit vny à luy au preiudice de toutes chofes fans aucun refpect humain , non qu'il ne fut tres-ciuil,
mais l'on voioit bien qu'il s'appliquoit plus au dedans , qu'à
tout le refte.

Cette continuelle prefence de Dieu , pourfuit le premier
témoin, le tenoit fi fort occupé en fon interieur, qu'il ne s'é-
panchoit iamais au dehors pour quelque accident qui ar-
riuât, ny pour quelque obiet, quoy qu'extraordinaire & rare,
qui fe prefentât à luy. Ie ne luy ay iamais rien veu admirer
de ce que le monde eftime & trouue rauiffant , ny arrefter
tant foit peu fes yeux par curiofité fur quoy que ce fût : il alloit par les ruës recueilly , modefte , marchant d'vn pas égal
& mefuré, regardant deuant foy fans tourner la tefte ny çà ny
là ; auffi IESVS-CHRIST eftoit fi abfolument fon occupation
& fon Tout en toutes chofes, que hors de luy & ce qui con-
cernoit fa gloire , rien ne le touchoit & ne l'arreftoit pour y
faire attention. Cõme vn iour vne perfone pouffée de quelque curiofité l'inuita auec beaucoup d'inftance d'aller voir
vn grand perfonage , que l'on tenoit pour faint & que l'on
croyoit auoir le don de miracles, Monfieur de Renty répon-
,, dit auec fa douceur ordinaire ; noftre Seigneur eft en toutes
,, les Eglifes dans le S. Sacrement , que nous pouuons vifiter.

Mais dautant que la parole & le filence font vne des parties plus notables de la bonne ou de la mauuaife conuerfation , il faut maintenant voir comme quoy cet homme de
Dieu zelé pour le falut du prochain fe conduifoit en l'vn &
en l'autre. Il parloit peu, & par mouuement de grace & mefme par inclination de nature : auffi n'ût il pû eftre fi fage &
parler

parler beaucoup, puisque les saintes Lettres nous apprennẽt, que le propre charactere de la sagesse est de peu parler, & qu'il est difficile, & comme impossible, de ne point faillir dans vne multitude de paroles. Quand il visitoit ou qu'il estoit visité, & lors qu'il se trouuoit en quelque assemblée de deuotion où il falloit parler, il parloit en son rang auec vn esprit toujours present à soy & vn maintien recueilly, en termes concis, mais pleins de suc. On ne l'a iamais vû empressé ny pour parler, ny en parlant, ny d'vn ton de voix plus éleué, quelque haste qu'il eut: s'il rapportoit quelque chose, ou s'il racontoit quelque fait, c'estoit brieuement, sans y mettre vne parole qui ne fut necessaire, & qui ne portât: de sorte que quelqu'vn a dit de luy, qu'il seroit malaisé de trouuer vn homme, qui parlât mieux & moins que luy.

Dans la conuersation il ne parloit iamais de choses vaines, inutiles, ny des nouuelles du temps, mais toûjours de choses bonnes & du Royaume de Dieu, à l'exemple de nostre Seigneur, & dés lors qu'il voyoit qu'on changeoit de discours & qu'on se iettoit sur les affaires du monde ou sur des bagatelles, il prenoit congé de la compagnie, ou disparoissoit sans rien dire; encore parloit-il des choses bonnes auec moderation, disant qu'il falloit mesme sobrieté à parler de Dieu & des meilleures choses, & que cestoit vn des amusemens qu'il portoit auec plus de peine parmy les persones spirituelles, lesquelles passent souuent de bonnes heures à s'entretenir de la vertu dans le vague & sans fruit, sortans de leurs entretiens auec dés esprits vuides secs, & dissipez. Le secret de la morale Chrestienne n'est pas à dire, mais à faire, & la Parole substantielle de Dieu le Pere est seulement vne, & infiniment efficace pour produire le S. Esprit, & operer de tres-grandes choses.

De plus cet homme de Dieu estoit en sa conuersation veritablement & grandement humble, respectueux, affable, gracieux, officieux, bienfaisant, & cordial: Il estoit patient pour souffrir les ignorãces, les lourdises, les importunitez, les mauuaises humeurs & les autres defauts du prochain; prudent pour s'accommoder aux esprits, & couler par dessus beau-

X

coup de petites choses, sans faire semblant de les voir & de
les entendre.

Toutes ces qualitez excellentes rendoient sa conuersation tres-profitable au prochain, & faifoient que par tout elle produifoit de grands biens. Il répandoit auec sa modestie,
auec ses regards, auec ses paroles, auec son silence, auec tout
son exterieur si bien composé & si harmonique en tous les
lieux où il alloit, vn certain air de vertu & vn baume de deuotion, & il imprimoit la pieté dans les esprits. Sa seule presence donnoit du recueillement, & il ne falloit que le voir
pour se retenir, iusques là, que la creance qu'il estoit dans vne
Eglise, tenoit les persones de sa connoissance plus attenti-
ues à leurs prieres, & quelques-vnes ont ressenti de sa compagnie, encore huict iours aprés, des effets de grace par vn
attrait & vne occupation extraordinaire en Dieu.

Aussi par tout où il se rencontroit, c'estoit à l'enuironner de
toutes parts par mouuement d'estime & par desir de consolation qu'on goûtoit en sa presence : mais quand il s'apperceuoit qu'on faifoit état de luy, & qu'on parloit auec approbation de ce qu'il auoit fait, ou de ce qu'il auoit dit, il
s'humilioit profondement en son esprit, lequel portoit le témoignage de son mécontentement sur son corps, qui par
fois en estoit tout courbé, & il demeuroit, tandis qu'on parloit de luy, les yeux baissez dans vn profond silence, auec vn
maintien graue & posé qui marquoit sa peine, & qui donnoit
du respect, & edifioit extremement.

Pour finir, il faut rapporter icy vne chose tres-remarqua-
ble, qui monstre euidemment combien il estoit parfait &
acheué en sa conuersation, & en tous ses procedés enuers le
prochain: c'est que sa façon de conuerser, sa maniere d'agir
auec le prochain, & sa deuotion ne choquoit persone, &
n'a esté blamée ny condamnée d'aucun, mais approuuée, pri-
sée & loüée de tous, de sorte que generalement tous auoient
de l'estime, de la reueréce & de l'amour pour luy, & disoient
par proportion comme de son maistre, qu'il faisoit bien tout.
Certainement pour en venir là & meriter cette approbation
vniuerselle, particulierement en vne telle multitude d'affai-

res , si differentes, & si malaisées, & dans vn si grand debit, ce qui est fort rare , il faut auoir vne conduite tres-prudente & tres-auisée.

Ioint que son humilité, son honesteté , la deference qu'il rendoit à tous iusques aux plus petits , son affabilité, sa charité , sa patience , & ses autres vertus, luy gagnoient le cœur de tous ; mais comme il y a beaucoup de peril d'estre tant estimé, tant loüé , & tant approuué de tous , Dieu pour assû-rer par vn sage & diuin contrepoid sa vertu , & empecher que sa sainteté ne fist quelque faux pas en vn lieu si glissant, permit, que d'où principalement l'estime , l'approbation & la satisfaction luy deuoient venir , à sçauoir de Madame sa Mere , le blâme , la condamnation & le mépris luy vinssent d'vne façon fort inopinée & tres-affligeante, comme nous l'auons vû.

CHAPITRE III.

Sa Conduite dans les affaires.

 IL faut dire d'abord sur ce suiet, que Monsieur de Renty estoit sans contredit vn des hommes de Paris & du Royaume des plus occupez pour ce qui regarde le seruice de Dieu , & qu'il faisoit des affaires de cette nature comme sans nombre. Dieu luy auoit donné pour cela vne grande force de corps & d'esprit & vne haute capacité pour y pouuoir fournir, de sorte que sans s'em-presser, sans se péner, auec vn esprit rassis & vne application toujours tranquille, sans perdre vn moment de temps, il fai-soit vne chose, & puis vne autre, & quelquefois plusieurs en-semble. On l'a veu en faire trois à la fois sans se troubler ny se m'éprendre, on la veu estant pressé de plusieurs affaires, qui luy suruenoient tout à coup, & qu'il falloit expedier sur l'heure, lire des lettres, donner audience, & répondre à

differētes perſones en meſme temps, & ſur diuers ſuiets clai‑
« rement & nettement. Il dit dans vne de ſes lettres ; Il eſt
« vray que de tous coſtez les affaires me viennent trouuer &
« accourent ; il faut lire , il faut écrire, il faut agir, vn petit ſe‑
« cond en auroit encore bien ſa charge , quoy que i'en faſſe
« part à pluſieurs ; mais ne vous mettez pas en ſoin pour cela,
« i'en fais ſur le champ ce que i'en peux faire , & le reſte en ſon
« temps, ſans m'en empreſſer. Noſtre Seigneur me fait la gra‑
« ce de me donner ſa paix dans tout cela , & de n'en eſtre
« point embaraſſé. Mais voicy l'ordre qu'il tenoit dans les af‑
« faires.

Il pezoit & conſideroit beaucoup vne choſe deuant que
de la reſoûdre , ſans tenir pourtant aprés ſi fort à ſon ſens
qu'il ne s'en démit facilement, où il voyoit que les raiſons
d'vn autre eſtoient meilleures que les ſiennes , ce qui eſt ne‑
ceſſaire à tous ceux qui deliberent d'vne affaire , mais aſſez
rare ; parce que chacun idolatre, s'il n'y prend garde, de ſon
eſprit & amoureux de ſes lumieres, eſt bien aiſe de l'empor‑
ter & que ſes opinions ſoient coronées. Aiant fait quelques
reglements pour vne compagnie de pieté qu'il auoit dige‑
rez auec ſoin, & aiant ſupplié quelques perſones de vertu
de les examiner, il en ſouffrit auec vne grande humilité la
correction , & en fit luy meſme la rature , priant qu'on y
emploiât d'autres paroles plus propres que les ſiennes.

Vne affaire eſtoit-elle reſoluë, il ſe montroit prompt, fer‑
me & conſtant à l'executer , & ne la quittoit pas qu'il ne l'ût
miſe au point qu'il la falloit. Il y en a pluſieurs qui commen‑
cent beaucoup d'affaires , mais ils ne les acheuent iamais ;
ils ont bien chaleur & force au commencement , mais cette
chaleur dans la pourſuite vient à ſe refroidir & cette force à
s'abbatre. La nature ſage & parfaicte ouuriere ne demeure
pas ainſi en la production de ſes ouurages au milieu de ſa
beſogne, elle leur donne leur accompliſſement & leur per‑
fection : l'Enfant ne ſort point du ventre de ſa mere qu'il ne
ſoit entierement organiſé , & quil n'ait tous ſes membres.
Monſieur de Renty concertoit vne affaire prudemment, il la
commençoit promptement , il la pourſuiuoit vigoureuſe‑

ment, & ne l'abandonnoit point, autant qu'elle dependoit de luy, qu'il ne l'ût miſe à chef.

Il arriuoit pourtant quelquefois par vne autre conduite, que voiant vne affaire bien êtablie & bien liée, ou deja en bon train & dans ſon courant, il la laiſſoit à vn de ſes amis capable de la finir, non par inconſtance d'eſprit, mais pour en commencer vne autre, & ainſi pour en faire dauantage. Ioint auſſi que par vne adreſſe d'humilité il vouloit euiter la loüange, laquelle ſe donne bien plus à celuy qui termine heureuſement vne affaire, qu'à celuy qui la commence.

Ce ſaint homme auoit dans les affaires, qui regardoient le ſeruice de Dieu, vne fermeté d'eſprit inebranlable, qui ne ſe relâchoit, ny ne ſe rendoit iamais, & outre la force, dont ſes paroles eſtoient animées, il faiſoit prendre à ſon viſage vne aſſûrance toute extraordinaire, encore qu'il fût toujours dans vn maintien doux & tranquille: & c'eſtoit particulierement dans les aſſemblées, où paroiſſoit cette fermeté, où Dieu le reueſtoit d'vne telle force, que ceux, qui le regardoient, ſe ſentoient touchez de reuerence pour demeurer deuant luy dans la retenuë & dans le reſpect. Quand il y parloit & opinoit, il auoit tant de lumiere en ſes penſées, tant de ſolidité en ſes iugemens, tant de force en ſes raiſons, & il prenoit d'vne ſi belle maniere vne affaire & ſçauoit ſi iuſtement en trouuer la iointure, que tous eſtoient contraints d'acquieſçer & de ſe rendre.

Que ſi quelqu'vn n'approuuoit pas autrement ſon auis & vouloit renuerſer ſes raiſons, il ſçauoit les ſoûtenir auec tant de puiſſance, particulierement lors qu'il auoit quelque autorité dans l'aſſemblée, qu'il le faiſoit reuenir; que s'il inſiſtoit à les combatre, il ne diſoit plus mot, mais ſon ſilence & la fermeté de ſon viſage & de ſon maintien l'arreſtoit ſans oſer paſſer outre, & apres l'aſſemblée il alloit luy demander pardon auec grande humilité, & luy faiſoit connoître doucement que ce qu'il pretendoit, n'eſtoit pas le ſoûtien de ſon opinion, mais de la cauſe de Dieu, à laquelle ſeule il s'arreſtoit par le deuoir de ſa charge, & qu'au reſte il ſe sentoit disposé & estoit prest de ceder de bon-cœur à tous.

Il y a des esprits qui n'ont point de tenuë ny de fermeté dans les affaires, toûjours chancelans & douteux, indecis & indeterminez, & apres la determination müables & changeans, de sorte qu'on ne peut prendre pied sur eux. Mr de Renty estoit clairuoyant pour penetrer dans vne affaire, decisif pour la resoudre, & constant pour ne point varier dans vne resolution bien prise : on estoit assuré que, pour luy, il n'y auroit point de changement dans la chose : on pouuoit s'appuier sur ce qu'il disoit & il gardoit inuiolablement sa parole.

Quand on le prioit de se trouuer à quelque deliberation pour y donner son auis, il s'y rendoit à point-nommé, sans faire attendre apres luy, il y prenoit sa place, & la derniere s'il pouuoit, & y paroissoit auec cette rare modestie & cet exterieur si bien composé qui edifioit tout le monde, dont nous auons parlé. Il écoutoit auec autant d'attention & auec vn esprit aussi present, comme s'il n'ût point eu d'autres affaires, & puis disoit son opinion en peu de paroles fort energiques : La chose, dont il s'agissoit, estant decidée & ne requerant plus sa presence, il se retiroit aussi-tost, sans qu'on l'ût pû arrester vne minute dauantage, parce qu'il estoit auaricieux menager du temps, & qu'vne autre affaire pour le seruice de Dieu l'appelloit ailleurs.

Si Monsieur de Renty traitoit dignement & dans toutes les plus belles manieres, qui se peuuent, les affaires pour l'exterieur, ils'y prenoit encore pour l'interieur plus excellemment & dans des dispositions de grace tres-parfaites.

Quelque multitude d'affaires qu'il eut, & pour importantes qu'elles pûssent estre, il ne quittoit iamais ses exercices de pieté, & ne perdoit point le soin de sa perfection, mais le preferoit toujours à tout autre employ : il sçauoit que comme les viandes, mesme les meilleures, prises auec exces nuisent, & au lieu de fortifier l'estomach, l'affoiblissent & étouffent sa chaleur ; de mesme les occupations exterieures les plus saintes, si vn homme s'en surcharge, luy apportent de grands preiudices, & éteignent les ardeurs de sa deuotion : pour cette cause, encore qu'il en eut vn tres-grand nombre, il n'en prenoit toutesfois qu'autant qu'il en pouuoit porter, & veilloit singulierement à ce qu'elles ne le dissipassent point, qu'elles n'amortissent ses bons sentimens & ne secularisassent son esprit, mais plûtôt qu'elles luy seruissent à l'éleuer & à l'vnir encore plus à Dieu.

En effet il estoit en toutes sortes d'affaires & en toutes ses occupations exterieures toujours recueilly, & autant solitaire dans les plus grandes assemblées, que le sont les Ermites dans le profond de leurs deserts: sa modestie & sa contenance faisoit euidemment iuger qu'il estoit appliqué à son interieur & vny à Dieu, de qui il tiroit lumiere & force pour agir, & pour agir dauantage, & bien. Ie n'agis pas moins pour mon recueillement, écriuit il vn iour à son Directeur, i'agis encore plus; car iaurois vn desir de tout faire, & i'agis d'vne maniere claire où ie n'ay point de part, car c'est nostre Seigneur qui fait tout.

Et vne autrefois il luy manda; l'vsage à l'egard du monde est à l'ordinaire en moy; quand il faut écrire ou parler à ceux qui demandent auis, il semble que l'on possede toute connoissance, & on se sent estre dans tout ce que l'on dit, & aprés, cela s'efface de l'esprit, toutes les portes sont fermées, il n'en reste plus rien.

Et encore dans vne autre lettre: me trouuant vn iour fort chargé de diuerses affaires à écrire & à agir, i'eus mouuement d'en separer entierement mon esprit, & au mesme instant ie le sentis déchargé, & depuis rien nem'a cousté, & si i'en fais plus sans y penser: cette grace m'a esté renouuellée souuent, quoy qu'en diuerses manieres, & ie reconnois bien qu'elle est grande, & que i'en dois estre bien reconnoissant, parce qu'elle me sert pour me conseruer en simplicité au milieu de la multiplicité.

Dauantage encore qu'il n'oubliât rien de ce qui estoit de l'exterieur d'vne affaire, & qu'il y apportât tout ce que la prudence & le soin pouuoit afin de la faire reüssir, neanmoins il attendoit bien plus le succes de la benediction de Dieu, que de son industrie & de tous les moiens humains, c'est pourquoy il auoit grand recours à la priere, recomman-

dant instamment à Dieu toutes les choses qu'il entreprenoit , & dans les emplois & le chois des persones qu'il y occupoit , il faisoit bien plus d'attention sur la grace que sur la
nature & sur toutes les qualitez exterieures , puis qu'aussi
l'effet qu'il pretendoit , regardant la gloire de Dieu &
le salut du prochain , deuoit principalement prouenir de
la grace.

Et comme il connoissoit que les affaires de Dieu ne se
font pas sans peine , & que souuent elles sont combatuës
de grandes oppositions iusques à estre renuersées , il estoit
patient en leur negotiation pour souffrir tout sans perdre iamais courage ny se rendre pour aucune difficulté , esperant
toujours d'en venir à bout; que si elle estoit empechée , il
demeuroit en paix apres y auoir fait ce qu'il auoit pû. Il écri-
« uit à vne persone : c'est pitié que de nostre nature quand el-
« le est applaudie, mesme dans la grace: c'est pourquoy i'esti-
« me à grande misericorde d'executer vne entreprise bien
« fondée , bien approuuée & reconnuë estre de l'esprit de
« Dieu par ceux qu'il a mis en son Eglise pour en iuger, mais
« que l'execution s'en fasse dans les contradictions & les
« croix.

« Et à vne autre, nous pouuons bien auoir de bons & saints
« desseins,& Dieu nous les inspire , toutefois quand il permet
« qu'ils succedent au contraire , il faut adorer ses secrets, qui
« nous font plus de misericorde en nous rompant, que s'ils
« reüssissoient auec grande consolation; nous deuons toûjours
« craindre que nostre propre esprit ne s'arreste à quelque cho-
« se. Et à vne autre encore : Le bon Iesus à ses desseins, qu'il
« conduit par des moyens que nous ne choisirions iamais:& sa
« raison est qu'il se plait à rompre nos volontez, & empecher
« que nous ne prenions nos appuis en la terre; c'est pourquoy
« il trauerse mesme les choses les plus iustes, estant plus ialoux
« du sacrifice de nos cœurs, que de toutes autres choses pour
« specieuses qu'elles puissent estre.

Mais la principale regle que ce saint Homme obseruoit dás
les affaires , estoit de ne les point regarder en elles mesmes,
mais dans la volonté & le dessein de Dieu , & de s'y porter
dans

dans cette veuë & dans cét esprit, d'où il arriuoit qu'il ne s'appliquoit pas aux affaires parce qu'elles estoient éclatantes, agreables, ou vtiles, mais parce que Dieu vouloit qu'il s'y appliquât & y donnât ses soins; que les choses petites & les occupations basses luy estoient egalement considerables, & mesme souuent preferables; qu'il alloit aux œuures delaissées, aux emplois de charité inconnûs, & aux pauures abandonnés, parce qu'il croyoit qu'il y auoit moins de nature & plus de volonté de Dieu; qu'il ne s'auançoit point ny ne s'ingeroit pour faire vne chose si Dieu ne le vouloit; s'il le vouloit, qu'il ne la pressoit & ne la precipitoit point, mais la laissoit venir doucement aux pas de sa prouidence & selon le cours de son vouloir.

C'est le témoignage que rendent de luy les memoires qu'on a enuoyés de diuers lieux. Il n'agissoit point, disent-ils, pour entreprendre aucune chose ny pour la mettre à chef par son propre esprit, ny par le mouuement de sa volonté, mais par celuy de l'esprit de Dieu, à mesure qu'il connoissoit son vouloir, de sorte que si apres l'auoir commécée, il sentoit ce mouuement interieur s'arrester, il s'arrestoit aussi sans la poursuiure: il ne faisoit iamais aucun proiet particulier, quoy qu'il veit les choses qu'il auoit à faire, mais il attendoit les ordres exprés de Dieu qui luy estoient declarez, ou par lumiere en l'entendement, ou par impression en la volonté, ou par quelque autre moyen qui luy en donnoit la certitude, que l'on en peut auoir en ces occurrences: D'où vient qu'vne persone confidente luy demandant vn iour, s'il feroit vne certaine chose en tel temps, il luy répondit, sçauez vous" pas que ie n'ay point de demain? & vne autre fois il luy dit," Ie vois cinq ou six choses à faire par necessité, mais ie ne sçau-" rois dire laquelle ie voudrois la premiere, ny quand, ny com-" ment; car par la misericorde de Dieu ie suis tout à fait indif-" ferent pour tout."

Il écriuit à son Directeur. I'espere d'estre à Paris à la fin de" Septembre, ie receuray là vos ordres pour aller où vous" estes, lors que ie vous incommoderay le moins, quand i'y" feray, i'y feray ce qu'il plaira à nostre Seigneur par vous; Ie ne"

« premediteray rien sinon de luy aller obeir & suiure sa con-
« duite par vous, & en tout le mieux qu'il me sera possible. I'ay
« experience que lors que ie pensois faire le plus en quelques
« lieux, ie n'y faisois rien; Cela m'a appris à aller nû, & quand
« i'y pense le moins, m'abandonnant à Dieu, c'est lors qu'il s'en
« fait dauantage : c'est pourquoy ie le laisseray faire, & vous en
« luy.

Vn de ses amis l'accompagnant vn iour de la semaine-
sainte à Paris pour aller prendre à l'épargne vne grande somme d'argent, que la Reyne auoit donnée auec vne bonté &
vne liberalité vrayement Royale pour aider l'Eglise naissan-
te de Canada; Monsieur de Renty luy dit, ayant passé par
« deuant vne Eglise, où l'on chantoit le seruice diuin: Faisons
« ce que Dieu veut, & n'ayons attache qu'à sa sainte volonté:
« c'est vne grande consolation d'estre dans l'Eglise à ouir les
« loüanges de Dieu, mais demeurons maintenant icy, puis-
« que c'est son bon-plaisir. Cet amy rapportant cecy adiouste
dans son memoire, que plusieurs persones admiroient ce
grand recueillement & cette vnion intime auec Dieu en vn
homme, qui auoit tant d'affaires comme luy, mais qu'il estoit
au dessus des affaires, attaché vniquement à Dieu & à l'e-
xecution de sa volonté.

Il a dit à vne autre persone qui auoit de grands desseins pour
le seruice de Dieu, mais qui n'estoient pas encore de saison:
« Ne nous appliquons qu'au iour la iournée; les pensées, que
« vous auez sont saintes, mais il faut s'abandonner à Dieu pour
« l'auenir, & emploier le temps, qu'il nous donne, à l'aimer &
« à suiure ce qu'il nous fait connôitre estre de sa volonté, &
« se tenir toujours deuant luy en esprit de sacrifice auec nostre
« Seigneur IESVS-CHRIST.

Mais pour la fin il faut que ie rapporte vne lettre qu'il écriuit à son Directeur l'an mil six cens quarante six, qui preuue
bien la Verité de ces trois points, & est pleine de beaucoup de
« lumieres. Ie vous diray quelque chose, luy mande t'il, de ce
« qui se passa hier en moy, qui vous fera connôitre mon état
« present: Entendant l'Euangile de l'Assomption de la saincte
« Vierge qui parle de Marthe & de Marie, la plus part des

sentimens, que cet Euangile m'auoit autresfois donnez, me ,,
reuinrent en l'esprit, à sçauoir, que l'oraison & la pure occu- ,,
pation en Dieu est beaucoup preferable à tous les exercices ,,
exterieurs, quoy que saints, puis que Marthe faisant le plus ,,
saint & le meilleur, estoit reprise de troubles, & Marie loüée ,,
pour son repos. Ce mot, *Turbaris erga plurima*, m'a serui ,,
long-temps pour me separer des choses exterieures, & mes- ,,
me des interieures, quoy que bonnes, qui n'estoient pas ab- ,,
solûment necessaires, côme d'aller visiter & instruire les pau- ,,
ures, lire ou écrire quelque chose de deuotion, & autres sem- ,,
blables. Ie connoissois qu'il estoit expedient pour lors de les ,,
quitter, afin de se former & de s'afermir dans l'inaction de ,,
nostre propre, & arriuer au denuëment de nostre volonté ,,
& de nostre viuacité, pour attendre l'ordonnance diuine & ,,
la suiure en sage simplicité par l'esprit de IESVS-CHRIST ,,
qui viurifie, & qui vit en ceux qui l'écoutent auec respect. ,,

Mais il faut noter, que depuis trois ou quatre mois que ,,
ie me tien icy en la basse Normandie, ie suis quasi conti- ,,
nuellement occupé en choses exterieures, à parler à tout le ,,
monde, à traiter les malades qui me viennent trouuer, à voy- ,,
ager, à accorder des differens, à bastir, & vne grande Egli- ,,
se, qu'il est necessaire de démolir & d'accroistre, & pour la- ,,
quelle il faut beaucoup de desseins, & mesme faire des mo- ,,
deles, à cause qu'il n'y a persone en ce pays qui entende l'ar- ,,
chitecture, dont i'ay eu autresfois connoissance: il m'a donc ,,
fallu rappeller mes anciennes idées & m'y remetre tout de ,,
bon. ,,

Hier apres y auoir trauaillé tout le matin oyant l'Euan- ,,
gile susdit, & particulierement ces paroles, *Turbaris erga plu-* ,,
rima, il me vint vne lumiere interieure, & me fut dit, *non* ,,
turbaris erga plurima. Ie connûs lors, mais d'vne maniere eui- ,,
dente, que les choses que l'on fait par l'ordre de Dieu, quel- ,,
les qu'elles soient, ne troublent point, & ie vis nettement, au ,,
moins ce me semble, que saincte Marthe est reprise non de ,,
faire vne bonne œuure, mais de la faire auec empressement, ,,
& nostre Seigneur par ces mots, *Turbaris erga plurima*, luy ,,
monstre qu'elle faisoit son action en trouble & dans vne agi- ,,

Y ij

“ tation d'esprit inordonnée , quoy que pretextée d'vne tres-
“ loüable fin : que la chose principalement necessaire estoit
“ d'écouter la Parole eternelle; de sorte que comme son Hu-
“ manité, soit pour agir , soit pour prêcher, ou pour faire tou-
“ te autre chose , receuoit les mouuemens de la Diuinité, *à*
“ *meipso facio nihil : sicut audio, hæc loquor,* disoit il, de mesme nous
“ deurions prendre nostre direction de Iesvs-Christ,
“ qui est cette Parole de vie eternelle : c'est pourquoy il ne
“ faut rien faire en trouble, mais faire tout en paix dans cet
“ esprit.

“   Ie reçûs donc alors grand appuy pour tous les petits of-
“ fices exterieurs, ausquels mon deuoir m'attachoit, & ie n'ay
“ point fait de difficulté de m'abandonner à cet ordre sainte-
“ ment desordonné, dans lequel ie sens que Dieu me veut,
“ pour faire ce qui sans moy ne pourroit estre fait : depuis trois
“ mois ie n'ay pas peut-estre fait trois ou quatre heures d'orai-
“ son à genoux de suite hors de l'Eglise , & s'il ne s'en faisoit
“ qu'en cette façon, i'aurois bien mal fait mon deuoir. Il est
“ certain que ie l'ay bien mal fait, mais ie ne laisse pas de sça-
“ uoir que Dieu dans les emplois, qu'il donne, fait bien sentir
“ sa presence & sa force pour lier l'ame à soy par des manieres
“ bien intimes, & que l'ouurage exterieur se peut faire du bout
“ des doigts, pendant que le cœur ioüit d'vne alliance reelle
“ des Enfans auec leur Pere par l'esprit du Fils, qui nous met
“ en sa communion & en celle de la saincte Vierge, des An-
“ ges , & des saints, & de tout vn ciel, si vous voulez : tant
“ ce Seigneur donne d'ouuerture à l'ame , quand il luy plaist,
“ & comme il luy plaist.

“   I'auois pour lors vne impression si sensible de Dieu, &
“ neanmoins si au dessus des sens, parce que cela se passe dans
“ la partie la plus noble de l'ame qui est l'esprit, que l'on m'eut
“ roulé comme vne boule , sans perdre mon Dieu de veuë.
“ Tout pourtant est icy passager, car nostre Seigneur roule la
“ boule d'vne étrange façon quand il veut, & ces diuerses fa-
“ çons sont faites pour aider l'ame, & la façonner à tout , &
“ faire qu'elle n'ait rien vers soy ny selon soy, mais tout pour
“ son Dieu & selon son Dieu.

De plus ie voiois euidement qu'vne persone, que Dieu „
emploie en des choses basses, laquelle s'y applique auec au- „
tant de fidelité que si elles estoient bien releuées, & se tient „
à son ordre par obeissance & par aneantissement de soy, ne „
luy est pas moins agreable, que celle qui est occupée en des „
fonctions éclatantes. Il n'est pas question des œuures, mais „
de la fidelité à s'abandonner à Dieu, & à faire ce qu'il veut. „
Qui n'aimeroit à conuertir mille mondes, & porter toutes les „
ames à Dieu ? toutesfois tu ne porteras que des pierres, ou „
mesme tu ne feras rien. Il y a beaucoup à sacrifier dans la „
patience, & beaucoup de consolation en l'autre party, & ie „
crois qu'il est sans comparaison plus rare de trouuer vne ame „
fidele à la patience, & à ne vouloir pas faire plus que Dieu „
ne veut d'elle, que des fideles dans les actions qui pa- „
roissent. „

Ie sçay bien qu'en tout Dieu fait le tout, mais le sacrifice „
de patience & de cessation est plus grand à vn cœur, qui a l'a- „
mour & le zele de son honneur, & qui en suite est porté à l'o- „
peration, & a besoin de plus de force pour se retenir, que „
pour agir. Le Rien ne peut seruir de nourriture, & la faim, qui „
deuoreroit les quatre coings du monde, est contrainte de „
circuler en ie ne sçay combien de manieres d'offrandes „
dans son feu de reuerbere, iusques à ce qu'elle ait trouué „
issuë par ce regard, que Dieu est suffisant à soy mesme, qu'il „
n'a nullement besoin de nous pour sa gloire, & que c'est plus „
nous faire honneur de nous emploier, que ce n'est pas son „
seruice, parce que nous ne sommes iamais si purs que nous „
ne ternissions toûjours quelque chose & ne luy fassions per- „
dre vne partie de son éclat ; de sorte que nous ne som- „
mes pas seulement des seruiteurs inutils, mais encore „
nuisibles. „

Ie vous diray de plus ce mot pour vous faire connôitre „
ce que vous deuez sçauoir, afin de me radresser, Que i'ay vne „
honte veritable & sensible de ne rien faire pour Dieu, i'en „
porte parfois vne angoisse si forte, considerant sa dignité, son „
amour, ses dons & ses communications par l'alliance de „
IESVS-CHRIST, & de son Esprit, qu'elle seroit extréme „

" & insupportable ne voiant en moy qu'impuissance à tout
" bien, que miseres & pechez, si ie ne m'accoisois par ce que
" ie viens de dire, de la suffisance que Dieu a en soy mesme, &
" qu'il fait de nous ce qu'il luy plaist, en nous tenant dans l'o-
" beissance & l'aneantissement. Voyla sa lettre, où il y a bien
" à apprendre.

CHAPITRE IV.

L'usage qu'il faisoit des choses, & l'application qu'il auoit
pour cela à l'Enfance de nostre Seigneur.

IL faut necessairement que Monsieur de Renty ayt fait vn excellent vsage des choses qui
luy arriuoient, & generalement de toutes les
creatures, pour estre monté à vn si haut degré
de perfection, dont cet vsage, pour ce que
l'homme y met du sien, est sans doute le moien
principal, auquel tous les autres sont subordonnez, & duquel ils dependent auec tant de sujetion, que sans luy ils
sont inutils, & deuiennent mesme des empéchemens.

Il est vray que Dieu a mis dans le sein de chaque chose,
dans les richesses & la pauureté, dans les honneurs & les opprobres, dans la santé & les maladies, dans les biens & dans
les maux vne force secrete & vne capacité morale pour nous
aider à faire nostre salut, pour nous estre des instrumens de
perfection, & des liens à nous lier & nous vnir à luy ; mais
pourtant c'est selon qu'on s'en sert : car si vous vous en seruez
bien, elles produiront ce bon effet en vous, sinon elles en
feront vn fort mauuais, & au lieu de vous vnir à Dieu, elles
vous en éloigneront dauantage, elles vous rendront plus
imparfait & plus vicieux, & pouuant vous sauuer estans bien
prises, les prenant mal & de trauers elles seront cause de
vostre ruine. Cet homme illuminé, qui sçauoit ce secret
tres-important de la vie spirituelle, a emploié tous ses soins

pour le mettre parfaitement en pratique , mais pour mieux entendre cecy, il faut monter iusques à la source.

Ce saint homme a eu toujours extremement à cœur & a pris pour le capital de sa conduite & de toutes ses deuotions, comme nous l'auons dé-ja remarqué & qu'il est aisé de le voir en toute cette histoire, de s'vnir à nostre Seigneur IESVS-CHRIST : & auec tres-grand sujet, parce qu'il n'y a point de salut, comme dit S. Pierre, hors de IESVS-CHRIST, & Dieu n'a choisi que luy seul pour estre le mediateur de redemption entre luy & nous , & le reparateur de nos miseres ; parce que Dieu le pere n'aime d'vn amour de vraie amitié dans tout l'vniuers que luy seul ; c'est pourquoy S. Paul l'appelle le fils de son amour & de ses complaisances : de sorte que, comme le mesme Apostre dit, il nous rend agreables à ses yeux en luy & par luy, il nous trouue beaux & tout éclatans de gloire quand nous sommes liés à luy, cette liaison nous communiquant cette beauté & cette gloire, où , s'il nous voit seuls & sans luy, nous luy paroissons difformes, hideux & abominables, parce qu'en effet sans luy nous le sommes, n'estans remplis que de pechez & ses ennemis ; tellement qu'vne persone luy est d'autant plus chere & plus aimable, qu'elle est plus iointe à son fils , comme il paroit en nostre-Dame & aux Apostres , & nos actions ne luy plaisent & ne sont point bonnes , si elles ne luy sont vnies , non plus que la partie de nostre corps n'est viuante, si nostre ame ne l'anime.

Monsieur de Renty ayant parfaitement compris cette verité fondamentale du Christianisme, s'est étudié toûjours & en tout de s'attacher & de s'vnir à nostre Seigneur IESVS-CHRIST ; il s'est formé dessus luy pour regler son interieur & son exterieur ; il le regardoit incessamment comme sa Loy & sa Regle, & l'adoroit tous les iours sous ce titre ; il s'appliquoit auec grande reflexion à ses paroles, à ses actions, à ses desseins , à ses mysteres , & il en receuoit de grandes lumieres. Voicy ce qu'il m'écriuit vn iour de celuy de l'Incarnation.

I'ay eu la grace par diuerses fois d'auoir des connoissances »

" tres-intimes du myſtere ineffable caché en Dieu depuis tous
" les ſiecles, & manifeſté maintenant à ſes Saints, comme par-
" le S. Paul, qui eſt l'alliance qu'il a contractée auec nous en
" IESVS-CHRIST. Ces connoiſſances cauſent autant d'é-
" tonnement que d'amour, & à dire ſelon mon ſentiment,
" l'homme éclairé & penetré de ces veritez ne demeure plus
" homme, mais il eſt aneanti, & tout ſon deſir eſt de ſe perdre
" & ſe liquefier afin de changer de nature, & entrer en l'eſprit
" de IESVS-CHRIST, pour en luy n'agir plus que par luy.
" I'ay conçû de ſi grandes choſes de l'Humanité de IESVS-
" CHRIST vnie à la Diuinité, qu'il eſt certain que les paro-
" les n'ont point d'expreſſion pour les declarer. Combien cet-
" te alliance diuine a-t'elle approfondi cette ſainte Humanité
" dans l'aneantiſſement de ſoy meſme & dans le ſacrifice d'a-
" mour, ſur la veuë de la grandeur de Dieu! quel honneur à
" la nature humaine d'auoir vn tel Predeſtiné, & à nous quel-
" le gloire d'eſtre appellés & choiſis pour entrer en ſa faueur
" & monter à Dieu & à ſa ioüiſſance par luy! Il me faudroit
" tout auiourd'huy ſi i'auois à écrire la veuë que i'ay euë de la
" ſageſſe & de la bonté de Dieu touchant le myſtere d'a-
" mour, qu'il nous a ouuert en ſon Fils. Voyla vne partie de
" ce qu'il m'écriuit ſur ce ſuiet.

　　Or encore qu'il eut application & ouuerture à tous les
myſteres de noſtre Seigneur, la plus grande pourtant a eſté
à celuy de ſon Enfance, à laquelle noſtre Seigneur l'a lié
d'vne façon tres-ſpeciale; Et voicy comme la choſe arriua.

　　Eſtant contraint de faire vn voyage à Dijon pour le pro-
cés que nous auons rapporté, il y entendit parler de Sœur
Marguerite du S. Sacrement Religieuſe Carmelite au Conuent de Beaulne, à qui noſtre Seigneur faiſoit des faueurs
tres-particulieres, & qui menoit vne vie fort extraordinaire
fondée ſur vne veritable & ſolide vertu. Comme noſtre Seigneur a diuerſes voies pour ſanctifier les ames & conduire
à chef ſes deſſeins, il occupoit abſolûment cette ame choi-
ſie dans le myſtere de ſon Enfance, & par ce canal faiſoit
couler en ſon cœur vn torrent de graces & vne abondance
de grands dons, non ſeulement pour elle, mais encore pour
　　　　　　　　　　　　　　　　　　　　　　　d'autres,

d'autres, comme il se pourra voir dans la vie, qu'en fait vne
persone tres-digne d'vn tel ouurage.

Monsieur de Renty eut mouuement d'aller à Beaulne,
qui n'est éloignée de Diion que de sept lieuës, pour se recommander aux prieres de cette sainte Fille; il y alla, & encore
qu'il ne la veit & ne luy parla point, y ayant deja treize ans
que par vne conduite particuliere de nostre Seigneur elle
n'auoit parlé à aucune persone seculiere, il retira neanmoins
vn grãd fruit de ce voyage, cõme il le manda, estãt de retour
à Dijõ, à la Mere Prieure du lieu, à qui il écriuit. Ie n'ay point »
de paroles pour vous dire les misericordes, que i'ay receuës »
du voiage que i'ay fait à Beaulne; Ma sœur Marguerite me »
marque dans le saint Enfant Iesus vn denuëmẽt de ce siecle »
si parfait, qu'il me semble que c'est mon rẽdez-vous pour me »
vuider de tout. L'année d'apres, il y fit vn secõd voiage, & nô- »
tre Seigneur disposant autremẽt & les langues & les esprits, il
eut la consolation de parler à cette bonne Religieuse, auec
laquelle il contracta vne alliance de grace tres-étroite & reçût par son moyen de grands dons; le principal desquels &
comme la source des autres, fut que nostre Seigneur l'atta-
cha, comme elle, d'vne façon tres-speciale au mystere de
son Enfance, luy en imprima les traits & luy en communiqua
l'esprit & la grace.

Ce saint Homme, de qui le iugement doit auoir beaucoup de poids, pour auoir esté si prudent & si sage, & pour
auoir possedé vn si profond discernement des choses spirituelles, a toûjours eu vne haute estime de cette shincte Fille, a approuué sa conduite, & témoigné qu'il tenoit à grande
benediction la connoissance que nostre Seigneur luy en
auoit donnée, & qu'elle l'auoit beaucoup aidé, mesme apres
sa mort.

Il m'écriuit à ce propos le dix-huictieme de Iuin de l'an »
mil six cens quarante-huict, qui fut celuy de sa mort. Le »
saint Enfant Iesus a tiré nostre bonne sœur Marguerite du »
S. Sacrement à soy, dans des dispositions toutes rapportan- »
tes à sa vie & à sa grace miraculeuse. I'ay reçû grande pre- »
sence, liaison & secours d'elle depuis sa mort: sa grace m'a »

Z

« eſté toute renouuellée pour y entrer , ſelon que le permet
« mon état & mon infirmité, i'en ay connû la ſolidité. Et vn
« mois apres il me manda : hier par vne bonté ſinguliere de
« Dieu i'eus la veuë de ſa Maieſté, de S. Iean Baptiſte , & de
« ma ſœur Marguerite,qui me furent repreſentez ſi viuement
« en l'eſprit, que ie ne peux douter de cette verité ! ô quels ef-
« fets produiſent ces preſences, & quel amour allument ces
« regards ! Ie ſuis tout renouuellé de reſpect vers ce grand
« Saint mon patron, & vers cette digne ſeruante de Dieu qui
« l'honoroit beaucoup eſtant en terre, & qui ſans doute l'aura
« prié de me proteger. Il eſt vray que l'œuure de Dieu en elle
« eſt vn continuel prodige de grace, & vn chef-dœuure de ſa
« main.

Maintenant pour reuenir à ſon application à l'Enfance
de noſtre Seigneur faite principalement en ſon ſecond voiage à Beaulne, voicy ce qu'il en écriuit à vn Pere de l'Oratoire
Confeſſeur des Carmelites de là. Il faut que ie vous die que
« dés le premier voyage que ie fis il y a plus d'vn an vers vous,
« i'en remportay bien l'eſtime & le reſpect de la deuotion à
« l'enfance de noſtre Seigneur; mais mon établiſſement ny
« mon fond ne ſe trouuoit pas là, ie m'y mettois de temps en
« téps, mais ce n'eſtoit pas ma principale nourriture, où main-
« tenant le ſaint Enfant Ieſus m'a fait la tres-grande grace
« de ſe donner à connoître à moy & de s'ouurir , & ie trouue
« en luy tout, & i'y ſuis renuoié pour tout. Et il manda à la Me-
« re Prieure: Ie vous diray que le ſaint Enfant Ieſus me veut
« faire la miſericorde de m'appliquer particulierement à l'ho-
« norer , & à me donner à luy pour entrer dans ſes diſpoſitions
« ſaintes, pour faire vſage de ma vie & de mon ſacrifice par la
« conduite de ſon Eſprit.

En ſuite de cela il ſe conſacra à noſtre Seigneur Enfant
en ces termes, dont il fit deux copies de ſa propre main, & en
enuoia l'vne à ſœur Marguerite , toute écrite de ſon ſang, &
que l'on garde au conuent par deuotion , & l'autre vn peu
plus étenduë à ſon Directeur, mais où il a ſeulement ſigné
ſon nom de ſon ſang, en voicy la teneur.

En l'honneur de mon Roy, le saint Enfant Iesus.

IE me suis consacré ce iour de Noël de l'an mil six cens ,,
quarante trois au saint Enfant Iesus, luy referant tout mon ,,
estre, mon ame, mon corps, mon franc-arbitre, ma femme, ,,
mes enfans, ma famille, les biens qu'il m'a donnés, enfin ,,
tout ce qui me peut concerner, l'ayant supplié d'entrer en ,,
possession & en proprieté totale & fonciere de tout ce que ,,
ie suis pour ne plus iamais viure qu'en luy & pour luy en qua- ,,
lité de sa victime, separée de tout ce qui est de ce siecle, n'y ,,
prenant plus de part, que selon les applications qu'il m'en ,,
donnera & me permettra. Tellement que dorenauant ie me ,,
dois regarder comme vn instrument en la main du saint En- ,,
fant Iesus pour faire tout ce qu'il luy plaira dans vne grande ,,
innocence, pureté & simplicité, sans reflexion, ny retour ,,
sur quoy que ce soit, sans prendre part à aucun œuure, sans ,,
auoir ioye ny tristesse de ce qui arriue, ne regardant point les ,,
choses en elles mesmes, mais dans sa volonté & sa conduite, ,,
laquelle nous tâcherons de suiure par la presence que nous ,,
rendrons à sa creche & aux états diuins de son Enfance. Ie ,,
perds donc auiourdhuy mon estre propre pour deuenir tota- ,,
lement l'esclaue subsistant sur le S. Enfant Iesus à la gloire ,,
du Pere & du S. Esprit. ,,

Ie signe entre les mains de la tres-saincte Vierge ma mere, ,,
ma patrone & ma protectrice, & en la presence de saint ,,
Ioseph. ,,

G A S T O N I E A N B A P T I S T E. ,,

Comme Monsieur de Renty se consacra de tout son cœur
au saint Enfant Iesus, aussi cet aimable Enfant se donna li-
beralement à luy, faisant connoître à sœur Marguerite du
S. Sacrement qu'il seroit conduit & animé de l'esprit de son
Enfance, & qu'il se bailloit à luy pour estre son maistre, sa
lumiere & son intelligence; & luy montrant vn iour son
cœur, il luy dit, voila la demeure de mon seruiteur; à qui
elle écriuit comme nostre Seigneur Enfant se donnoit à luy

Z ij

pour luy tenir lieu d'air spirituel & diuin , & que comme il respiroit incessamment l'air materiel pour la vie de son corps , il vouloit de mesme qu'il le respirât en tout & par tout pour celle de son ame, & que son Innocence, sa Pureté, & sa Simplicité subsistassent en luy au lieu de luy mesme, detruisant tout ce que sa nature auoit de corrompu & de gasté.

En quoy il fit vn si grand progrés, qu'elle le voyoit souuent dans vn rayon de lumiere si penetré & si rempli de la grace de cette saincte Enfance que cela est inexplicable , & pour en quelque façon l'expliquer, elle disoit, il est dans la grace de l'Enfance de Iesus comme vne éponge dans la Mer : il est encore sans comparaison plus perdu en cette mer inépuisable des richesses infinies de cette diuine Enfance. Et luy mesme écriuit à vne persone. Le diuin Roy de la Creche le saint Enfant Iesus me fait tant de faueur que ie vous supplie de l'en remercier , elles sont inexplicables.

Depuis ce temps toutes les veilles des vingt-cinquiemes iours des moys, il entroit dans sa Chapelle sur les dix-heures du soir, & demeuroit en oraison iusques à minuit qu'il adoroit le moment precieux de la naissance de nostre Seigneur & son entrée dans le monde , faisant quelques actes exterieurs de deuotion deuant l'image du saint Enfant Iesus; lequel il honoroit encore en vn pauure enfant qu'il faisoit disner à sa table, & luy rendoit des respects qui ne se peuuent dire. Pendant tout le temps qu'il celebroit le voyage de l'Enfant Iesus en Egypte & son retour en Nazaret, il donnoit tous les iours à disner à trois pauures en l'honneur de Iesus, de Marie & de Ioseph, & n'alloit point en carosse, quoy que ses affaires l'obligeassent d'aller bien loing auec tres-grande peine, & qu'il n'ût pas encore quitté tout à fait son carosse, comme il fit du depuis.

SECTION VNIQVE.

Suite du mesme suiet.

Ppliqué donc ainsi au mystere de l'Enfance de nostre Seigneur remply de sa grace & animé de son esprit, à mesure qu'il y faisoit progrés, il y receuoit plus de lumiere & des impressions plus parfaites. Son Directeur ayant desiré qu'il mît par écrit ce qu'il pensoit de ce mystere, & en quoy consistoit sa grace, Voicy ce qu'il luy répondit dans vne lettre qu'il luy enuoya le cinquiéme de Nouembre de l'an mil six cens quarante-cinq.

Vous m'auez commandé d'écrire en quoy consiste la ,, grace de l'Enfance de nostre Seigneur, selon que ie la peux ,, reconnoistre; cét adorable Seigneur m'a renouuellé ce ma- ,, tin deux connoissances qu'il m'en auoit données depuis vn ,, mois à trois iours l'vn de l'autre, par lesquelles ie vous expri- ,, meray ce que i'en conçois. ,,

Il y a donc enuiron vn mois qu'estant à l'Eglise ie me ,, trouuay interieurement inquieté sur la deuotion de l'En- ,, fance de nostre Seigneur, parce que mon esprit fut frappé ,, de cette pensée, que le Chrestien doit regarder IESVS- ,, CHRIST tout entier depuis son Incarnation iusques à l'é- ,, tat de sa gloire, où il est assis à la dextre de son Pere, & d'où ,, auec luy il nous enuoye son S. Esprit; qu'il falloit s'adresser ,, à tous ses mysteres selon nos besoins, & que de se lier à vn ,, particulier estoit se faire des deuotions tronçonnées qui li- ,, mitoient l'étenduë de la verité & de la grace; ie m'en allay ,, aprés communier m'estant abandonné à Dieu, comme c'est ,, mon fond ordinaire; quelque temps aprés la communion, ,, ie veis dans vne lumiere, qui me fut communiquée, nostre ,, Seigneur tout entier, c'est à dire, tous ses mysteres depuis ,, son Incarnation iusques à l'état de sa gloire où il est à present ,, nous gouuernant, & en particulier la grandeur & la dignité ,, de celuy de son Enfance; & on me fit connoistre comme ce ,,

" myſtere eſt noſtre porte & noſtre adreſſe pour noſtre con-
" ſommation iuſques à la gloire ; que c'eſt luy où nous deuons
" tendre & toûjours nous y tenir , & que ce ſeroit temerité
" d'aller aux autres de meſme.

" Ie voyois temerité de vouloir & de demander des croix
" par nous meſmes , parce que c'eſt à la grace de nous y con-
" duire & de nous y ſoûtenir ; Ie voyois temerité de demander
" le Thabor, c'eſt à dire , des lumieres : En fin qu'il ne falloit
" point d'abord nous adreſſer aux autres myſteres de noſtre
" Seigneur, mais ſeulement à celuy de ſon Enfance, qui nous
" met dans l'ignorance, dans la ſeparation & l'inapplication
" des choſes de cette vie pour n'en vſer que dans ſes beſoins
" & ſelon que l'on les donne, qui nous tient dans vn grand
" ſilence , & qui enfin produit vne vie de mort pour l'exte-
" rieur, mais où pour l'interieur la tres-ſainte Ame de noſtre
" Seigneur s'occupoit continuellement dans le regard vers
" ſon Pere, dans ſon amour, dans le zele de ſa gloire, dans l'of-
" fre de ſoy-meſme, & dans l'obeiſſance pour aller en Inno-
" cence , en Pureté & en Simplicité à tous les états, par leſ-
" quels il auoit arreſté qu'il paſsât.

" Ie voyois donc que pour nous bien conduire en toutes
" nos diſpoſitions, ſoit de lumiere, ou de tenebres , de Thabor
" ou de la croix, nous deuions toûjours pour y receuoir, con-
" ſeruer & accroiſtre la grace , commencer par l'Enfance de
" noſtre Seigneur, qui nous enſeigne l'aneantiſſement de nous
" meſmes, la docilité à Dieu, le ſilence , & l'innocence ſans re-
" gard ny pretenſion ſur nous, mais auec l'abandon d'vn En-
" fant de grace, & d'vn Enfant de l'Enfant I E S V S. Cette con-
" noiſſance m'établit plus que iamais dans la liaiſon à ce my-
" ſtere : ie ſentis là mon fond , & i'y demeure en attente & en
" reſpect pour faire ce que demanderont de moy les momens
" conſecutifs ; car l'ame ne s'éleue à rien par ſoy-meſme, mais
" au contraire elle s'aneantit & ſe laiſſe mener en petiteſſe auec
" grande reconnoiſſance de ce qui ſe paſſe, & ſimplicité d'vn
" regard pur & abandonné. Ha! mon Pere que ie ſeray coûpa-
" ble deuant Dieu, de correſpondre ſi peu à la grandeur de ſes
" dons ; c'eſt ma douleur, & bien ſenſible, comme il le ſçait;

Quelques trois iours aprés, ces paroles de S. Paul me furent mises tout d'vn coup dans l'esprit. *Hoc sentite in vobis*
quod & in Christo Iesu: & le reste, mais l'effet principal fut sur
celles-cy. *Semetipsum exinaniuit formam serui accipiens*, & puis
sur ces autres, *factus obediens vsque ad mortem*, & la lumiere
me fut donnée pour connoître, que ces paroles portoient la
preuue de ce que i'auois veu il y auoit trois iours, & le vray
procedé de IESVS-CHRIST, qui dans son Enfance s'é-
stoit aneanty soy mesme iusques à la forme de seruiteur, &
pour le reste de sa vie iusques à sa mort dans la Croix s'estoit
rendu obeïssant, suiuant les ordres de son Pere non en éle-
ction, mais en soûmission & en patience : cette seconde veuë
m'affermit encore plus & d'vne autre façon dans ce mystere.

L'Enfance donc de nostre Seigneur est vn état où il faut
mourir à tout, & où l'ame en foy, en silence, en respect, en
innocence, pureté & simplicité, attend & reçoit les ordres
de Dieu & vit au iour la iournée en abandon, ne regardant
d'vne certaine maniere ny deuant soy ny derriere soy, mais
s'vnissant au Saint Enfant IESVS, qui aneanty à soy-mesme
reçoit tous les ordres de son Pere pour estre visité des Pasteurs & des Mages, pour estre circoncis, pour estre porté
en Ierusalem, pour aller & demeurer en Egypte, pour en reuenir, pour se transporter au Iordain à estre baptisé, au desert à estre tenté, pour précher, pour apres mourir en Croix,
& puis estre releué & consommé dans la gloire. Il nous faut,
mon Pere, suiure, ce me semble, sur ces traces IESVS-
CHRIST nostre modele, par la grace de son Enfance.

Voila ce qu'il écriuit à son Directeur de ce mystere, que
pour cela il preferoit aux autres, comme il le témoigna à
vne persone luy mandant. Il faut pour vne raison aller plu-
tost à l'Enfance de nostre Seigneur qu'à sa croix & à ses autres mysteres, parce qu'il s'est aneanty luy-mesme, comme
dit le grand Apostre, de son propre mouuement, & a choisy
la creche, & non la Croix, mais il a esté conduit à la Croix
par obeïssance, pour nous apprendre de choisir de nous mesmes l'aneantissement, & puis nous laisser mener comme en-

« fans dociles en Egypte, au defert, à la Croix, & à la gloire.

Outre ces folides lumieres & ces belles connoiſſances qui regardent l'Enfance de noſtre Seigneur, Il en eut encore d'autres touchant ces trois vertus de Pureté, d'Innocence & de Simplicité, où conſiſte principalement l'eſprit de ce myſtere, & qu'il produit dans vne ame qui luy eſt liée.

« Il en fit vn petit écrit qui commence : I'ay veu mon ame
« dans vn rempart d'Innocence & fur le fondement de la
« mort, du neant & de la nudité pour viure en pureté diuine
« auec le Saint Enfant I E S V S, mais parce qu'il n'eſt pas ſi in-
« telligible, voicy l'éclairciſſement qu'il en donna à ſon Di-
« recteur.

« I'ay veu mon ame fur la ſituation de la mort, du neant, &
« de la nudité, c'eſt à dire, dans la purgation & dans le vuide
« d'elle-meſme, & de tout ce qui eſt creé. Quand l'ame eſt
« fuſpenduë en vn defert, où elle n'a plus ny veuë dequoy que
« ce ſoit, ny aucun appuy à rien, il me fut monſtré que Dieu
« la tire hautement à ſoy par vn bout de corde du pur amour,
« qu'il luy iette du Ciel, comme diſoit ſainte Catherine de
« Gennes, & que cette corde eſtoit l'Enfant I E S V S, en l'v-
« nion duquel nous deuions rendre à Dieu tous les vſages
« d'vne victime, qui en Pureté, en Innocence & en Simplicité
« ſe ſacrifie & ſe conſomme pour ſa gloire.

« Il m'eſt donc monſtré tres-ſouuent, & c'eſt mon fond ſe-
« lon que ie le peux dire auec toutes mes infidelitez, que ie ne
« deuois plus agir que par la conduite de l'Enfant I E S V S, &
« ſes operations ſaintes & diuines m'eſtoient propoſées, ſon
« pur amour vers ſon Pere, ſon ſacrifice pour ſa gloire & pour
« la deſtruction du peché, ſa ſoûmiſſion à tous ſes ordres qu'il
« voyoit diſtinctement, qu'il attendoit en patience, & qu'il
« executoit ſelon que venoit leur temps, en la Creche, en ſon
« ſeiour d'Egypte, en ſa vie cachée, en ſes trauaux iuſques à
« ſa mort, ne faiſant rien par ſon mouuement, mais tout par
« celuy de Dieu. On me fait voir que c'eſt ainſi qu'il faut que
« i'agiſſe auec cette Pureté d'eſprit, pour la conſeruation de
« laquelle l'Innocence & la Simplicité m'ont eſté données,
« comme deux remparts qui la defendent.

L'Innocence

L'Innocence m'est comme vn rempart de la Pureté, ou ,,
comme vn cryſtal lumineux, au trauers duquel on me dit ,,
que ie deuois voir les choſes innocemment, c'eſt à dire, ſans ,,
m'appliquer au mal, & ſans que les vices & les deſordres des ,,
hommes m'arreſtaſſent & me fiſſent impreſſion, ny qu'il en ,,
demeurât rien dans mon eſprit. Cette Innocence porte à vne ,,
grande benignité & à vne grande douceur enuers le pro- ,,
chain, & elle m'eſt d'vn ſecours incroiable dans mes occupa- ,,
tions, à cauſe de tant de ſortes de maux & de pechez, dont ,,
i'ay iournellemét la connoiſſance, & où il ſemble que noſtre ,,
Seigneur vueille que ie m'employe pour y apporter quelque ,,
remede. L'Innocence donc s'applique à tout ce qui eſt de- ,,
uant moy, afin que la Pureté ne ſoit point troublée en ſon ,,
operation, c'eſt à dire, en ſon regard vers Dieu.   ,,

La Simplicité eſt l'autre rempart de la Pureté & agit ſur le ,,
paſſé, ſeparant l'ame de toute duplicité, & multiplicité, & ,,
luy oſtant toutes les veuës de ce que l'on a fait & de ce que ,,
l'on a veu: ainſi l'ame eſt comme encloſe entre deux remparts ,,
& entre deux murailles, dont l'vne la protege contre le ,,
preſent & l'auenir à ſçauoir l'Innocence, & l'autre, qui eſt la ,,
Simplicité, contre le paſſé.   ,,

Bienheureux ſont ceux qui ſont appellez au myſtere de ,,
l'Enfance de noſtre Seigneur, & à connôitre & goûter Dieu ,,
fait homme dans vne creche; ils y reçoiuent ſans doute de ,,
grands dons & y trouuent vne grace inexplicable auec la pe- ,,
netration & la poſſeſſion de la Pureté, de l'Innocence, & de ,,
la Simplicité de ce diuin Enfant; ne plus ne moins que le ,,
temps de la naiſſance d'vn Roy, ou de ſon auenement à la ,,
couronne, eſt le plus fauorable pour demander & pour ,,
obtenir.   ,,

C'eſt ainſi que cet homme de Dieu & cet Enfant de grace expliquoit ſes ſentimens touchant ces trois vertus de la
Pureté, de l'Innocence & de la Simplicité; de ſorte que la
Pureté regarde les intentions & regne en toutes les actions
interieures & exterieures pour n'y voir & n'y chercher que
la ſeule gloire & les ſeuls intereſts de Dieu. Tout ainſi qu'vn
Enfant n'opere que par nature, tellement que s'il regarde,

A a

s'il begaie, s'il écoute, s'il mange , s'il dort , il fait tout cela par principe de nature pure , comme cause operante ces actions , & comme cause finale de ces actions. Ainsi vn Enfant de grace & de grace de Iesvs Christ produit toutes ses œuures par mouuement de grace, & pour vne fin de grace, à sçauoir pour la pure gloire de Dieu , sur le modele de nostre Seigneur Enfant , qui dans sa creche se comportoit de cette maniere enuers Dieu son pere.

L'Innocence & la Simplicité font deux puissans secours dõnez à la Pureté pour la faire agir sans empéchement, l'Innocence la couure contre toutes les choses qui se presentent & luy tient lieu de bouleuart & d'vn crystal tres-net, au trauers duquel l'ame regarde innocemment toutes les choses, les vices, les mechancetez, les impuretez, les pompes, les vanitez , les beautés & tous les autres obiets exterieurs: comme vn Enfant qui voit toutes les choses qui s'offrent à ses yeux, d'vn œil pur & innocent, d'vne veuë degagée, & d'vn regard superficiel qui n'entre point dans la malice des choses & n'en conserue aucune espece, apres qu'il les a veuës. Vn Enfant de grace regarde & opere de mesme , s'appliquant à toutes les choses innocemment sans receuoir leurs impressions malignes ; ce qui luy est vn tres-grand & tres-neceßaire secours , pour dans la conuersation qu'il a auec les hommes, voir, examiner & traiter leurs maux sans en rien prendre , & pour toucher les ordures aussi nettement, que les rayons du Soleil font vn fumier.

La Simplicité bãnit toutes les multiplicités embarassantes, imparfaites & vicieuses pour ne faire aucun retour de propre recherche, de vanité, de complaisance, de déplaisir, ny de tristesse sur ce que l'on a fait , sur ce que l'on a dit , sur ce que l'on a negocié, sur les loüanges ny sur les blâmes qu'on a reçûs , ny aussi sur les pechez que l'on a veüs ou appris, pour regrater apres & remüer ces saletés : tout ainsi qu'vn Enfant ne fait aucune reflexion sur les pompes qui ont passé deuant ses yeux, ny sur les maux qu'il a veus, mais tout cela s'efface de son esprit & rien n'y demeure.

Ainsi la Pureté regarde Dieu en droite ligne , ne preten-

dant en tout ce que l'homme fait purement que fa gloire.
L'Innocence arme & protege la Pureté contre toutes les chofes prefentes, & la Simplicité contre les paffées, & luy feruent
comme de deux grands remparts & deux fortes murailles,
qui l'enferment au milieu d'elles, afin que rien ne la foüille,
& quelle puiffe operer librement en tout.

C'eft ainfi que Monfieur de Renty agiffoit dans cette Pureté, cette Innocence, & cette Simplicité, & c'eft le noble &
diuin vfage qu'il faifoit de toutes les chofes, que nous auions
entrepris de montrer & que nous auons efté contraints, pour
le faire mieux entendre, d'expliquer vn peu plus au long.
Tous doiuent imiter ce procedé s'ils defirent de faire progrés en la vertu, & arriuer à la perfection, & fingulierement
ceux qui traitent auec le prochain, & procurent fon falut, afin de le procurer excellemment, & n'en point receuoir de dommage.

QVATRIEME PARTIE.

LES VERTVS QVI L'ONT ÆLEVE͂
& vni à Dieu.

CHAPITRE I.

Son Interieur & son application à la Tres-Sainte Trinité.

NCORE que ce que nous auons dit iusques ici des vertus heroïques & des actions illustres de Monsieur de Renty, qui regardent ou sa perfection propre ou le bien du prochain, soit fort remarquable, comme il est aisé de le iuger à qui voudra y faire tant soit peu de reflexion; le principal pourtant & le plus admirable est ce qui reste, à sçauoir l'état de son interieur & sa communication auec Dieu: aussi Dauid dit, que toute la gloire de la fille du Roy est au dedans; & le S. Esprit louë bien auec de magnifiques paroles l'épouse dans le Cantique de la beauté de son visage & de tout son corps, mais il adiouste que c'estoit sans parler de ce qui est caché dans son interieur & dans son ame, qui a bien d'autres attraits & d'autres charmes. Comme la plus grande excellence de nostre Seigneur ne consistoit pas en son exterieur, ny en tout ce qu'il faisoit ou pour soy ou pour les hommes, mais en l'vnion intime qu'il auoit auec

Dieu, & aux actions qu'il produisoit dans son fond enuers luy:
nostre perfection de mesme n'est point aux bonnes œuures
qui paroissent, ny aux exercices de charité, d'humilité, de
pauureté, ny des autres vertus qui donnent dans les yeux;
mais à s'appliquer à Dieu dans son interieur & à s'vnir à luy
par les actes des vertus, & singulierement des trois Theologales: Elle git à l'honorer & l'adorer dans le temple de son
ame, à luy faire des sacrifices d'vne viue foy sur l'autel de son
entendement & à luy offrir sur celuy de sa volonté des holo-
caustes d'vne parfaite esperance & d'vn amour embrasé: Elle se trouue en l'assuietissement total de son esprit au sien, &
en l'vnion de ses facultez auec luy, qui par cette vnion vient
à les purifier, à les sanctifier, & à les deifier; comme par proportion il fait au ciel dans les esprits bien-heureux, où la
perfection est consommée.

C'est ainsi qu'en vsoit Monsieur de Renty, qui pour cela
goûtoit beaucoup ces paroles que S. Paul écrit aux Romains:
vostre vie est cachée en Dieu auec IESVS-CHRIST, sur le
modele duquel vous vous occupez bien dauantage & bien
plus excellemment en l'interieur qu'a l'exterieur; & qui
écriuit vn iour à l'vn de ses amis dans cette pensée: Il n'y a ,,
rien au monde si separé du mõde que Dieu, & plus les Saints ,,
sont saints, plus ils sont retirez en luy. C'est ce que IESVS- ,,
CHRIST nous a appris viuant dessus la terre parmi les ,,
hommes, qui dans toutes ses occupations visibles estoit tou- ,,
jours appliqué à Dieu, & retiré dans le sein de son pere. ,,

Son soin principal estoit de cultiuer, & de polit incessamment son ame, de l'vnir intimement à Dieu par les operations
de son entendement & de sa volonté, de s'adonner de toute
sa force à cette vie secrete & diuine de foy, d'esperance, de
charité, de Religion, de mort mystique, & d'vn entier
aneantissement de soy-mesme.

Son attrait special, quelques années deuant sa mort, fut
d'estre appliqué au mystere adorable de la tres-Sainte Trinité, où tout doit enfin aboutir. Ie porte pour l'ordinaire en ,,
moy, dit-il en la declaration qu'il donna de son état à son
Directeur l'an mil six cens quarante-cinq, vne verité experi- ,,

" mentale & vne plenitude de la presence de la tres-Sainte
" Trinité. Il luy manda en vne autre lettre, Toutes choses
" s'effacent de mon esprit à mesure qu'elles sont faites, rien n'y
" demeure que Dieu par vne foy nuë, laquelle me faisant m'a-
" bandonner à nostre Seigneur IESVS-CHRIST, me donne
" force & grande confiance en Dieu Trinité. Ie dis en Dieu
" Trinité, parce que l'operation des trois personnes diuines
" m'y est monstrée auec distinction: L'amour du Pere qui nous
" reconcilie par son Fils, & le Pere & le Fils qui nous donnent
" vie par le S. Esprit, lequel nous fait viure en communion
" auec IESVS-CHRIST, ce qui opere en nous vne alliance mer-
" ueilleuse auec la tres-Sainte Trinité, & produit par fois
" dans les cœurs des sentimens qui sont inexplicables.

    Il écriuit à vne autre persone confidente & fort liée à ce
" mystere, que le propre & particulier effet de la grace Chre-
" stienne estoit de nous faire connoître Dieu en Trinité, nous
" vnissant au Fils, qui nous fait operer par son Esprit. A dire le
" vray nous sommes par le Baptéme dediez au culte de la tres-
" Sainte Trinité; nous sommes consacrez à sa gloire; nous re-
" ceuons son impression & nous portons sa marque, pour faire
" sçauoir & à nous & à toutes les creatures que nous sommes à
" elle. Il écriuit à la mesme persone l'an mil six cens quarante-
" huict sur le mesme suiet. La feste de la tres-Sainte Trinité
" me donne mouuement de vous écrire pour nous renouueller
" en l'honneur & en l'appartenance que nous auons vers cet
" incomparable mystere. Ie ioins mon cœur au vostre pour re-
" uerer ce que ie ne peux exprimer: amollissons nous de recon-
" noissance & nous fortifiõs en la vertu de la foy, pour estre par
" IESVS-CHRIST consommez en ce mystere adorable; choses
" infinies à dire, que nostre cœur ressent de la latitude de la
" grace, mais qui ne se peuuent dire. Adorons Dieu, adorons
" IESVS-CHRIST; adorons le S. Esprit, qui nous fait connoître
" l'œuure d'amour & de misericorde des diuines persones en
" nous, & faisons en vsage.

    Il declara la mesme année nettement que son état & son ap-
plication vnique pour lors estoit à la tres-Sainte Trinité; que

ſon ame eſtoit tres-intimement liée aux trois perſonnes diuines, de qui il receuoit des clartez qui ſurpaſſoient l'intelligence humaine; qu'il viuoit perpetuellement retiré & ren-
fermé auec le fils de Dieu dans le ſein du Pere, où ce fils diuin eſtoit ſa vie, ſa lumiere & ſon amour; & le S. Eſprit ſa
conduite, ſa ſanctification & ſa perfection; qu'il portoit en
ſoy le Royaume de Dieu, qu'il expliquoit par le rapport à
celuy dont ioüiſſent les Eſprits bien-heureux au Ciel, à cauſe
de la veuë & de la connoiſſance ſurnaturelle de la tres-Sainte
Trinité qui luy eſtoit communiquée, & du pur amour dont
il ſe ſentoit bruler & qui le transformoit en Dieu, en qui il
poſſedoit vne ioye & vne paix qui alloit au delà de tout ſentiment. Qu'en cet état il auoit conformité au fils de Dieu,
dans la liaiſon & le mélange de beatitude & de ſouffrance
qu'il auoit porté icy bas, & qu'il accompliſſoit par ſon diuin
eſprit en luy tous les myſteres de ſa vie voyagere, le rendant
continuellement vne hoſtie à la tres-Sainte Trinité, qui aſ-
piroit à la Reſurrection & à la conſommation entiere dans la
gloire. Telle eſtoit la diſpoſition de ce ſaint Homme vers la
tres-Sainte Trinité, dans laquelle il paſſa ſes dernieres années & y mourut, acheuant ainſi ſon ſacrifice: auſſi diſoit
il, que quand on y eſtoit appellé, il y falloit demeurer & ne
plus changer.

Eſtant conduit de cette façon & marchant par ce chemin
il fit de tres-grands progres à la plus haute perfection où l'on
peut atteindre en cette vie, & chaque perſone diuine fit en
luy des impreſſions admirables de grace le marquant de ſon
propre charactere, qui le ſanctifierent d'vne tres-excellente
maniere; le Pere le tenoit retiré & recueilly dans ſon ſein, où
il luy fit grande part de cette inclination infinie qu'il a de ſe
communiquer, & de ſa fecondité diuine pour engendrer des
Enfans, non pas ſelon la chair & le ſang, mais ſelon l'eſprit, &
alluma dans ſon cœur vn amour de Pere & de Mere enuers
tous les hommes, d'où a découlé cette charité extraordinaire
pour eux que nous auons veuë.

Le fils le rendit vne naïue image de Dieu par l'expreſſion
& la reſſemblance de ſes perfections; il luy donna vn eſprit

filial pour s'aquiter enuers luy de tous les deuoirs de reuerence, de croiance, de confiance, d'amour & d'obeissance,
qu'vn bon fils peut enuers son pere, & le mit en état que
Dieu luy parlât interieurement,& produisit enluy son Verbe
accompagné de cette puissante force, dont parle S. Paul,
pour toucher les ames, & pour operer de grands effets de salut en elles.

Le S. Esprit, l'Amour infiniment pur du Pere au Fils & du
Fils au Pere, le nettoia des impuretés de l'amour propre &
de toutes les recherches de soy mesme, & l'embrasa d'vn
amour parfait enuers Dieu; il luy apprit à spiritualiser toutes
les choses materielles, à sanctifier les indifferentes, à tirer
du bien des mauuaises & à mener vne vie d'esprit sur le patron de nostre Seigneur; Ainsi il manda l'an mil six cens quarante sept à son Directeur; La bonté diuine fait en moy ce
que ie ne sçaurois dire, ie possede la tres-Sainte Trinité,
& ie sens distinctement les operations des trois diuines
personnes.

CHAPITRE II.

Sa Foy.

POVR venir au détail de cette vie d'esprit, nous
commencerons par la Foy, qui est la premiere
des vertus Theologales, la premiere vie de l'a-
me, comme Guillaume de Paris la nomme, & le
premier pas selon S. Paul, que doit faire celuy
qui veut aller à Dieu.

Ce saint Homme s'estoit étudié auec vn soin tres-particulier de faire vn grand fond de cette vertu, sçachant qu'elle estoit d'vne consequence incroiable en la vie spirituelle,
& que toutes les autres vertus dépendent d'elle, comme de
leur racine, de leur regle & de leur mesure : ha ! qu'il fait
bon viure de la foy, écriuoit il à vne persone, i'en connois
la grace de iour en iour. Ceux qui sont établis dans cette

vie, qui eſt la vie du Iuſte, ainſi que dit l'Apoſtre, s'affermiſ- „
ſent d'vne admirable maniere en toutes les vertus, & par- „
uiennent en fin au comble de leur perfection, & reſſentent „
les premices de la gloire. „

Il poſſedoit cette vertu en vn ſi haut degré, qu'il eſtoit
plus perſuadé de la preſence de Dieu & de la verité de nos
myſteres, que de la lumiere du Soleil; il viuoit de la foy,
c'eſtoit la voye par laquelle il marchoit, & en ſuite il operoit
tout par ſon eſprit; il regardoit toutes choſes auec ſes yeux,
qui ne s'arreſtent point à l'exterieur comme ceux du corps,
mais qui penetrent iuſques au dedans, & ne conſiderent pas
vne choſe ſelon ſon eſtre preſent, paſſager, & dans l'ordre de
la nature, mais ſelon ſon eſtre futur & eternel, & par rapport à la grace & à la gloire, puis qu'elle ne regarde rien que
comme des moiens de noſtre ſalut. Il faiſoit de meſme toutes ſes œuures auec les mains de la foy, qui ſont fortes, ro-
buſtes, bien-faiſantes, & qui touchent autant & plus volontiers les ordures & les vlceres des pauures, que les plus delicates ne manient le ſatin & le velours. La foy pure & vigou- „
reuſe de nos premiers Chretiens, diſoit il, leur faiſoit faire „
ſans toute noſtre habileté, qui vient ſouuent du déchet de „
noſtre foy, les actions heroïques qui nous tiennent mainte- „
nant en admiration : ils viuoient certainement de foy, ſans „
forme & ſans compoſition de leur propre eſprit, en grande „
ſimplicité, efficacité, & verité. „

Eſtant fortifié de cette foy, il diſoit, qu'il n'auoit point de
peine quand noſtre Seigneur le delaiſſoit ſenſiblement &
luy enuoioit des ſechereſſes, attribuant au defaut de cette
vertu les inquietudes & les impatiences, qu'on reſſent dans
ces états de priuations. Ie remarque dans l'vne de ſes lettres
ce qui ſuit à ce propos. On trouue rarement des perſones „
d'oraiſon, qui portent bien les abandonnemens interieurs, „
& qui demeurent quelque temps à attendre à la porte du „
ſenſible & de la lumiere, ſans y entrer, qui ne ſe fatiguent, „
qui ne regardent deça & delà, & n'agiſſent d'eux meſmes „
pour les procurer, cherchant quelque appuy outre la foy, „
qui ſeule deuroit ſuffire à l'homme ſpirituel. Le ſenſible de

" Dieu est vn supplement à nostre peu de foy ; mais le Iuste
" doit viure de foy & se soûtenir sur ce fondement stable en
" l'attente de son Seigneur, sans s'impatienter. Nostre mal pro-
" cede de ce que nous sommes gens de peu de foy pour con-
" nôitre les choses dans sa lumiere, encore que nous ne fassions
" que trop les connoissans.

" Il écriuit à vne autre persone dans le mesme sentiment,
" au suiet de la foy du Centenier : Qui se trouuera auoir de la
" foy comme ce Centenier ? helas ! qu'il confondra de Spiri-
" tuels d'auiourdhuy, qui assez habitüez à parler de la foy,
" n'en ont que le bruit, mais tres-peu qui en ayent la verité &
" les effets. O qu'il y a peu de persones qui vueillent porter des
" peines ou de l'esprit ou du corps dans la nudité de la foy, &
" qui en simplicité cherchent les remedes deuant Dieu, pre-
" nant patience si le soulagement ne vient pas si tost qu'ils le
" desirent. Quasi tous voudroient que IESVS-CHRIST
" leur fût sensible & qu'il descendît en leurs maisons pour
" guerir leurs inquietudes : à moins de quelque signe sensible
" l'esprit court & va de tous costés cherchant son repos qu'il ne
" trouue pas, parce qu'il ne peut estre en son action, mais seu-
" lement en son sacrifice en foy, qui attire l'esprit de IESVS-
" CHRIST, lequel nous est force & vie au milieu des troubles
" & de la mort. Le Centenier est confus d'entendre que IESVS-
" CHRIST veut descendre en sa maison, sa foy preuaut par
" dessus ces signes sensibles, d'où il est qualifié homme de foy;
" on nous le propose pour modele.

Animé de cet esprit parfaitement fidele, il ne faisoit aucun fond & ne prenoit aucun appuy sur tout ce qui luy venoit par les voyes extraordinaires, & ne s'arrestoit ny à vi-
sions, ny à reuelations, ny à paroles interieures, ny à miracles,
mais vniquement à la foy pure & nuë, ne voulant qu'elle
seule pour aller à Dieu. Il manda ce qui suit à son Directeur
" touchant vn suiet qui estoit de consequence pour luy : Ie
" vous enuoie vn papier, que cette persone de haute vertu que
" vous sçauez, me donna lors que ie la veis il y a enuiron trois
" mois, & qu'elle me gardoit ne l'ayant osé fier à persone. Ce
qui me fait autant experimenter Dieu en elle, est qu'elle ne

m'a iamais rien dit que ie n'y aye esté disposé auparauant en ,,
mon interieur, & c'est comme le sçeau qui confirme les pre- ,,
miers établissemens de la chose, sans toutefois que l'on fas- ,,
se fond de certitude sur telles choses: car il faut l'aneantis- ,,
sement à leur regard & à toute reflexion pour suiure sans ,,
recherche, en simplicité & en foy, ce que nostre Seigneur ,,
fait à l'ame dans le temps present, soit sur cecy, soit sur ,,
cela. ,,

Allant à Beaulne, où estoit la sœur Marguerite du saint
Sacrement, de qui nous auons fait mention cy dessus, tres-
digne d'estre veuë pour les merueilles que Dieu operoit en
elle, il dit qu'il ne demanderoit pas de la voir ny de luy parler, que si nostre Seigneur luy faisoit connoître que ce fût sa
volonté, il luy parleroit, autrement qu'il n'en chercheroit
pas l'occasion. Comme il estoit à Diion au temps qu'on
montroit la sainte Hostie, il ne s'approcha point pour la voir,
disant à ceux qui l'en pressoient, qu'il n'auoit pas besoin de
voir pour croire, & qu'il en croioit dauantage, que ce que
ses yeux luy en pouuoient monstrer.

Voylà la foy de cet homme de Dieu; c'est auec ces yeux
qu'il regardoit toutes les choses, & auec ces mains qu'il faisoit toutes ses actions, & qu'en suite il est monté au comble
des vertus, nous apprenant par son exemple le chemin que
nous deuons tenir pour y arriuer. En effet le chemin assuré
& le plus court pour deuenir tres-vertueux, & atteindre au
sommet de la perfection, est de croire tres-fermement les
verités de nostre Religion, & d'en estre parfaitement persuadé: comme au contraire la source d'où decoulent tous
nos pechez, & tous nos vices, & vniuersellement tous les
maux du Christianisme, c'est la foiblesse de nostre Foy, c'est
que nous ne sommes point conuaincus de nos mysteres, &
que nous ne nous conduisons pas en nos actions par les regles de la Foy: Nostre Seigneur disoit pour cela, *Noli timere,
tantummodo crede*. Ne crain point, croy seulement: si tu
crois viuement, tu seras deliuré de tous tes maux & comblé
de tous biens.

CHAPITRE III.

Son *Esperance.*

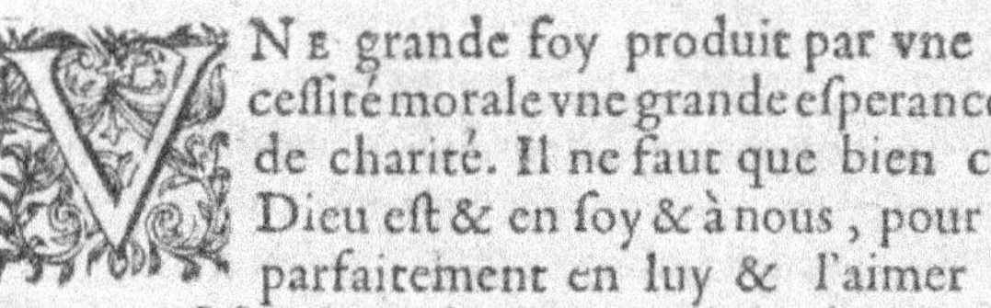

VNE grande foy produit par vne certaine necessité morale vne grande esperance & vne grande charité. Il ne faut que bien croire ce que Dieu est & en soy & à nous, pour nous confier parfaitement en luy & l'aimer ardemment. Comme Monsieur de Renty estoit établi dans vne foy tres-ferme en Dieu, ainsi que nous venons de dire, il auoit aussi vne confiance inébranlable en luy, & vn amour embrazé pour luy.

Sa confiance estoit appuyée sur la connoissance qu'il auoit de la puissance, de la bonté, de la misericorde & de la liberalité de Dieu & des merites infinis de nostre Seigneur. S'affermissant sur ces bases, il esperoit tout, & pensoit pouuoir tout. Se considerant il disoit qu'il ne pouuoit chose aucune pour petite qu'elle fut; iettant sa veuë sur Dieu il assûroit que rien ne luy estoit impossible; & ainsi la deffiance qu'il auoit de soy & son humilité n'estoit point lasche ny abatuë, mais courageuse & magnanime, comme aussi elle le doit estre pour entreprendre auec vn degagement entier de soy tout ce qui est necessaire.

Il écriuit à vne persone touchant ces deux points, qui
" doiuent tenir nostre balance en iustesse deuant Dieu; la def-
" fiance, que vous portez de vous, me fait faire attention sur
" le bien de cet état, & sur le fond que l'Eglise veut que nous
" en conseruions, mettant au commencement de toutes les
" heures de l'Office diuin ce verset, *Deus, in adiutorium meum in-*
" *tende: Domine, ad adiuuandum me festina;* il semble par là, que
" l'ame soit toûjours sur le bord du precipice, sans soûtien, &
" que l'on crie misericorde pour estre preserué de sa chûte. En
" effet cela est, & nous y tomberions sans cesse, si sans cesse

ñous n'eſtions ſecourus : & comme l'Office eſt diuiſé pour les „
ſept parties du iour , & que le nombre de ſept comprend „
tous les temps , parce qu'il comprend les ſemaines , & que le „
monde a eſté fait ſous ce nombre , l'Egliſe nous apprend par „
là , que nous deuons auoir ce fond de deffiance de nous „
meſmes , & attendre en confiance tout noſtre ſecours de „
Dieu.

Il auoit vne ſi haute eſperance , qu'en toutes ſes affaires il
ne s'appuioit ny ſur ſa prudence , ny ſur ſa conduite , ny ſur
ſon credit , ny ſur ſes ſoins , ny ſur toute la preuoiance & toutes les inuentions humaines , mais vniquement ſur Dieu , diſant qu'il falloit , apres auoir fait de noſtre coſté auec defian-
ce de nous meſmes , ce que nous deuions , attendre tout de
luy , & l'attendre en ſon temps , ſans preſſer les choſes ny
empreſſer ſon eſprit. Il manda à vne perſone ; Pour mes En- „
fans , ie les mets entre les mains du ſaint Enfant Ieſus , ie ne „
determine rien , & ne ſçay pas ce qui ſe fera demain , mais il „
me donne vne grande confiance en ſa protection , qui me „
rend aueugle , & ſans rien vouloir , & neanmoins pret à tout „
vouloir. „

Auec cette parfaite confiance il ne craignoit rien , il eſtoit
aſſuré & reſolu contre tout & en toutes ſortes de rencontres , il alloit hardiment en tous lieux & en tous temps , par
les Villes & aux champs , de iour & de nuit , trauerſant les
bois & les foreſts où il y auoit bruit de voleurs , & d'autres
dangers ſans peur & ſans autre deffence , que celle que luy
donnoit ſon eſperance en Dieu & l'appuy en ſa protection ;
tellement qu'il auoit comme ſurmonté toutes les frayeurs ,
dont la nature eſt attaquée & ſaiſie dans les haſards , ou dans
les accidens fâcheux & ſubits , & qu'on pouuoit l'appeller ,
le Chreſtien ſans peur. A dire le vray vn chreſtien ne deuroit
auoir peur que du peché , pource qu'il n'y a que le peché ſeul
qui luy peut nuire & le mettre mal auec Dieu , tout le reſte
luy eſt auantageux s'il en fait bon vſage.

Vn échaffaut , ſur lequel il eſtoit monté comme il faiſoit
baſtir , eſtant tombé ſous luy & ſous quelques ouuriers dont
il y en eut de bien bleſſés , on ne le veit point plus étonné ny

plus émû de sa chûte : son esprit demeura immobile & con-
serua inuiolablement sa mesme assiete, parce qu'il estoit
étably en Dieu qui est immuable. Vn de ses amis luy disant
vn iour qu'il apprehendoit de sortir le soir sans épée dans Paris, & qu'il eut bien desiré de se défaire de cette apprehen-
sion; mais qu'il craignoit de se trouuer la nuit sans defense
s'il estoit attaqué, & qu'il le prioit de luy dõner conseil là des-
« sus de ce qu'il auoit à faire. Il répondit, luy qui depuis long-
« temps ne portoit plus d'épée, suiuez en cela l'inspiration que
« Dieu vous donnera apres l'auoir prié, & souuenez vous qu'il
« nous assiste selon nostre confiance. Il se trouue dans l'vne
« de ses lettres adressées à son Directeur; ayant confiance, foy
« & amour ie ne crains, ny Diable, ny Enfer, ni toutes les in-
« uentions des hommes, & ie ne pense ny au Ciel ny à la terre,
« mais à faire en tout & par tout la volonté de Dieu.

　　On luy a vû faire des actions admirables de cette vertu
dans les secheresses interieures, où Dieu le tenoit par fois.
« C'est dans le delaissement & la priuation du sensible de la
« grace, manda t'il à vne persone, que se trouue l'abandon
« heroïque de nous en Dieu, comme l'espoir au milieu mes-
« me du desespoir. Soions Enfans du veritable Abraham:
« Isaac ne mourra point quoy qu'il semble déja egorgé, & s'il
« arriue que le vray Isaac soit enfin crucifié, c'est pour de nos
« croix & de nostre mort nous donner la vraye vie.

« 　　Il écriuit à son Directeur; i'ay vne forte veuë de l'extreme
« besoin que i'ay de IESVS-CHRIST, ie le vois dans ses
« richesses & moy dans ma pauureté; ie le vois dans sa force &
« moy dans mes foiblesses, & mon esprit plein de respect à
« l'impression de ces paroles. *Quid est homo, quod memor es eius?*
« se confie dans vn abandon total en sa bonté. Ces paroles,
« *longanimiter ferens,* me sont venuës depuis long temps souuent
« en l'esprit, sans que ie sçûsse d'où elles sont tirées, ny ce qu'el-
« les signifient, sinon qu'il me faut porter auec longanimité
« l'attente & la venuë de nostre Seigneur, sans m'auancer de
« moy mesme par recherche ny par action propre, fors celle
« de respect & de fidelité à luy demander sa grace, & d'espe-
« rance en luy; mais il y a quelques iours que prenant mon

nouueau Testament, ie tombay à liure ouuert sur le chapi- „
pitre 6. aux Hebreux, où l’Apostre parle de la foy & de la „
patience, qui nous donnera l’effet des promesses de Dieu, „
qui side & patientia hereditabunt promissiones. Et il apporte pour „
preuue l’exemple d’Abraham, & dit, *& sic longanimiter ferens* „
adeptus est repromissionem. Ce rencontre me toucha le cœur, „
& ma langueur se trouua consolée, auec vn autre passage de „
S. Iacques qui se presenta à mes yeux quasi en mesme temps. „
Patientes igitur estote, fratres, vsque ad aduentum Domini: ecce „
agricola expectat preciosum fructum terræ patienter ferens. Ie suis „
ainsi en paix sur les bases de l’abandon en confiance.

Comme cette excellente vertu donne infalliblement à
l’ame, qui la possede en perfection, vn profond repos, vne
solide ioye, vn grand courage, vne haute éleuation au dessus de toutes les choses de la terre, & vn genereux mépris de
tout ce que le monde estime & desire, auec vn auantgout
delicieux des plaisirs de la felicité eternelle, comme il est
bien aisé à qui espere de ioüir bien tost d’vn riche royaume,
de mépriser vne botte de paille, elle communiqua abondamment tous ces thresors à cet excellent homme, & luy
imprima tous ces nobles sentimens.

Qui le porterent à encourager les ames de toute sa force
à cette vertu, connoissant par son experience les biens inestimables qu’elle produit; que c’estoit nostre lenitif dãs tous
nos maux, nostre bâton & nostre soûtien dans nos foiblesses, & nostre port assuré dans nos tempestes. Et il auertissoit
sagement que Dieu pour nous la faire acquerir & noûs y
donner affermissement, nous mettoit dans des tentations &
des épreuues, afin de nous obliger d’auoir recours à luy &
luy demander son aide, & de l’attendre en confiance.

Il donna cette instruction sur ce suiet à vne personne à
l’occasion de l’épouuante qu’eurent les Apostres voyans
marcher nostre Seigneur sur les eaux, & le prenans pour vn
phantôme. Pensez vous que ce fut sans vne particuliere pro- „
uidence, que nostre Seigneur laissa aller ses Apostres seuls „
en vne nacelle, & permit qu’ils’éleuât vn vent contraire? qui „
ne sçait que c’est ainsi qu’il forme les ames des Fideles par ses „

" abfences & par des épreuues, & qu'apres venant à montrer
" fon pouuoir fur la mer & fur les orages, il viuifie noftre foy,
" fe faifant connoître le Meffie & le vray liberateur du mon-
" de ! mais remarquez qu'il y a quantité de perfones, qui dans
" leurs peines tiennent beaucoup de la fraieur qu'eurent les
" Apoftres, voyant, noftre Seigneur marcher fur les eaux :
" tout leur fait peur, le vent, les vagues, IESVS-CHRIST
" mefme, c'eft à dire, leurs agitations d'efprit, leurs retours, &
" auffi les confeils qu'on leur donne pour les en retirer & les
" affermir en IESVS-CHRIST deuant Dieu ; tout cela leur
" paroit vn phantôme qui les épouuante, fi IESVS-CHRIST
" ne fe manifefte dauantage à eux, & ne les fortifie. Manque-
" rons nous toûjours de confiance pour croire IESVS-CHRIST
" vn phantôme ? n'irons nous point à luy pour tous nos be-
" foins, comme à noftre feul Liberateur ? On luy portoit au-
" trefois les malades corporels, & il les gueriffoit, eft-il venu
" pour eftre plûtot medecin des corps, que des ames ? noftre
" peu de foy, noftre peu d'amour & noftre peu de confiance
" eft la caufe de nos langueurs & des laffitudes inutiles de nos
" efprits : ainfi allons droit à IESVS-CHRIST en confiance.

CHAPITRE IV.

Son Amour enuers Dieu.

OMME l'amour de Dieu eft fans contredit la plus excellente & la plus parfaite de
toutes les vertus, & celle qui principalement & par deffus toutes fait les Saints,
nous ne pouuons douter que ce S. Homme ne l'ait poffedé en vn eminent degré &
qu'il n'ait aimé Dieu de tout fon cœur. Il fondoit cet amour
fur les perfections infinies de Dieu & fur fes benefices, &
voicy ce qu'il en écriuit l'an mil fix cens quarante huit à fon
Directeur, & en quoy il mettoit cette Reyne des vertus.

Le Seigneur rayonne de fois à autre dans mon ame auec ”
ſes lumieres, qui la viuiſient en luy ; elles ſont de tant de ma- ”
nieres, & ce qui ſe fait en de petits momens, demanderoit ”
tant de temps & tant d'etenduë pour l'écrire, que ie n'oſe ”
entreprendre d'y commencer. Le tout ſe rapporte à vn, qui ”
eſt la charité de Dieu, en IESVS-CHRIST, ſa communi- ”
cation de luy à nous par l'Incarnation de ſon Verbe, & la ”
noſtre à luy par le meſme Verbe rendu noſtre frere conuer- ”
ſant auec nous & faiſant ſocieté de nous auec luy, pour n'eſtre ”
qu'vn en luy, & experimenter quelle eſt la charité de Dieu ”
enuers nous. Ie ne connois & ne reſſens que charité en tout ”
ce que ie lis dans les ſaintes lettres, & ie vois clairement que ”
le deſſein & la fin du Chriſtianiſme n'eſt que charité, *finis* ”
autem præcepti eſt charitas de corde puro, mais qu'elle s'aquiert ”
par la foy en IESVS-CHRIST, comme l'Apoſtre le dit en ”
ſuite, *fide non ſicta*, qui nous lie & nous vnit à luy pour ſacri- ”
fier à la Diuinité nos ames & nos corps dans ſon eſprit, le- ”
quel nous conduit à la fin parfaite des preceptes & nous ”
liure à Dieu, & Dieu à nous en charité & tres-chere vnité ”
inexplicable, qu'il en ſoit beny à iamais, Amen. ”

Mon eſprit a eſté ce matin éclairé d'vne lumiere ſur ces ”
paroles, que nous eſtions au monde pour connoître, pour ”
aimer & ſeruir Dieu, laquelle m'a fait voir que le vray eſ- ”
fet de la connoiſſance de Dieu doit eſtre de nous aneantir ”
deuant luy ; parce que cette connoiſſance venant à nous dé- ”
couurir vne Maieſté infinie, l'ame s'abaiſſe & s'aneantit par ”
vn grand ſentiment de crainte & de reſpect, ſelon la meſure ”
qu'elle la découure, & voyla le premier pas de cet état. La ”
charité de Dieu, qui a paru nous donnant ſon fils, commen- ”
ce à nous toucher d'amour, qui fait que ſi la veuë de la gran- ”
deur de Dieu nous retient en crainte, ſon amour en IESVS- ”
CHRIST nous dilate & nous éleue, & nous l'aimons en luy, ”
ce qui nous porte à conceuoir toutes ſortes de bons deſirs ”
ſelon que ſon eſprit nous anime, c'eſt le ſecond pas. Mais le ”
troiſieme eſt de le ſeruir, c'eſt à dire, de mettre cet amour en ”
pratique par de bonnes œuures ; car les deſirs ſont les fleurs, ”
& les œuures les fruits. I'aurois beaucoup à dire s'il falloit ”

C c

" que i'étendiſſe cecy ſelon que ie le ſens ; parce qu'on trouuë
" tout en Tout, qui eſt Dieu connû par IEVS-CHRIST, &
" aimé & ſerui par ſon Eſprit. Ce diuin Seigneur fait vne ſocie-
" té & vn royaume de nos ames pour y regner dans vne cha-
" rité inconceuable & eternelle.

" Ecriuant à vne autre perſone, il luy manda : Ie benis no-
" ſtre Seigneur de ce qu'il vous diſpoſe à vous abandonner
" vous meſme, c'eſt pour vous mener à la pureté de ſon amour,
" qui ſans cela ne peut eſtre pur : car il faut ſçauoir que noſtre
" amour vers Dieu ne conſiſte pas à receuoir beaucoup de
" dons & de graces de luy ; mais à renoncer beaucoup à ſoy, à
" s'oublier & à ſouffrir pour luy, & cela conſtamment & cou-
" rageuſement. C'eſt ainſi qu'il expliquoit la nature de l'amour
" de Dieu.

En effet on n'a iamais dit que l'amour ſoit à prendre,
mais à donner, & que plus on dône, & des choſes grandes &
de grand coût, plus on aime ; l'amour porte l'aimant ſelon la
meſure de ſa flamme à penſer à la perſone aimée, à vouloir
ce qu'elle veut, à rechercher ſes intereſts, à procurer ſa gloire, à faire tout ce qu'il ſçait luy pouuoir donner du contentement, & auoir vne apprehenſion extreme de l'offencer.
Comme Monſieur de Renty eſtoit tout brûlant de l'amour
de Dieu, il reſſentoit parfaitement ces effets : toutes ſes penſées, toutes ſes paroles, & toutes ſes œuures eſtoient des
productions de cet amour : car encore qu'il fit des actions
des autres vertus, elles auoient pourtant leur origine dans la
fournaiſe de la charité, qui en eſtoit le principe, le motif &
la fin ; ce qu'il a temoigné à des perſones confidentes ſouuent & auec des paroles ſi embrazées, qu'elles eſtoient capables d'échauffer les cœurs les plus glacez.

I'ay remarqué, dit l'vne de ces perſones, que ce feu diuin
eſtoit par fois ſi ardent en ſon ame, que les flammes en paroiſ-
ſoient ſur ſon exterieur ; & il m'a dit que lors qu'il pronon-
çoit le nom de Dieu, il goûtoit vne douceur ſur ſes levres
qui ne ſe peut expliquer, & qu'il eſtoit tout penetré de ſua-
uitez celeſtes. Il écriuit à vne autre il y a neuf ou dix ans,
qu'il ne pouuoit luy celer qu'il reſſentoit vn feu dans ſon

cœur qui le brûloit & le confommoit fans ceffe. Vne autre
affûre l'auoir vû tres-fouuent tellement embrazé de l'amour
de Dieu qu'il eftoit comme hors de foy, & qu'il luy difoit
dans fes trans-ports qu'il eût voulu fe pouuoir ietter dans vn
feu pour témoigner à Dieu fon amour. Il conclut vne de fes
lettres à vne autre en ces termes: Il faut que ie me taife, »
mais fi ie ceffe de parler, le feu, qui me confomme, ne repo- »
fera pas pourtant, brûlons donc, brûlons & brûlons en tout »
& par tout pour Dieu, puifque nous ne fommes que par luy, »
pourquoy ne viurons nous pour luy? ie le dis hautement, & »
ma gloire feroit de le confirmer par mon fang: Ie vous par- »
le auec franchife. »

Ecriuant encore à vne autre, il luy mande; Ie ne fçay pour- »
quoy vous inferez dans voftre lettre ces paroles, *Deus meus* »
& omnia, mon Dieu & mon tout: mais vous me donnez »
mouuement de vous dire, & à toutes les creatures, *mon Dieu* »
& mon tout, mon Dieu & mon tout, mon Dieu & mon tout. Si vous »
les prenez pour voftre deuife & me les enuoiés pour m'ex- »
primer la plenitude de voftre cœur, puis-ie me taire à cette »
communication que vous me faites, & ne pas épancher ce »
que ie fens? Sçachez donc, que *Deus meus & omnia*, & fi vous »
en doutez, ie vous en écriray plûtôt vne centaine; ie ne dis »
rien dauantage, car tout eft fuperfluité à qui a la penetra- »
tion de, *Deus meus & omnia*, mon Dieu & mon tout. Ie vous »
y laiffe donc en toute iubilation, & vous coniure de deman- »
der pour moy la folide grace de ces faintes paroles.

Tranfporté de cét amour de Dieu, il auoit vn zele incroiable de fon honneur, qu'il a procuré & auancé en mille &
mille manieres connuës en partie par ce que nous auons dit,
& en partie inconnuës, ou pour auoir efté purement fpiri-
tuelles, ou pour les auoir celées mefme à fes plus côfidents. Il
écriuit le douziéme de Mars de l'an mil fix cens quarante- »
cinq à fon Directeur ce qui fuit à ce propos. Vn iour porté »
d'vn grand defir d'eftre tout à Dieu & tout confommé pour »
luy, ie luy offrois tout ce qui fe peut & tout ce qui ne fe peut »
pas, ie luy euffe volontiers donné des Cieux & des Mondes »
fi ie les euffe eus; & d'autre-part ie defirois d'eftre fous tous »

« les hommes, & au plus bas état qui peut-estre, & mesme,
« soûtenu de sa grace, de souffrir auec les demons les peines
« eternelles, s'il en eut esté plus glorifié. En cette disposition
« de tranquille ferueur il n'y a sorte de martyre, sorte de gran-
« deur ny de petitesse, d'ornement ny de dépoüillement, qui
« ne passe par l'esprit & que l'ame n'accepte pour rendre à
« Dieu de l'honneur. On voudroit estre Roy pour tout régir,
« & le dernier des pauures & des miserables pour tout souffrir,
« & cela hors de raison par excés de raison. On ne sçauroit
« comprendre comme en si peu de temps on void tant de cho-
« ses differentes, & il faudroit vn fort grand discours pour en
« éclaircir vne seule circonstance. Ce que ie pûs faire en cet
« état, fut de donner à Dieu ma liberté, écriuant sur vn papier
« le don que ie luy en faisois, & le signant de mon sang.

Voila le zele dont cet homme parfait brûloit pour glorifier Dieu : mais la conformité qu'il auoit à sa volonté, qui
est la marque infaillible de l'amour, estoit merueilleuse. Les
persones qui l'ont connu tout à fait, rapportent que l'vnion
intime de sa volonté à celle de Dieu, estoit vne de ses graces
singulieres & sa voie, & il a témoigné luy mesme qu'il auoit
toujours esté en cette sainte disposition, quoy qu'il y ayt
esté appliqué plus specialement en quelques années, pendant lesquelles il faisoit voir euidemment, que l'objet & la
fin de toutes ses actions estoit la volonté diuine, dans laquelle la sienne estoit absolüment perduë.

Il écriuit à vne persone touchant la maladie & la mort de
Madame de la Chastre, auec laquelle il auoit, comme nous
« auons dit, de grandes liaisons de grace. Ie vous diray qu'e-
« stant absent de Madame de la Chastre, mon cœur ressentoit
« sa peine : car ie sçauois qu'elle souffroit beaucoup, mais l'or-
« dre de mon Dieu est mon desir, & lors qu'il m'est signifié, il
« me fait la grace de m'y rendre. I'apris sa mort entrant dans
« Paris, lors ie me donnay pleinement à Dieu, de qui i'atten-
« dois la volonté pour la suiure. Il manda vne autre fois à son
« Directeur ; depuis trois semaines i'ay esté arresté par vne fié-
« vre, par vne fluxion & par vne foiblesse, mon état en tout ce-
« la n'a esté qu'vne simple suite & adherence à ce que Dieu

vouloit & faisoit. Ie ne vois rien de particulier notable à vous „
écrire, sinon que i'ay le cœur tourné à des tribulations qui „
me doiuent arriuer. Ie desire tout ce qui est de l'ordre de „
Dieu, & ie le demande. „

Nous auons dit que l'an mil six cens quarante & vn, il luy
mourut vn de ses Enfans, qu'il aimoit beaucoup ; quand on
luy en apporta la nouuelle, il ne dit pas vne parole & ne fit
paroître aucun mouuement, sinon de soûmission aux ordres
de Dieu, agreant dans vne parfaite complaisance la disposition qu'il faisoit de cet enfant, & la perte qu'il luy enuoioit.

Sur la fin de l'année 1643. Madame sa femme fut tres-
griéuement malade & pensa mourir ; lors qu'elle fut abandonnée des Medecins, qu'elle eut perdu la parole & l'vsage
des sens & qu'on croioit qu'elle alloit rendre l'ame, Monsieur de Renty dans la viue douleur que cette separation luy
causoit, & auec grand sujet, fit paroître vne conformité tres-
parfaite à la volonté de Dieu, qui alla mesme si auant qu'il
dit : Ie ne peux pas nier que ma nature ne ressente vne grande douleur de cette perte ; mais mon esprit est rempli de tant
de ioye de me voir en état de donner & de sacrifier à Dieu
vne chose qui m'est si chere, que si la bien-seance ne m'em-
pêchoit, ie la ferois éclater au dehors, & en donnerois des
témoignages publics. Par où il montra que la Volonté de
Dieu estoit tellement la sienne, que non seulement il vouloit ce que Dieu vouloit, quoy que tres-difficile, mais qu'il
le vouloit encore, comme Dieu, c'est à dire, auec plaisir :
dautant que Dieu ne veut & ne fait pas simplement les choses ; mais il les veut & les fait auec vne ioye infinie, parce
qu'il est infiniment bien-heureux, & il rendit la santé à
la malade, ayant égard, comme il y a beaucoup d'apparence,
à cette action heroïque qu'exerça son seruiteur, & encore
plus au vœu qu'il fit à nostre-Dame pour l'obtenir.

Sa conformité n'alloit pas seulement iusques-là ; mais
encore plus auant & aux choses plus delicates qui regardent
son salut & sa perfection, qu'il ne desiroit que dans la volonté de Dieu, car encore qu'il aspirât ardemment à la sainteté, & que pour y arriuer il trauaillât auec vn courage, auec

C iij

“ vne feruer & vne diligence qui ne se peut dire, c'estoit tou-
“ tefois dans vn abandon entier aux desseins de Dieu sur luy.
“ S'ouurant à son Directeur sur ce sujet il luy écriuit : l'état
“ que ie porte est vne adherence de ma volonté à tout ce que
“ Dieu veut de moy, que ie sens dans le fond de mon esprit;
“ I'ay esté en de grands delaissemens interieurs, excepté cer-
“ tains instans, où tout est ouuert & l'ame se donne & se liure à
“ Dieu dans des manieres inexplicables, & d'où elle demeure
“ affermie, pleine de certitude & de veritez, lesquelles ne
“ s'effaçent pas, quoy qu'elles ne soient pas autrement déue-
“ loppées. Ayant écrit & signé de son sang le don de sa liberté,
“ dont nous auons parlé, il luy mande; depuis ce temps vne
“ conformité à la volonté de Dieu m'a esté donnée telle, que
“ comme ie vois tout regi par sa main, ie prens aussi tout de
“ cette diuine main. Et il écrit à vne autre persone fort intime;
“ la persone, c'est à dire luy, parce qu'il parle de soy, a ressenti
“ du depuis vne conformité si grande à la volonté de Dieu,
“ qu'elle ne peut vouloir que ce que Dieu veut, & elle ne sçait
“ comme l'on peut vouloir autre chose. Cela porte à aller tout
“ droit & tout court.

Dans cette disposition il ne regardoit iamais les choses en
elles mesmes, mais toujours dans la volonté de Dieu, & c'e-
stoit vn des principaux auis qu'il donnoit pour paruenir à la
perfection; Il faut, disoit-il, que l'ame s'abandonne à Dieu,
& qu'elle aille en simplicité dans ses actions, ne s'appliquant
pas aux choses pour les choses; mais parce que c'est l'ordre
de Dieu: ainsi elle ne demeure point liée aux choses, mais à
Dieu, à qui elle obeit & qu'elle honore en tout.

De cette parfaite conformité à la volonté diuine naissoit
la tranquillité admirable interieure & exterieure qui paroissoit en luy, & de cette source découloient ces torrens de
paix & de profond repos qu'il possedoit en tout iusques à vn
tel point, que dans les rencontres les plus surprenans son
cœur & son esprit n'en estoient point alterez, & mesme
ses facultez inferieures & son corps n'en receuoient aucune
émotion; ce que luy mesme a confessé. Il m'écriuit vn iour;
Ie ne comprens pas ce que l'on appelle mortification, si on

vit dans cet état de conformité, parce que n'y ayant plus de
resistance en l'esprit, il n'y a plus de mortification: qui ne veut „
que ce que Dieu veut, est toujours content, quoy qu'il luy „
arriue.

CHAPITRE V.

Son Respect enuers Dieu, qui produisoit en luy vne
admirable Pureté de conscience.

V N E des plus excellentes dispositions de
l'ame dans la vie interieure est celle d'vn
grand respect en la presence de Dieu,
comme les saintes Lettres disent des Anges, qui s'abysment & s'aneantissent de
reuerence deuant sa diuine Maiesté.
Monsieur de Renty estoit extremement
touché de ce noble sentiment, & parloit à Dieu auec vn si
profond respect qu'il passoit iusques au tremblement.

Le regard de sa grandeur le tenoit dans vn abaissement
inexplicable, & le faisoit souuent aller, lors qu'il estoit à la
campagne, teste nüe, à l'ardeur du Soleil, au vent & à
toutes les intemperies de l'air. Estant interrogé par vne persone confidente, d'où luy venoit ce grand respect qu'il portoit à Dieu en tout temps, & en tous lieux, & quelque occupation qu'il eut, il répondit que la veuë de sa grandeur, qui
par tout luy estoit presente, produisoit en luy par tout cet effet, & le tenoit en reuerence & dans le sentiment d'vne extreme petitesse. Ie me vois si petit, disoit il, si petit, & rien „
deuant cette maiesté infinie: vn atome au Soleil est bien pe- „
tit, ie suis encore bien moins deuant Dieu; ie ne suis „
rien. „

Escriuant à son Directeur le premier iour de Iuin de l'an

« mil six cens quarante sept : il luy manda : I'ay quasi tout
« le mois passé esté toujours occupé de la connoissance de
« ma bassesse : Ie suis saisi de honte deuant Dieu auec vne
« retenuë de respect, comme qui auroit les yeux baissés de-
« uant le thrône de sa maiesté sans oser les leuer. Et il écri-
« uit à vne autre persone : tenons nous deuant Dieu, comme
« les hommes du monde nous apprennent lors qu'ils sont de-
« uant leur Prince ; car encore qu'ils aient bon esprit & la
« teste remplie de beaucoup d'affaires, ils sont neanmoins en
« leur presence teste decouuerte, & la veuë baissée, ils sont
« modestes, ils ne disent mot, ils ne songent à aucune autre
« chose sinon à estre attentifs, ils ont tout oublié : & le seul res-
« pect humain fait tout cela en eux, & enuers vne persone qui
« souuent est moindre qu'eux en talens & en qualitez natu-
« relles. Combien plus la sainteté, la dignité & la grandeur
« infinie de Dieu nous doit-elle rauir à nous mesmes, & nous
« mettre dans vn extreme respect ?

Voylà le sentiment de petitesse que ce saint homme portoit de soy deuant Dieu, que non seulement les pecheurs,
mais encore les plus saints doiuent auoir. Celuy qui d'vne
vallée regarde le Soleil qui se leue, & qui paroist sur la
pointe d'vne haute montagne, croit que celuy, qui est
dessus, est bienpres du Soleil, & qu'il le peut quasi toucher
de la main ; mais celuy cy le voit extremement exaucé sur
sa teste : & encore qu'effectiuement il en soit plus pres que
celuy qui est en bas, c'est neanmoins de si peu à proportion
de son éleuation, que cela ne merite pas qu'on en parle :
ainsi Dieu est tellement releué en sa grandeur, en sa Majesté, & en toutes ses perfections infinies au dessus de nous,
& des imparfaits, & de ceux qui sont mesme sur la çime de
la plus haute perfection, que tous doiuent s'abaisser & s'a-
neantir en sa presence.

Cette profonde reuerence, que Monsieur de Renty rendoit à Dieu auec l'ardent amour, dont nous auons parlé au
chapitre precedent, luy imprimoit vne auersion horrible de
la moindre offence de Dieu, & produisoit en luy vne parfaite pureté de conscience. Ceux qui l'on confessé, diront
qu'elle

qu'elle alloit iusques au grand étonnement, & que le Prince
des tenebres y auoit tres peu d'entrée ; & il dit vn iour luy-
mefme à vne perfone familiere, qu'il auoit peine, quand il
deuoit fe confeffer à d'autres qu'à fon Confeffeur ordinaire,
parce que ne connoiffans pas fa difpofition, ils ne compre-
noient pas fi bien ce qu'il leur difoit, & qu'il eftoit fouuent
fort empéché de trouuer quelque chofe à leur dire.

Mais nous pouuons voir clairement cette grande pureté
par fon contraire, à fçauoir par fes pechez, qu'il auoit coûtume d'enuoier dans fes lettres de mois en mois à fon Directeur, élogné de luy, & qui enuoiées par des meffagers, affez
loin de Paris, dans des lettres qui eftoit fignées de fon nom,
& qui pouuoient eftre interceptées, eftoit fans doute, en vn
homme encore de cette qualité, vne action d'vne heroïque
humilité.

Voicy ce qu'il luy écriuit le vingt-feptieme de Nouembre de l'an mil fix cent quarante fix : Ie me fuis propofé, fi ,,
vous le trouuez bon, de prendre mon temps reglé pour vous ,,
rendre compte de mes difpofitions, apres le vingt cinquie- ,,
me de chaque mois : venant apres fur fes fautes, il dit ; pour ,,
mes fautes voicy le peu que i'en ay connu entre tant d'au- ,,
tres, que i'ay faites. I'ay dit en deux occafions à deux de mes ,,
domeftiques deux paroles par humeur. ,,

I'ay omis deux fois a reciter l'oraifon de *l'Angelus* par inap- ,,
plication. ,,

En vn autre lettre il luy mande: Ie fuis autant ou plus aueu- ,,
gle pour mes manquemens que pour le refte. I'ay en general ,,
vne affez grande connoiffance de ma mifere, & ie peux dire ,,
que ie n'ignore pas mon indignité & la deprauation pitoiable ,,
que le peché a fait en moy ; mais pour effets connûs voicy ,,
ceux de ce mois. Parlant d'vne charité à faire, qui eftoit pour ,,
retirer des Enfans heretiques orphelins, ie nommay fans y ,,
faire reflexion, deux gentil-hommes leurs parens, qui n'a- ,,
uoient pas voulu s'y emploier. ,,

I'ay témoigné auoir connoiffance des defauts d'vne per- ,,
fonne, à vne autre qui les fçauoit, & ie le faifois à deffein de ,,
luy montrer qu'elle eftoit en meilleur état ; mais i'en fentis ,,

“auſſi toſt du reproche, & ie connûs qu'il ſuffiſoit de parler du
“bien de cette perſone ſans faire mention du mal de l'autre,
“& que c'eſtoit m'auancer trop dans l'affaire. Du ſurplus ie
“ſuis vn egaré & vne terre pleine d'épines.

“ En vne autre, mes fautes ſont vne grande groſſiereté que
“ie reſſens en moy, qui fait obſtacle à la lumiere de Dieu. Ie
“ſuis lâche & ingrat étrangement. Ie vous aſſûre que ie reſ-
“ſens bien en moy dequoy me confondre & m'humilier.

“ Ayant trauaillé le long du iour à des accommodemens
“d'affaires, & le ſoir voyant entrer vn homme qui ſelon l'opi-
“nion de tous auoit ſoûtenu vne fauſſeté, ie dis par inconſide-
“ration & par manque de recueillement, voila l'homme de
“cette fauſſeté.

“ En vne autre encore, i'ay fort reſſenti la faute d'auoir dit
“vne choſe de rien, c'eſt d'auoir placé vn domeſtique dans
“vne grande maiſon; i'auois eu mouuement de ne la pas dire;
“mais apres elle m'échappa, ie la reſſens puiſſamment; car il
“faut eſtre fidele à l'eſprit de Dieu.

“ De plus, ie me ſuis aſſis à table deuant vn Preſtre: i'en fis
“grande difficulté, & ie ne ſçay comme ie ceday non au
“Preſtre, mais à la perſone de condition qui m'en preſſoit.

 Voila les fautes de cet homme de Dieu qui découurent
manifeſtement la tres-grande netteté de ſa conſcience: car
il faut ſans contredit l'auoir eu tres nette pour ne faire que
ces fautes, qui pourroient en quelque façon paſſer pour des
perfections, & comme les taches que l'on voit dans les aſtres.
Ces fautes nous font voir iuſques à quel point de pureté &
d'innocence peut arriuer vne ame, quand elle y veille, puis
qu'vn gentilhomme de cette naiſſance, de ſon âge, en la vie
ſeculiere & dans vne multitude innombrable d'occupations, en eſt venu là; auſſi y faiſoit-il vne attention tres-particuliere & ſe rendoit tres-fidele à la grace, qui eſt le vray
moien de poſſeder cette perfection.

CHAPITRE VI.

Son Respect enuers les choses saintes.

 ONSIEVR de Renty ne portoit pas seulement respect à Dieu, mais encore par vne suite moralement necessaire à tout ce qui concernoit son seruice & à toutes les choses saintes & diuines ; qui est le sentiment, que la vertu de Religion imprime dans vne ame, & l'effet qu'elle luy fait produire à l'exterieur.

Ainsi cet excellent seruiteur de Dieu rendoit vne singuliere reuerence, premierement aux lieux saints. Il seroit difficile de raconter auec quel respect & auec quelle deuotion il se comportoit dans les Eglises ; quand il y entroit, c'estoit à se composer à vne plus haute modestie & à vn maintien plus religieux : iamais il ne s'y asseoit ny se couuroit la teste, mesme durant le sermon ; il y demeuroit le plus qu'il luy estoit possible, & on l'y a vû aux grandes festes les sept & les huit heures de suite à genoux : il y gardoit tres-exactement le silence, & si quelqu'vn, de quelque condition qu'il fût, luy parloit, il couppoit court ; que si la chose demandoit plus de temps, il le conduisoit adretement dehors, ou s'en demesloit d'vne autre façon.

Secondement il portoit grande veneration à toutes les persones Ecclesiastiques, iusques aux moindres ; mais celle qu'il auoit pour les Prestres, estoit admirable : il ne passoit iamais deuant aucun d'eux, ou il luy falloit faire des violences extremes, & nous auons vû ce qu'il nous en a dit au chapitre precedent ; quand il en rencontroit, il les saluoit touiours auec grande humilité, & mesme, faisant voiage, il descendoit de cheual pour les saluer, & par tout leur rendoit tout l'honneur qu'il pouuoit : il receuoit ceux qui le venoient voir auec vne cordialité pleine de respect, & ils ne sortoient point de chez luy, qu'il ne les eut conduits iusques à la porte de son logis ; si quelqu'vn d'eux disnoit à sa table, il leur donnoit la premiere place, mesme à son chapelain. La Mission estant en quelqu'vne de ses terres, il faisoit seruir les Missionaires, qui mangeoient à part, en vaisselle d'argent, & les Gentilhommes & persones de grande qualité qui le venoient voir, en vaisselle d'étain, passant par dessus tous les respects humains. Vn Seigneur & vne Dame de condition accompagnez d'vn Prestre, qui demeuroit chez eux en qualité de precepteur de leurs Enfans, l'estant venu visiter, comme il entretenoit ce Seigneur & cette Dame en vne sale, il s'apperçût que ce Prestre estoit demeuré auec leur suite au bas de la sale, & au mesme temps quittant auec ciuilité le Seigneur & la Dame, il s'en va trouuer ce Prestre & luy fait grand honneur, comme à la persone la plus honorable de la compagnie. En fin il auoit vne si haute idée de la Prestrise, & l'estimoit vn moien si puissant pour procurer à Dieu de la gloire, qu'il dit à quelqu'vn, que son dessein estoit de se faire Prestre, si iamais Dieu le mettoit en état de le pouuoir.

Mais comme il faisoit vn tres-grand état de la Prestrise, il auoit aussi vn desir extreme que les Prestres, & generalement tous les Ecclesiastiques connoissans l'excellence de la condition où Dieu les auoit éleuez, menassent vne vie qui eut du rapport à leur dignité. Il écriuit à son Directeur l'an mil six cens quarante cinq, que voyant comme plusieurs Ecclesiastiques de sa connoissance constituez en autorité & obligez de procurer le salut des ames, ne correspondoient pas à leur profession, ny à leur obligation, il en auoit le cœur tout froissé de douleur, & qu'il se mit là dessus à gemir deuant nostre Seigneur & à luy demander instamment des hommes apostoliques. Nos pauures pescheurs, nos pauures pescheurs, disoit il souuent, donnez nous nos pauures pescheurs; i'entendois les Apostres, & c'estoit le mot qui me reuenoit pour lors, sans pouuoir dire autre chose, & mon esprit estoit ouuert sur les pescheurs, & sur les pecheurs. Ie voiois

ces hommes simples à l'exterieur, mais grands princes en »
l'interieur, dont la vie & l'apparence vile aux yeux des hom- »
mes & élognée de la pompe du monde conuertissoit les »
ames par leur sainteté, par leurs prieres, par leur vigilance, »
& par leurs fatigues. Et ie voiois vn abus trop ordinaire en »
ce que l'on croit, que la grandeur exterieure & le fast sert »
beaucoup à donner du credit, & rend vne persone plus ca- »
pable d'aider le prochain pour son salut; mais on se trompe »
lourdement, car c'est la grace qui a pouuoir sur les ames, & »
c'est la vie sainte & humble qui gagne les cœurs. »

Il deploroit dans le mesme esprit la vitesse & la precipi-
tation auec laquelle tant d'Ecclesiastiques recitent l'office
diuin en tant de lieux. Entendant l'office d'auiourdhuy, m'é- »
criuit il vn iour, plusieurs de ses paroles me faisoient voir »
auec beaucoup de douleur, que nostre Religion est si »
sainte, & neanmoins les vns les chantent en courant, sans »
deuotion & sans esprit, & les autres les entendent de mes- »
me; quelle pitié! Où est nostre foy? mes yeux vouloient »
déborder en larmes, mais il fallut les retenir, & se faire »
force. »

En troisieme lieu, il auoit grande reuerence & grand
amour pour les persones religieuses, & pour toutes celles
qui se vouloient consacrer au seruice de Dieu; il les y encourageoit & les y aidoit de toute sa force. Il écriuit à l'vne
dans le plus rude de ses combats; Ie vous auouë que i'ay »
esté touché, lors que i'ay appris combien de tempestes & »
d'instantes poursuites vous auez euës à supporter. Ie ne sçay »
pourquoy on s'allarme tant, ny ce que vous auez fait con- »
tre l'Euangile, il n'y a toutesfois que cela à condamner. Ie »
crois que l'on aura de la peine à vous faire ce reproche au »
suiet de vostre dessein; mais ie ne m'étonne nullement de »
toutes ces trauerses; il suffit de sçauoir, que vous estes à »
Iesvs-Christ, & que vous desirez de le suiure, pour »
s'attendre que la contradiction vous est deuë pendant les »
iours de vostre chair. Soyez seulement fidele à vous con- »
fier en nostre Seigneur, & prenez garde que le battement »
du dehors ne mette du trouble & de l'obscurité dans la lu- »

" miere, qui vous à éclairée & pressée de sortir. Ie supplie no-
" stre grand Dieu de vous deliurer du proces du raisonnement
" humain, qui souuent en ces matieres multiplie à l'infiny,
" vous assûrant que si vous ne l'écoutez point, il se manifeste-
" ra à vous, ie veux dire, qu'il vous consolera & vous fortifiera
" en foy sur vostre appel, & en experience des dons du saint
" Esprit.

"   Il manda à vne autre. Beny soit à iamais le saint Enfant
" Iesus de l'entrée en religion de ces deux bonnes ames, dont
" vous m'écriuez. I'en ay vne ioye bien grande procedante de
" leur perseuerance, qui marque vne grande vocation. Si cet-
" te autre persone, que vous sçauez, auoit vn peu plus de con-
" fiance & de force pour rompre ses liens, elle feroit vn grand
" coup pour soy. Il ne faut pas tant de sagesse ny d'éxamen
" pour se dedier à la folie des Gentils & au scandale des Iuifs.
" Le monde est vn étrange pipeur & amuseur, & il se trouue
" par tout, & infecte quasi tout. Dieu n'a que faire de nos
" belles parties ny de nos qualitez excellentes, il se plait
" quelque fois à confondre les sages par le choix des petits.
" Heureuse petiresse, qui souuent est tenuë pour bassesse, &
" qui toutefois renuerse toutes les forces & toute la pruden-
" ce de la chair.

"   Traitant auec des Religieuses il s'eleuoit par fois à nostre
Seigneur tout d'vn coup sur le bon-heur de l'état Religieux
" & leur disoit; O que vous estes heureuses, mes sœurs!
" & puis leur faisoit vn discours si puissant sur le suiet de
" leur vocation, qu'elles en estoient viuement touchées &
" de reconnoissance enuers Dieu & de courage pour bien
" faire.

"   Et il écriuit à vne Damoiselle, à la vocation & à l'entrée
" de laquelle il auoit plus contribué apres Dieu que persone,
" apres qu'elle eut fait profession. Ie benis nostre Seigneur
" dans tout le respect, dont ie suis capable, des saintes dispo-
" sitions que vostre lettre me monstre pour vostre profession,
" i'y connois & i'y sens la grace abondante, qui me fait iuger
" que le progres de l'œuure sera magnifique en la liberalité de
" Dieu, lequel est à l'ame, qui se donne vraiement à luy, Mer-

ces magna nimis. Vous auez fait vn saut qui vous met en vn ,,
nouueau monde: Dieu est adorable, quand dans la pleni- ,,
tude des temps, qui est en sa science & en sa bonté sur vne ,,
ame, il luy enuoie son fils pour la racheter de la Loy de ser- ,,
uitude, & la mettre dans l'adoption de ses Enfans. C'est ce ,,
qu'il a fait maintenant en vous de la maniere la plus specia- ,,
le & la plus digne qui puisse estre. Vous n'auez iamais esté ,,
vnie à IESVS-CHRIST comme vous l'estes à present par la ,,
sainte profession ; vous auiez encore à donner, ce que vous ,,
n'auiez pas engagé, & il auoit à receuoir ce qu'il n'auoit pas ,,
encore pris : mais à present tout est donné & tout est pris, le ,,
don mutuel est accomply: Plus de moy ; plus de vie ; plus ,,
d'heritage qu'en IESVS-CHRIST, il est tout en toutes cho- ,,
ses, en attendant, selon l'Apostre, que nous liurant vn iour ,,
tous & pleinement à Dieu son Pere, son Pere sera aussi en ,,
IESVS & en tous les siens tout en toutes choses, & puis Amen. ,,

Quatriémement, il auoit deuotion pour tous les Saints, &
vne particuliere & tres-grande pour S. Ioseph & pour sainte
Therese, laquelle dés l'an mil six cens quarante il auoit choi-
sie pour sa Mere Maistresse, & encore plus grande enuers la
Sainte des Saints & des Saintes, Nostre-Dame, pour marque dequoy, il se consacra aux Ardilliers à son seruice, lors
qu'il s'en alla pour se rendre Chartreux, comme nous auons
rapporté en la premiere Partie, & il voulut l'an mil six cens
quarante estre de la Congregation, qui est erigée en son honneur dans la maison professe des Peres Iesuites de S. Louis.
Il porta quelques années vn cachet à son bras, sur lequel
estoit grauée l'Image de la sainte Vierge tenant entre ses
bras son Enfant, & il en cachetoit d'ordinaire ses Lettres.
Nous auons raconté comme il donna à vne image de nostre
Dame de Grace vn cœur de crystal enchassé dans de l'or,
pour témoigner à cette Mere admirable, c'est ainsi qu'il la
nommoit souuent, son amour, & que dans ce cœur il luy
donnoit le sien. Comme le plus grand plaisir qu'on peut faire à nostre-Dame est d'aimer son Fils nostre Seigneur, aussi
le plus agreable seruice qu'on peut rendre à nostre Seigneur
est d'aimer sa Mere.

Enfin cet homme de Dieu honoroit & aimoit vniquement l'Epouse de IESVS-CHRIST la sainte Eglise; il respectoit tout ce qui venoit d'elle & faisoit tres-grand état de toutes ses ceremonies; il disoit qu'il trouuoit vne certaine grace & vne vertu particuliere aux prieres & à l'vsage commun de l'Eglise, & qu'il se conformoit volontiers en tout à ses pratiques. Entendant la grande Messe à sa Parroisse, il alloit à l'offrande parmy le peuple, & mesme ordinairement auec vn pauure; il assistoit aux ceremonies, où les persones, non seulement de sa condition, mais encore de bien moindre, n'ont pas coûtume de se trouuer, comme à celle des Fonds le Samedy Saint, aux Processions pour loin qu'elles allassent, & quelque mauuais temps qu'il fit. Surquoy il écriuit vn iour à vne persone : Nostre Procession va auiourd'huy à nostre fauxbourg, il faut suiure son Etendart, puis que nostre Seigneur nous a fait cette grande misericorde d'estre de son petit peuple. Ie tiens à vn honneur singulier de suiure auec eux la Croix, où l'Eglise nostre Mere nous méne, n'y ayant rien en elle que de grand, puis qu'il se fait en esprit de Religion deuant Dieu, & qu'il exprime de grands mysteres à ceux, qui sont petits & respectueux. Il faut de ces paroles & de ces actions necessairement inferer qu'vn homme de cette qualité, & dans vne telle multitude d'affaires, mesme bien plus importantes, ayt eu vne tres-haute estime de toutes les ceremonies de l'Eglise, pour leur auoir rendu vn tel assuietissement & vn tel honneur.

Il est vray qu'il les honoroit, mais il desiroit aussi que les Chrestiens de l'exterieur & de la pompe qui donne dans les yeux, passassent à l'interieur & à l'esprit, se pleignant que la magnificence, dôt on pare les Eglises, souuēt les arreste & les amuse, & au lieu de les porter à Dieu qui est leur fin, les en diuertit; Il manda à ce propos à vne persone: il faut nous soutenir de la simplicité dans laquelle nos diuins mysteres se sont passez, pour ne nous tenir à ces appareils, dans lesquels maintenant on les celebre : cette veuë m'a esté donnée en entendant la musique & les orgues, & voyant les riches ornemens auec lesquels on faisoit l'office diuin: il faut trouuer

l'esprit

l'esprit simple, pur, & humilié de leur premiere institution „
au milieu de ces pompes. Ce n'est pas que cela ne soit saint, „
mais on doit aller au delà, à la simplicité & à la pauureté de „
Bethleem, de Nazareth, d'Egypte, du Desert, & de la „
Croix. „

Mais il auoit singulierement à cœur de s'vnir d'esprit, de
volonté, & de communication de biens vniuersellement
auec tous les Fideles en quelques lieux du monde qu'ils fussent, & d'entrer dans la communion des Saints, qui est
vn article du Symbole qu'il goûtoit fort; ainsi il les estimoit tous de quelque nation & de quelque profession qu'ils
fussent, sans prendre vn esprit particulier & souuent inte-
ressé pour priser les vns & mépriser les autres, pour loüer
ceux cy & parler mal de ceux là. Il honoroit tous les Ecclesiastiques seculiers, il auoit des communications auec eux
pour les exercices de la charité du prochain; il rendoit de
grands honneurs à Messieurs ses Pasteurs; il assistoit fort à
sa Paroisse, il frequentoit beaucoup les Religieux; il les
aimoit & se seruoit d'eux pour la direction de sa conscience.
Tant y a que son cœur dans cette varieté, qui se trouue en
l'Eglise, n'estoit point partagé; mais dans vne estime, vne
approbation & vne affection generale de tous selon leurs de-
grez, parce qu'il n'estoit poussé en tous ces mouuemens
que par vn seul esprit, à sçauoir par l'esprit de IESVS
CHRIST, qui doit animer tous les Fideles comme les membres de son corps; ne plus ne moins que ceux du nostre, encore qu'ils soient si differens en leur situation, en leur figure, & en leurs emplois, sont neanmoins tous bien vnis &
s'accordent parfaitement ensemble, pource qu'ils sont tous
viuifiez d'vne mesme ame. Quand il y a de la mes-intelligen-
ce, c'est signe qu'il y a deux esprits qui dominent, & la diui-
sion est le principe de la mort.

Cet homme de Dieu eut vn iour vne peine touchant cette communion des Saints, de laquelle il écriut cette lettre
importante à son Directeur. I'experimente vne realité d'v- „
nion en lumiere & en foy, qui est plus que palpable, auec „
la persone de qui ie vous parle; qui ne me laisse aucun doute „

" que nous ne soyons vn. Ie vous diray là dessus ce qui m'a
" occupé ces iours derniers, & ce qui me remplit encore,
" mais pour vous en rendre vn compte plus net, ie prendray la
" chose de plus haut : l'operation que ie sens en moy depuis
" deux ou trois ans, m'a toujours tenu lié à suiure nostre Sei-
" gneur Iesvs-Christ & à trouuer en luy la vie eternelle
" en la presence de son Pere par les hommages de son esprit
" ainsi que ie vous en ay rendu compte de temps en temps ;
" & ie vous diray qu'encore que pour lors i'honorasse au fond
" de mon cœur nostre-Dame, les Saints & les Anges, & que ie
" desirasse en rendre témoignage en toutes occasions, si est ce
" que leur presence & leur commerce estoit obscurcy & com-
" me à l'écart dans mon esprit.

"   Ie vous auouë que cette pensée m'est venuë plusieurs fois,
" disant en moy mesme, i'honore tant Nostre Dame & quel-
" ques Saints & quelques Anges, & ie ne sçay où ils sont ; ie
" leur éleuois bien mon cœur, mais de presence il n'y en auoit
" point, au moins ce me semble, comme ie la ressens mainte-
" nant : car il y a quelques mois que i'ay eu ouuerture & lumie-
" re auec de puissants effets sur la charité & la chere vnité me
" faisant conceuoir des choses inexplicables de Dieu, Pere,
" Fils, & saint-Esprit, qui est Charité, non par raisonnement
" & étenduë d'esprit, mais par vne veuë fort simple, & par
" vne touche qui penetre le cœur d'amour, & i'ay connu que
" le fils de Dieu nostre Seigneur nous est venu apporter par
" son incarnation cette charité, & qu'il s'est vny à nous pour
" nous faire estre tous en cette intime & chere vnion iusques à
" ce qu'il nous fasse tout consommez en luy estre vn iour tout
" vn en Dieu, lors qu'il luy liurera son Royaume, *vt sit Deus*
" *omnia in omnibus*, & que nous entrerons en cette chere vnité
" du Pere, du Fils & du S. Esprit.

"   Il y à enuiron dix ou douze iours, que m'estant mis à mon
" ordinaire le matin à prier Dieu, ie sentois en moy mesme
" n'y auoir aucune entrée : ie me tins là humilié, la veuë du
" Pere, l'accés du Fils, auec lequel ie parle d'ordinaire auec
" autant de confiance que s'il estoit encore en terre, & le se-
" cours de son saint Esprit me paroissoient distants étrange-

ment de moy, & ie sentois vne indignité en moy si grande, „
si veritable & si penetrante, que ie n'auois garde de leuer les „
yeux de l'ame, non plus que ceux du corps. Lors il me fut „
donné à connoître qu'en effet i'auois l'indignité que ie sen- „
tois, mais que ie deuois chercher en la cōmunion des Saints „
mon entrée à Dieu & à N. Seigneur & ie fus épris en vn in- „
stant d'vne grande presence de respect, d'amour & d'vnion „
de la saincte Vierge, des Anges & des Saints qui ne se peut „
expliquer, & ie ne vous peux dire la grandeur & la solidité „
de cette grace, car c'est Vie eternelle, c'est Paradis, & cette „
vnion est & pour les Saints du Ciel & pour ceux de la terre, „
que i'ay toujours, ou presque toujours, en veuë & en preséce. „

    I'eus connoissance pour lors que Dieu & nostre Seigneur „
ne nous formoient pas pour estre tout seuls & separez, mais „
pour estre vnis à d'autres, & composer auec eux par nostre „
vnion vn Tout diuin. Comme vne belle pierre, telle que „
seroit le chapiteau d'vne colomne, est inutile, si elle n'est au „
lieu où elle est destinée pour tout l'ouurage, & iusques à ce „
qu'elle soit posée & cimentée auec tout le corps du basti- „
ment, elle n'a ny sa conseruation ny sa decoration, ny en vn „
mot, sa fin: cela m'a laissé dans l'amour & dans la liaison „
veritable & experimentale de la Communion & de la „
communication des Saints, auec ordre pourtant de ceux aus- „
quels ie suis plus lié, qui est ma vie en Dieu & en IESVS- „
CHRIST nostre Seigneur. Voyla ce que contient la lettre. „

CHAPITRE VII.

Sa Deuotion enuers la saincte Eucharistie.

VNE des plus grandes deuotions de ce saint
homme a esté enuers la saincte Eucharistie con-
siderée & comme Sacrifice & comme Sacrement, de laquelle il faisoit vn état incroiable,
laquelle il honoroit auec tous les respects qui luy
estoient possibles, pour laquelle il auoit des amours tres-

tendres; il loüoit & benissoit Dieu de son institution, & excitoit de bouche & par lettres tout le monde à faire le mesme; il disoit qu'elle auoit esté instituée pour arrester entre nous nostre Seigneur Dieu & homme, pour nous obtenir tous les biens de grace, dont nous sommes capables en terre, & nous disposer à ceux de la gloire; que le grand dessein de Dieu en l'incarnation, en la vie, en la mort & en la resurrection de son Fils auoit esté de nous donner son esprit pour nous estre vie eternelle, lequel il nous a enseigné par sa parole, il nous a merité par sa mort, & nous le donne de l'état de sa gloire, & pour nous le donner & nous en faire viure mourans à nous mesmes il se donne à nous en la tres-sainte Eucharistie, mort, resuscité, & glorieux, afin de produire en nous par l'operation du saint Esprit ces deux effets de mort & de vie.

Il n'entendoit pas seulement tous les iours la Messe, mais il tenoit à grand honneur de la seruir: il communioit tous les iours, si quelque affaire bien importante & bien pressante de charité ne l'en empéchoit. Et comme l'honneur que l'on rend au tres-saint Sacrement n'est pas de souuent communier, mais de communier bien & parfaitement, il apportoit pour le faire tous les soins, que pouuoit vn homme d'vne si sainte vie & d'vne si eminence vertu comme luy. Il passoit en prieres beaucoup d'heures deuant le saint Sacrement à genoux, & il dit à vn de ses amis, qui s'étonnoit comme il pouuoit y demeurer si long-temps, que c'estoit là qu'il délassoit son esprit, & qu'il prenoit du rafraichissement & de nouuelles forces. Ce n'estoit pas pourtant toujours sans peine, car il écriuit à son Directeur le vingt-septieme de Iuin de l'an mil six cens quarante sept, cette lettre, qui nous peut seruir d'instruction.

«   I'ay esté bien pauure tout ce mois, & ie ne sçay si ie l'ay
« iamais esté plus en sentimens, & en pesanteur de corps &
« d'esprit, que tout le tour du S. Sacrement. Ie fus à l'Offi-
« ce, à la Procession, à la Messe, à la Communion, au Sermon,
« à Vespres & à Complie comme vne vraie beste, ie ne sça-
« uois en quel sens me tenir, ny à genoux, ny debout. I'estois

dans vn sentiment inquiet pour le corps, & vague pour l'es- ,,
prit, sinon que dans mon fond ie sçay bien que ie voulois ho- ,,
norer Dieu en nostre Seigneur I E S V S - C H R I S T : apres les ,,
Complies ie me trouuay tellement pesant que me voyant in- ,,
habile à pouuoir demeurer deuant le S. Sacrement, car ie ,,
tombois tout debout, ie voulus voir si me retirant à l'écart ie ,,
serois mieux pour m'assoupir vn peu, mais ie me trouuay ,,
apres encore plus harassé & plus lâche de corps & d'esprit, ,,
i'eusse eu le courage de me coucher tout plat. ,,

Il me vint alors en memoire de ce qu'autrefois i'auois lû ,,
dans vn papier, que vous m'auiez donné , d'vn certain as- ,,
soupissement arriué à vne persone de vertu : aussi-tost ie me ,,
leue & m'en vay sous le Crucifix deuant le S. Sacrement de- ,,
terminé d'honorer nostre Seigneur en tous les états, dés que ,,
ie fus à genoux, & que par le secours diuin i'emportay cette ,,
victoire sur moy, mon esprit fut ouuert, & ie reçûs du saint ,,
Sacrement cette lumiere, que pour estre vn pain, lequel ayt ,,
du rapport auec luy, il falloit que ie fusse moulu comme le ,,
grain, puis pêtri auec l'eau, & enfin cuit au feu, & que c'e- ,,
stoit là le moien d'estre incorporé au pain mysterieux I E S V S - ,,
C H R I S T , & au mesme instant , qui me faisoit voir cela ,,
tout à la fois , ie sentis vn desir si ardent d'estre dans cet effet, ,,
qu'il m'est toujours demeuré depuis. Le bled, le brisement ,,
& le broiement des meules de moulin m'a esté vne bonne ,,
nourriture : l'eau des afflictions est excellente pour pêtrir & ,,
faire changer le grain de forme ; Mais la perfection, c'est la ,,
cuisson de l'amour diuin qui affermit & donne couleur. Voi- ,,
la ce que ie sentis en ce moment. ,,

Et i'ay connu depuis que pour entrer dans les voyes de ,,
l'esprit, il faut , comme le bled auant qu'aller au moulin , ,,
estre purgé de sa paille, estre battu & vanné de nos grossie- ,,
retez terrestres ; & que le grain n'estoit propre pour nos vsa- ,,
ges qu'estant pur , & qu'il n'auoit sa fecondité que par sa ,,
mort & par sa destruction dans la terre. Ce pain materiel ,,
m'a monstré, pendant cette sainte Octaue, de grandes cho- ,,
ses sur le pain celeste du S. Sacrement. I E S V S - C H R I S T ,,
brisé & broyé par sa Passion se donne à nous à manger, afin ,,

« que nous annoncions & que nous exprimions sa mort, sa
« charité & ses vertus en nostre vie. Voila où i'en suis, bien
« amoureux de IESVS-CHRIST, bien desireux d'estre tout
« à luy, & de luy rendre par affection ce qu'il m'a donné, &
« mes biens, & mon corps & mon ame, & mon temps & mon
« eternité. I'ay vne grande soif de le seruir, & des desirs que
« ie reserue à vous dire, quand i'auray l'honneur de vous voir.

Son affection singuliere enuers le S. Sacrement luy fit écrire en gros charactetes sur la cheminée de son Chasteau de
Citry, *Loüé soit le tres-saint Sacrement de l'Autel pour iamais;*
le fit aller à pied visiter les Eglises à deux lieuës aux enuirons
pour voir comme le S. Sacrement estoit mis; luy fit donner
en diuerses contrées vn tres-grand nombre de Ciboires d'argent aux pauures Eglises qui n'en auoient point, & mesme
des Tabernacles qu'il faisoit & doroit luy-mesme, comme
il auoit vne adresse merueilleuse pour toutes les choses ma-
nuelles, dont il m'écriuit le vingt-sixiéme de Decembre de
« l'an mil six cens quarante six, ce qui suit. I'ay depuis cet Ad-
« uent commencé de mettre en execution ce que ie desirois il
« y a long-temps, à sçauoir, que le temps que ie n'ay pas d'af-
« faires bien pressantes, comme est pour l'ordinaire celuy d'a-
« pres le souper iusques à la priere, ie fisse quelque trauail des
« mains: suiuant ce dessein i'ay vne petite établie de Menui-
« sier, & ie taille des Tabernacles pour le S. Sacrement; quand
« ie n'en ferois qu'vn par mois, le temps sera toujours vtile-
« ment emploié, & quelque Eglise necessiteuse secouruë.

Cette mesme affection luy donna la pensée dés l'an mil
six cens quarante-vn, de former en sa Parroisse de S. Paul
vne compagnie de Dames pour prier tous les apres-disner,
chacune à son heure, deuant le S. Sacrement: il fit vn petit
traité de la conduite de cette deuotion, & des motifs pour
lesquels il falloit l'entreprendre: dont le principal est de
considerer, comme nostre Seigneur estant continuellement
en cet adorable mystere pour se communiquer à nous, il
sembloit tres-raisonnable qu'il y eut aussi incessamment
quelques persones dans les Eglises où il est, pour luy rendre
nos honneurs & nos hommages, & pour satisfaire au desir

qu'il a de se donner à nous. Il presenta auec l'humilité & la dependance qu'il deuoit, ce traité à Monsieur son Pasteur pour le luy faire agreer & le faire mettre en pratique s'il le iugeoit à propos; ce qui est arriué, & se continuë encore auec grāde edification & grand profit, & auec tant de succes, que de là cette saincte institutiō s'est étenduë en beaucoup d'autres paroisses, & en d'autres villes, comme à Dijon, où Monsieur de Renty l'établit au premier voyage qu'il y fit, auec zele & auec courage surmontant toutes les difficultez & toutes les resistances qu'il y trouua, & où aussi elle a reüssi auec grande benediction.

Il excita aussi plusieurs persones de sa Parroisse d'accompagner le S. Sacrement, quand on le porte aux malades ; de sorte que dés-lors plusieurs, & hommes & femmes, suiuoient nostre Seigneur auec grande reuerence, le cierge allumé dans la main, & il s'y rendoit luy mesme si assidu, nonobstant toutes ses occupations, qu'il a passé long-temps presque toutes les matinées en ce saint exercice par les plus mauuaises saisons de froid, de chaleur & des autres intemperies de l'air : & vn iour entr'autres qu'il faisoit fort mauuais téps, & qu'il estoit extremement enrûmé, comme on le pria de n'y point aller pour cette fois, sur ce qu'y allant incommodé comme il estoit, & par vn si mauuais temps, & teste nue, il estoit impossible qu'il n'en reçût vn notable preiudice, tout cela ne pût pas fléchir sa constance, ny retenir sa deuotion, mais il s'y en alla & passa par dessus toutes ces difficultez, & ce qui est admirable, c'est qu'au retour il se trouua quitte de son rûme.

Vn autre iour accompagnant le S. Sacrement, il passa vn carrosse tiré à six cheuaux, sans s'arrester, ny mesme salüer nostre Seigneur: l'on crût que c'estoit des heretiques; luy indigné de cette impieté & animé de zele pour defendre la gloire de son cher Maistre, exposa sa vie pour faire mettre ces gens en leur deuoir, se iettant hardiment au deuant des cheuaux, qu'il retint par merueille tout court, & obligea ceux qui estoient dans le carosse, de demeurer en respet iusques à ce que le S. Sacrement fut passé; ce qui causa, & auec

suject de l'admiration à tous ceux qui virent vne action si genereuse.

CHAPITRE VIII.

Son Oraison.

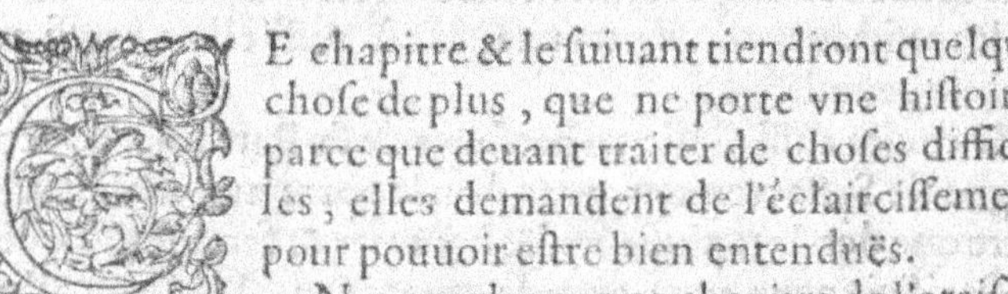

E chapitre & le suiuant tiendront quelque chose de plus, que ne porte vne histoire, parce que deuant traiter de choses diffici-les, elles demandent de l'éclaircissement pour pouuoir estre bien entenduës.

Nous parlons en ce chapitre de l'oraison de cet homme de Dieu, & nous disons que comme l'orai-son est le grand canal par lequel les dons de Dieu découlent dans nos ames, le moyen le plus asseuré pour acquerir les se-cours & les graces necessaires à nôtre Salut, & l'instrument le plus general, dont nous nous seruons en la vie Spirituel-le pour en faire toutes les fonctions, & nous auancer en la vie purgatiue pour la ruine des vices & des pechez, en l'il-luminatiue pour la pratique des vertus, & en l'vnitiue pour arriuer à l'vnion auec Dieu, où consiste nostre perfection, tous les Saints ont eu tant d'estime & tant d'amour pour cette diuine action, que quittans quasi toutes les autres, ils ont passé les iours & les nuits en oraison. Et plusieurs ont abandonné leurs sceptres & leurs corones, & se sont retirez en des monasteres & en des solitudes, pour auoir l'honneur de pouuoir & plus secretement, & plus priuément, & plus long-temps conuerser & s'entretenir auec Dieu.

Monsieur de Renty éclairé de leurs lumieres & marchant sur leurs traces s'est adonné à ce saint exercice auec tant de soin & auec tant d'assiduité, que nous pouuons dire que ça esté son occupation ordinaire, & que toute sa vie a esté vne vie d'oraison. Ie ne dis rien de ses oraisons vocales pour en auoir parlé en la premiere partie, ie dis qu'il a eu vne affe-

ction

&ction incroiable pour l'Oraiſon mentale ſçachant ſa neceſſité, en ce qu'elle fait cõnoître & qu'elle rend efficaces les
verités de noſtre Religion, qui ne font point d'effet eſtans in-
connües ; ſon vtilité pour apprendre à l'homme ce qu'il eſt,
& luy faire exercer les vrais actes des vertus, à ſçauoir les
interieurs, & ſa gloire, l'éleuant au deuis familier auec Dieu,
qui luy eſt vn plus grand honneur incomparablement, meſme en vn quart-d'heure, que ne luy ſeroient les années entieres d'vne communication tres-confidente auec tous les Monarques de la terre. Ne plus ne moins qu'vn homme eſt plus
honoré d'entretenir vn Roy auec liberté & franchiſe l'eſ-
pace d'vne heure & encore moins, que s'il entretenoit
dix années entieres des vilageois. Ie dis de plus qu'il a experimenté les differentes manieres de cette oraiſon, & qu'il eſt
monté à ſes quatre étages, dont le premier eſt l'oraiſon de
raiſonnement & de diſcours ; le ſecond plus releué, l'oraiſon
d'affection ; & le troiſieme encore plus, l'oraiſon d'vnion
ou la contemplation, qui ſe partage en deux, en la contemplation actiue & acquiſe, & en la contemplation paſſiue & infuſe, qui eſt le quatrieme & le plus haut étage de
l'oraiſon.

L'Oraiſon de raiſonnement & de diſcours ou la Meditation, eſt vne application que l'homme fait de ſon eſprit
pour connoître vne verité de ſon ſalut qui luy eſt cachée,
raiſonnant & diſcourant deſſus ; & pour cela recherchant ſes
cauſes, ſes effets & ſes circonſtances, pour le téps, pour le lieu,
pour la façon, pour les perſones afin d'en tirer des motifs de
bien viure, allant d'vne circonſtance à lautre, des cauſes à
leurs effets, & des effets à leurs cauſes : ce qui s'appelle
Raiſonner & Raiſonnement : & parce que noſtre eſprit eſt
fort prompt en ſes operations, & qu'il ne vâ pas, mais qu'il
court, cela ſe nomme Diſcourir & Diſcours.

Monſieur de Renty commença par cette ſorte d'oraiſon,
& y demeura quelque temps : Comme il faut auſſi toujours
commencer par là, ſi on n'eſt attiré de Dieu à vne autre voye,
parce que comme la façon propre & naturelle, que Dieu a
donnée à l'homme, pour connoître & affectionner vne choſe

F f

est par la consideration & le raisonnement, il doit s'en seruit iusques à ce qu'il l'éleue à vne plus sublime: le premier
don qu'il luy a fait, est celuy de la raison & du discours, il
faut pour cela que ce soit son premier vsage.

Le suiet ordinaire qu'il prenoit pour ses meditations,
estoit la vie, la passion & la mort de nostre Seigneur, comme c'est aussi sans contredit le plus profitable, puis que nostre Seigneur nous a esté donné pour nostre exemplaire,
en l'imitation & l'expression duquel consiste nostre auancement & tout nostre salut.

Apres quelque temps, comme il eut esté bien fidele à
Dieu en ce premier étage, il passa au second qui est l'oraison d'affection, & on luy dit; *Amice, ascende superius* : mon
amy, monte plus haut ; ne plus ne moins qu'vn écholier,
qui a bien appris, monte à vne classe plus haute & à vne
science plus releuée, car il ne croupit pas toujours dans vne
grammaire, & il étudie pour passer de science en science,
iusques à s'y rendre consommé.

Cette oraison d'affection est vn entretien familier & affectueux de l'ame auec nostre Seigneur, sans discours ou
fort peu: c'est vne communication sincere auec Dieu present
& resident dans l'interieur, où l'ame quittant les considerations & les recherches, à la seule pensée & à la simple souuenance de Dieu, s'emporte vers luy & s'allume en des affections de loüange, de benediction, d'adoration, de glorification, d'action de graces, d'offre, de demande, & par
dessus tout de charité, comme de la Reyne de toutes les vertus, qui est la plus agreable & la plus glorieuse à Dieu & la
plus meritoire à l'homme, qui luy donne plus de force
pour surmonter les difficultez & pour pratiquer les bonnes œuures, & qui l'vnit plus intimement & plus parfaitement à Dieu.

J'ay dit sans discours, parce que l'entendement a esté
suffisamment éclairé des lumieres, que luy ont fourny les
meditations precedentes. Il ne faut plus chercher de nouuelles connoissances ny de nouuelles raisons, où l'on en a
assez pour aimer & produire les autres affections necessai-

res, si l'on s'en veut seruir.

Or la façon de la faire est, premierement de vous retirer dans le secret cabinet de vostre cœur, & là vous appliquer à Dieu qui y reside, non par la raison ny par les discours, mais par la foy, croyant fermement la presence de sa diuine Maiesté & de toutes ses perfections, & en suite de cette croyance & de cette ferme persuasion, luy faire vne profonde reuerence, l'adorant & vous aneantissant deuant luy par respect de son infinie grandeur, & par sentiment de vostre extreme bassesse, dans la lumiere de ces paroles de Dauid, *Domine*, *quis similis tibi ? Quid est homo, quod memor es eius?* Seigneur, qui vous est semblable? & qu'est ce que l'homme, que vous daignez vous souuenir de luy, & qu'il ose paroître deuant vous? Tenez vous en sa presence dans ces impressions de respect & d'humilité, & tenez vous y long-temps, si vous voulez, afin de vous y mieux établir, car le temps y sera tres-bien employé ; & encore plus long-temps si vous sentez que vostre cœur s'ouure à ces affections.

Aprés bannissant toutes les considerations & toutes les recherches du suiet, sur lequel vous desirez de vous emploier, qui sera par exemple, que Dieu est Tout & que vous n'estes rien ; qu'il est vostre souuerain Seigneur, & vostre derniere Fin; qu'il'à vn soin de tout ce qui vous touche; que nostre Seigneur est mort pour vous, ou autre: Occupez vous de luy par la foy d'vne façon tres-simple, faisant & refaisant des actes d'vne foy viue de la verité, que l'Eglise vous en a enseignée: puis d'esperance, ou de loüange, ou de glorification, ou d'action de graces, ou de douleur de vos pechez, ou d'vne autre affection, selon que l'ame y sera disposée; mais particulierement de l'amour, & prenant garde que ces affections portent coup pour les meurs & operent des changemens.

Voyla la conduite qu'il faut tenir en cette oraison, qui pour cela s'appelle Oraison de presence de Dieu, & oraison de foy, & d'affection: de presence de Dieu, à cause du premier point, où l'ame se met en la presence de Dieu, s'y tient: de foy & d'affection, à raison du second, où elle exerce la foy & s'épanche en des affections differentes, suiuant que le suiet l'y porte, & selon l'ouuerture qu'elle y trouue.

En quoy il faut remarquer soigneusement deux choses: la premiere, qu'il n'est pas necessaire en cette maniere d'oraison de produire plusieurs affections de diuerses sortes; seulement vne comme d'esperance, ou d'amour, ou vne autre bien formée & bien continüée suffit. La raison y est claire, parce que tandis que Dieu donne grace à l'ame de faire l'action de quelque vertu en sorte qu'elle s'y sent disposée & poussée, & qu'elle l'exerce auec facilité, c'est vne marque euidente qu'il veut qu'elle le serue, & l'honore, & qu'elle se sanctifie & se perfectióne par cette action, & ainsi qu'elle la continüe tandis que ce secours luy durera: de plus prenant la chose du costé de l'ame ainsi disposée & secouruë, ce n'est pas sagesse de quitter vne action bonne & excellente, laquelle luy est aisée, à cause de l'assistance qu'elle y reçoit de Dieu, pour en prendre vne autre, qui luy sera difficile parce qu'elle n'aura pas tát d'aide pour la faire. Ce qui montre qu'il ne faut iamais changer vn exercice de pieté pendant que Dieu nous y donne vne grace abondante, & qu'il nous y applique.

La seconde est de faire & de refaire plusieurs fois les actes d'vne mesme vertu, comme de la foy, de l'esperance, de la charité, ou, ce qui sera encore meilleur, de continüer le mesme acte, pour acquerir vn fond de ces vertus, qui ne s'acquiert que par la reïteration efficace & constante de ses actes; comme vn cloud n'entre pas bien auant pour vn coup qu'on luy donne, mais il luy en faut donner plusieurs & frapper dessus bien des fois; Il en va de mesme des vertus, dont le profit & la force consiste en leur affermissement & en leur enracinement dans l'ame, où elles ne font rien, ou fort peu, si elles n'y sont bien établies & bien prises; ne plus ne moins qu'vn arbre ne produit ni feuilles ni fruits, s'il n'est enraciné, & en produit à proportion qu'il a ietté de plus profondes racines.

Il faudra faire le mesme pour les conclusions morales qu'on doit tirer de ces actes, c'est à dire, les redoubler plu-

sieurs fois pour les bien affermir & les rendre efficaces: comme apres les actes reïterez de foy que Dieu est vostre premier Principe, & que de vostre chef vous n'estes rien ;
que vous esperez en luy & en nostre Seigneur, dites vne
fois, deux fois & plusieurs auec affection & auec vne application tranquille, mais pourtant vigoureuse, si ie crois cette verité de Dieu & de moy, pourquoy m'attribüe-ie quelque chose? dois-ie pas m'humilier & m'abbaisser? qui n'aimeroit celuy de qui on tient tout? pourquoy ne regarde-ie
& moy & toutes les creatures comme des Neants? Si i'espere en Dieu & en nostre Seigneur, dequoy donc ay-ie peur
n'ay-ie pas suiet de viure en assûrance & en ioie? qu'est-ce
qui me doit inquieter & me troubler? viuons donc en tranquillité & en repos, comme vne telle esperance m'y oblige.
Ces actions faites à diuerses reprises, & redoublées auec
fermeté opereront sans doute de grands effets dans vne
ame, qui est le fruit que doit produire cette oraison affectiue.

    En laquelle Monsieur de Renty s'exerça quelques an-
nées & y acquit des thresors inestimables de richesses spirituelles. Cette oraison, dit-il dans vn de ses papiers, n'est
point par raisonnement ni par recherche, mais par vn loyal
amour, qui tend toniours à donner plûtost qu'à receuoir.
l'obscurité de la foy est à l'ame plus certaine que toutes les
lumieres qu'elle peut auoir, & dont elle doit vser auec
respect & action de grace, & non par complaisance ni par
attache : il n'y a point là de bandement d'esprit. Cette oraison ne fait point mal à la teste, c'est vn état de presence modeste, dans laquelle on se tient deuant Dieu, attendant de
son esprit ce qu'il luy plaira de mettre en nous, que nous receuons en simplicité & en confiance, comme s'il nous parloit.

    Les dispositions plus ordinaires, auec lesquelles il entroit
en cette oraison, estoient ; la premiere, vne profonde reuerence & vn aneantissement de soi mesme en la presence de
Dieu, de qui la grandeur le tenoit dans vn sentiment incroiable de sa bassesse, disant, que nous deuions nous regar-

der deuant elle comme de petits atômes, & encore moins.
La seconde, vne haute & parfaite confiance en son infinie
bonté & misericorde, qui soûtenant son humilité & l'impression qu'il auoit de sa bassesse, luy faisoit esperer tout.

Il excitoit beaucoup à cette maniere d'oraison les persones de sa connoissance qu'il en iugeoit capables, comme
estant tres-excellente, tres profitable, & fort facile, puis
qu'il ne s'agit pas de considerer vne chose, de la penetrer,
ni de discourir dessus: ce qui est mal aisé à tous, comme dit
le Sage, & principalement à ceux qui n'ont point de lettres,
mais de la croire simplement, & puis de s'y appliquer auec
les affections. Il conseilloit de s'adonner beaucoup plus
aux operations de la volonté, qu'aux speculations de l'entendement, & par l'instruction, que S. Paul nous donne
écriuant à Tite de viure en sobrieté, il entendoit la sobrieté des sens, & encore plus celle de l'esprit, pour retrancher
dans nos oraisons la multitude des connoissances & les discours, & y proceder par la foy.

En effet la foy d'vn mystere l'emporte incomparablement
par dessus toutes les autres connoissances & tous les difcours que le meilleur esprit du monde en peut former ; par
ce que comme les choses ne se voient bien que par leur propre lumiere, vn flambeau par sa lumiere, le soleil par la
sienne, les choses de la gloire par la lumiere de gloire; ainsi
celles de la grace ne se connoissent que par des lumieres de
grace, dont la meilleure & la plus parfaite sans contredit
est celle de la foy. La raison nous a esté donnée pour sçauoir les choses naturelles, & la foy pour apprendre les diuines ; nous deuons parler aux hommes auec la raison, & à
Dieu auec la foy. De plus comme Dieu est infiniment au
dessus de toutes les Creatures, & les choses de la Grace au
dessus de celles de la Nature, tous les discours des hommes,
pour subtils & éleuez qu'ils puissent estre, ne sçauroient y
atteindre ; parce qu'apres tout ce n'est que leur façon de
connoître & la nature qui raisonne.

Adioûtons que quelques connoissances que nous aions en
terre de Dieu & des choses spirituelles, ces connoissances

sont touiours en quelque façon trompeuses, parce qu'elles
ne representent iamais les choses comme elles sont au vray,
a cause que nostre esprit ne peut rien conceuoir icy bas qui
n'ait auparauant passé par les sens; où les choses spirituelles
s'épaississent & prennent du corps, & ainsi se falsifient & se
déguisent; mais la foy les monstre comme elles sont. Il n'y a
que deux lumieres assûrées & indubitables de tout point,
qui surpassent de beaucoup en excellence toutes les autres,
qui sanctifient & qui deïfient nostre entendement, & qui le
reünissent à leur premier principe & à la source de toutes les
verités, qui est l'Entendement diuin, à sçauoir, la lumiere
de la foy en cette vie, & la lumiere de la gloire en l'autre,
parce que ce sont des participations des mesmes connoissances que Dieu a. Ce qui montre le merite & la perfection
de l'oraison affectiue, qui laissant les discours procede par la
foy.

SECTION VNIQVE.

Sa Contemplation.

MONSIEVR de Renty n'en demeura pas là, mais il
passa plus auant, & de l'oraison d'affection Dieu
l'attira & l'éleua à l'oraison d'vnion & à la contemplation,
qu'il luy donna en vn tres-haut degré: mais pour l'entendre,

Il est à sçauoir, que les Saints parlant de la contemplation,
qui est l'oraison la plus sublime que l'on pratique en terre,
nous apprennent qu'il y en a de deux sortes, dont l'vne est
Acquise, & l'autre Infuse. L'Infuse est celle que Dieu tout
seul produit en l'ame, sans que l'ame y apporte rien du sien
que le simple consentement à receuoir l'operation de Dieu,
& ce qu'il fait en elle, d'où on l'appelle encore contemplation Passiue: L'Acquise est celle, que l'homme aidé de la grace de Dieu acquiert par son trauail & qu'il exerce par son industrie & par ses actions, ce qui fait qu'elle est de plus nom-
mée Actiue.

L'Homme ne peut rien à la premiere, elle depend abſolument de Dieu qui la donne, & à qui, & quand, & comment il luy plaiſt, & qui l'oſte de meſme, ſans qu'on l'en puiſſe empécher, non plus que tous les hommes auec tous leurs
efforts ne ſçauroient faire que le ſoleil ne ſe leue & ne ſe couche; mais tous ſont en quelque façon capables de la ſeconde, & c'eſt vne veuë ſimple & ſans diſcours de Dieu où
d'vn autre objet, qui touche la volonté de ſaintes affections,
& particulierement de celles de l'amour; c'eſt vne operation
douce & paiſible de l'ame qui enuiſage vne choſe; c'eſt vn
regard tranquille de foy, & en ſuite de la foy vn regard d'eſtime, ou de reſpect, ou de gratitude, ou de confiance, & ſingulierement d'amour.

Quand vous voiez vn de vos amis malade, que vous le regardez dans ſon lict ſouffrir beaucoup, ſe tourner, ſe tourmēter & gemir, & que l'aſpect de cette chere perſone ſouffrante
vous émeut & vous donne des ſentimens de pitié, des deſirs
de le ſoulager, & de grandes peines de ſon mal: cela c'eſt contempler; car vous le regardez ſans raiſonnement, mais d'vne
ſimple veuë, qui pourtant vous frappe & fait impreſſion ſur
vous. Quand de meſme vous regardez noſtre Seigneur au
Iardin priant, le viſage contre terre, & répandant à l'entour
de ſoy vne ſüeur de ſang, ou lié à la colomne & découpé de
foüets ou cloüé à la croix; mourir dans vne extremité de
douleur & d'infamie, & que ce regard attentif, mais ſimple qui ne porte formellement aucun diſcours, vous touche
de compaſſion, d'admiration, de regret de vos pechez,
d'eſperance & d'amour; c'eſt contempler. Lors que la Magdelaine aſſiſe aux pieds de noſtre Seigneur & écoutant en
foy ſes paroles, ou le voyant crucifié & croyant que c'eſtoit
le fils de Dieu ſon Redempteur, qui luy auoit pardonné ſes
pechez, qui luy auoit fait tant de graces, qui luy auoit témoigné tant de bonne volonté, & qui ſouffroit pour ſon ſuiet,
& que de cette ſource découloient des ſentimens d'amour,
de gratitude, de contrition, & vn torrent de larmes, elle
eſtoit en vraye contemplation.

L'vſage donc de cette contemplation Actiue & Acquiſe
conſiſte

consiste à entrer dans le fond de son esprit, & là en la presence de Dieu quittant les sens & les discours s'appliquer
par la foy & par les affections de la volonté sur quelque perfection diuine, ou sur quelque mystere de nostre Seigneur,
le regardant auec attention & auec des yeux de foy, de respect, de confiance, d'amour sans raisonner, & mesme sans
multiplier vne quantité d'affections differentes, s'affermissant seulement dans ce regard attentif & affectueux, qui
encore doit estre si simple & si éloigné de tout soin & de
toute reflexion d'aucune autre chose, qu'on les oublie toutes si l'on peut, pour s'occuper seulement à regarder & à
écouter nostre Seigneur; comme la Magdelaine, de qui
nous venons de parler, & qui assise à ses pieds ne disoit mot,
& blâmée par sa sœur ne répondoit rien, ne pensant qu'à le
regarder & à l'oüir.

L'ame doit se taire à toutes les creatures & parler à Dieu
seul. L'ame parle aux creatures en quatre façons: En premier lieu elle leur parle auec l'entendement, lors qu'elle
pense à elles, Secondement auec la volonté, quand elle les
affectionne. Troisiémement auec l'imagination, quand elle
se les figure, & en quatriéme lieu auec les passions lors qu'elle
les conuoite, sans rien dire du langage qu'elle leur tient par
les sens exterieurs. Tellement que les paroles qu'elle leur
dit, sont les pensées qu'elle en a, les affections qu'elle en con-
çoit, les images qu'elle en forme, & les conuoitises qu'elle
en produit. Comme au côtraire elle se tait & ne leur dit mot,
quand elle ne s'applique pas à elles auec ces facultez, qu'elle ne s'en occupe point auec ces operations, & qu'elle est en
vne cessation d'actes à leur égard; de sorte que n'ayant auec
elles aucun commerce, elle est comme s'il n'y auoit que Dieu
& elle au monde, à qui seul elle parle dans ce silence mystic,
dont S. Iean dit qu'il se fit silence au ciel, c'est à dire, en l'a-
me, & elle luy parle de l'entendement & de la volonté auec
les actes de foy, d'esperance, d'amour, d'adoration, de benediction, de glorification, de loüange, de remerciment
d'vnion & semblables. Et encore mieux elle se tait de fois
à autre & ne luy parle pas, mesme de cette noble maniere &

de ce diuin langage ; mais elle l'écoute sans rien dire, & se rend attentiue à ses paroles, qui quelquefois peuuent estre articulées, intelligibles pourtant à elle seule, mais qui ordinairement sont les lumieres, auec lesquelles il éclaire son entendement, & les impressions & les mouuemens dont il touche sa volonté, faisant ce que disoit Dauid, *Audiam quid loquatur in me Dominus Deus*, i'écouteray ce que Dieu me dira dans mon interieur, & le suppliant auec Samuël, *loquere, Domine, quia audit seruus tuus*. Parlez, Seigneur, parce que vostre seruiteur écoute.

Nostre Seigneur instruisant ses Apostres à l'oraison, leur dit & à nous en leurs persones : *Orantes nolite multum loqui*. Quand vous priez, ne parlez pas beaucoup : ce qu'il entend non seulement de la bouche, mais encore de l'entendement & des autres facultez de l'ame ; ne parlez pas beaucoup, mais écoutez beaucoup : Aussi s'apelle-t'il, *Verbum*, la Parole, parce qu'il veut estre écouté & qu'il le merite : c'est pourquoy on dit à l'ame, *audi filia*, Ecoute ma fille. Ainsi le P. Auila qui a composé vn excellent ouurage sur ces mots, donnoit pour vn auis important, que nous devons aller à l'oraison plûtôt pour écouter que pour parler ; & il auoüa au celebre Pere Louys de Grenade, qui a fait sa vie, que quand il alloit à ce saint exercice, il attachoit & lioit son entendement comme vn fou, afin qu'il n'y fut point grand parleur.

Il y a de certaines ames qui en leurs oraisons parlent toûjours, leur estant auis que le secret consiste à toûjours parler à Dieu, & emploier sans cesse leurs facultez à produire des actes, & à ne l'écouter iamais, sans considerer que ce que Dieu leur dira, sera bien meilleur & plus vtile pour elles, que ce qu'elles luy peuuent dire, & que dans la conuersation & l'entretien qu'on a auec vne persone, on ne luy parle pas continuellement, mais on luy parle, & apres on l'écoute : ainsi en vos oraisons parlez à nostre Seigneur, & puis oyez le vous rendât attentiue en siléce & en respet à ce qu'il a à vous dire.

C'est ainsi que se pratique la Contemplation Actiue & l'oraison d'Vnion, où il faut remarquer sa difference d'auec l'oraison de Raisonnement & celle d'Affection, encor que

les deux facultez de l'ame, l'entendement & la volonté agiſ-
ſans en ces trois ſortes d'oraiſon, l'entendement agit plus
que la volonté en l'oraiſon de Raiſonnement, la volonté
dauantage en l'oraiſon d'Affection: où encore il eſt à ſçauoir
que ceux, qui la commencent, ne ſont pas à l'entrée ordinairement ſans quelque diſcours, mais qui va diminuant
peu à peu iuſques à ce qu'il ceſſe tout à fait; & de plus qu'ils
ont d'abord vne grande varieté d'actes affectueux, mais à la
fin beaucoup moins: En l'oraiſon d'Vnion la volonté predo-
mine encore par deſſus l'entendement, mais auec plus de
ſimplicité qu'en l'oraiſon d'Affection; de plus Dieu y opere
dauantage, & l'homme moins, & ſon operation y eſt plus
ſpirituelle, plus pure, & plus diuine, c'eſt pourquoy il faut
qu'il attende en paix, & en confiance l'action de Dieu, ſans
qu'il s'empreſſe; ce qui faiſoit dire à Monſieur de Renty
que la grande imperfection des ames, eſt de ne pas aſſez at- "
tendre Dieu, & le naturel agiſſant & qui n'eſt pas aſſuieti "
ſe remüe, & ſous de beaux pretextes penſe faire merueille, "
mais c'eſt ce qui empéche Dieu d'agir dans vne ame, parce "
qu'il la trouue dans vn état d'agitation & d'inquietude, & "
pour receuoir ſon action, elle deuroit eſtre en tranquillité & "
en ſilence. "

Quelqu'vn me dira qu'il luy ſemble qu'agiſſant dans ce
retranchement de diſcours, dans cette foy ſi nuë, & cette
grande ſimplicité d'actions il ne fait pas grand' choſe, &
que meſme il perd ſon temps. A quoy ie répond que cela
n'eſt pas, au contraire qu'il l'employe fort bien, puiſque re-
tranchant les actions des ſens & les diſcours, il oſte ce qui
l'eloigne de Dieu, qui eſt infiniment au deſſus de tous les
diſcours, & encore plus des ſens, & marchant par la foy &
par les affections de la volonté, il s'en approche. Marcher de
cette ſorte en ce chemin, c'eſt s'auancer & faire de grands
progres.

Monſieur de Renty ſatisfait à ce doute en l'vn de ſes papiers, diſant: quelqu'vn me dira, ſouuent il ne me vient rien "
en l'oraiſon, ie crains de perdre mon temps en pareſſe. Mais "
ſçachez que vous ne le perdez pas, quand dans la perte de "

" vous mesme, vous vous mettez en respect & en confiance
" deuant Dieu pour luy faire vostre cour. Il ne peut trouuer
" mauuais vn tel procedé. Vn autre dira, i'ay eu des distra-
" ctions, ie me trouue dans de grandes secheresses & ie suis
" trauaillé de beaucoup d'autres peines: ie répond, perseue-
" rez auec toutes ces peines en vostre regard de foy, de res-
" pect, & en vos affections autant que vous pourrez; Tenez
" vous clos & enfermé dans le cabinet de vostre cœur: Laissez
" bruire toutes ces tempestes au dehors sans vous en soucier,
" à l'exemple de Noë qui estoit paisible, comme son nom
" mesme le marque, au milieu de son vaisseau, encore qu'il
" fut choqué de tous costez des vagues, & agité des orages.
" Cela est necessaire à l'ame pour la purger & la disposer aux
" operations de Dieu. Comme le bois verd auparauant qu'il
" flambe, fuë & iette son humidité, & il faut qu'il porte cette
" purgation pour estre capable d'estre enflammé: de mesme
" les distractions & toutes sortes d'imaginations nous atta-
" quent, selon qu'il plaist à Dieu, mais ne nous troublons point
" & ne nous retirons pas pour cela du saint exercice de l'orai-
" son; Détournons seulement nostre regard de ces miseres
" quand nous nous en apperceuons, & continuons paisiblement
" & sans bruit nostre sacrifice, nous assurant que nous ne sou-
" tiendrons pas long-temps le Seigneur qu'il ne vienne.

    Et luy se trouuant en cet état, crioit à Dieu tout haut
" lors qu'il estoit seul: Ie suis à vous, ô mon Dieu, malgré
" toutes ces distractions & toutes ces ariditez! Ie suis à vous,
" & i'y veux estre à iamais sans reserue. Vous m'auez creé &
" ie vous aimeray toujours. Par fois il l'écriuoit de son doigt
" sur la terre, d'autrefois sur son cœur, & disoit: Ie suis con-
" tent de tout ce que Dieu veut & ordonne de moy, ie ne veux
" rien plus: Ie ne trauailleray ny pour auoir de la consolation,
" ny pour m'exempter de la secheresse, ma resolution est de
" benir Dieu en tout temps.

    Il écriuit à ce propos à son Directeur. Ie suis quelquefois
" vne heure ou deux à l'oraison, sans qu'il me vienne rien, quel-
" quefois i'y souffre par secheresses & par distractions & lassi-
" tude, mais de quelque façon que ce soit, ie ne finis iamais

que ie ne voulusse recommencer, & le desir m'en est renou- „
uellé ; quelque fois la lassitude du corps s'en va tout à coup „
par vne force interieure qui m'est communiqueé, & qui me „
dispose à continuer l'oraison hors du lieu & du temps de l'o- „
raison, dans la conuersation & dans les affaires ; & ie vous di- „
ray en sincerité, qu'encore que ie fasse tout si mal, il n'y a gue- „
re de difference de tout mon temps pour l'oraison, me trou- „
uant recueilly en tout. „

Il manda à vne autre persone fort confidente sur le mes- „
me suiet : Ie fus l'autre iour trois ou quatre heures dans vne „
Eglise auec grande secheresse sans qu'il me vint rien sur „
quoy m'arrester. I'entendis derriere moy vn bon seruiteur de „
Dieu qui disoit vn chappelet de *gloria patri &c.* i'offris à „
Dieu ce qu'il disoit, iusques à ce que tout d'vn coup il me „
fut monstré, que quand l'ame estoit seule dans vn desert, „
où elle n'auoit rien de crée sur quoy s'appuyer, c'estoit lors „
que la corde du pur amour de Dieu luy estoit dōnée & iettée „
du Ciel pour l'attirer, & ie ressentis quelque chose de cet „
effet. Quoy qu'il ne me vienne rien, quand ie finis de prier, „
ie serois encore prest de recommencer. Voyla pour la con- „
templation Actiue & Acquise. „

Pour la Passiue & l'Infuse, comme elle depend absolument de Dieu, elle n'a d'autre regle que sa volonté & la resolution qu'il a prise de se communiquer à vne ame, de qui
il éclaire l'entendement de hautes lumieres, & remplit
sa volonté de grandes affections, & specialement de son
amour : tout ainsi que Moyse parfaite image des Contem-
platifs, pour se rendre capable de monter sur la montagne
de Sina, & là conuerser auec Dieu, quittà les troupeaux
des bestes, le peuple, les petits & les grands, son frere mesme Aaron, & encore Iosué son ministre qui estoit touiours
auec luy, & puis tout seul s'en alla sur la croupe de la montagne, où *accessit ad caliginem, in qua erat Deus*, comme parle
l'Ecriture, il entra dans vn sacré nüage où Dieu estoit, & fut
là quarante iours en contemplation & en conuersation intime auec sa diuine Maiesté. Ainsi on doit laisser les sens, les
raisonnemens, les choses sensibles & les intelligibles pour

eſtre admis à la vraye contemplation, qui ſe fait dans les nüages de la foy, où Dieu eſt ſans doute, & par la foy dans les lumieres & dans les affections.

Mais il faut remarquer, que toutes ces hautes contemplations & ces grandes communications doiuent auoir pour but de rendre l'ame contemplatiue, ſoigneuſe d'obſeruer les commandemens de Dieu & de l'attacher à ſa volonté, comme toutes celles de Moyſe aboutirent à luy donner les Tables de la Loy & les luy mettre dans les mains; qu'il rompit encore apres, pour nous apprendre par figure, que l'ame en ces diſpoſitions de ſainteté ne laiſſera pas de faillir, tant nous ſommes foibles & proches de tomber auec toutes nos lumieres, ſi Dieu ne nous ſoûtient.

L'epoux dans le Cantique inuite les ames auec ces amiables paroles. *Comedite, amici & bibite, & inebriamini, cariſſimi.* mangez, mes amis, & beuuez, & vous, qui eſtes mes treschers & mes plus confidens, enyurez vous. Par le manger qui rompt & maſche la viande, il entend la meditation; par le boire, où l'on auale vne viande liquide il ſignifie l'oraiſon affectiue, & par l'yureſſe la contemplation actiue, & encore plus la paſſiue, laquelle produit ſaintement dans vne ame, ce que l'yureſſe opere auec deſordre dans vn corps & dans vn eſprit, la perte de la raiſon, l'oubly de toutes choſes, & la ioye.

Monſieur de Renty fut attiré là de Dieu, & éleué auec Moyſe, au haut de la montagne de la contemplation infuſe: il écriuit à ſon Directeur dez l'an mil ſix cens quarante cinq: « Depuis long-temps ie n'ay aucun vſage à l'oraiſon, ny quaſi « auſſi en autre temps, de l'entendement ny de la memoire: Ie « ne vois rien, ie ne ſens rien, ny n'ay gout ny dégout à rien, ie « ſens ſeulement ma volonté viue & preſte à tout ce qui luy « ſera monſtré pour Dieu. Il luy manda dans vne autre lettre: « i'experimente que depuis vn temps mon oraiſon n'eſt plus « en regle: Ie poſſede la tres-ſainte Trinité auec vne plenitu-« de de verité & de clarté, & cela auec vn trait ſi ſimple & ſi « fort dans la partie ſuperieure de l'eſprit, que ie ne ſuis di-« uerty de rien de mes occupatiõs exterieures. Vne autre fois:

Iesvs-Christ opere l'experience de son Regne dans ,,
mon cœur, & ie sens bien, qu'il en est le Maistre & que ie ,,
suis tout à luy. I'ay maintenant vne ouuerture plus grande, ,,
mais pourtãt si simple, qu'il n'y a rien à dire pour l'exprimer, ,,
sinon que c'est vne simple, mais vraye veuë de Dieu en Tri- ,,
nité, accompagnée de loüanges, de benedictions, d'offres & ,,
d'autres hommages, si simplement que cela ne fait aucun ,,
bruit en bas, ny ne se discerneroit pas mesme en haut par ce ,,
detail pour l'exprimer, si on n'y faisoit reflexion; Ie ne sçay ,,
pas mesme si ie dis bien tout à fait. ,,

Ce saint homme vni par ces contemplations à Dieu & à
la premiere verité, receuoit vne abondance de grandes lumieres pour soy & pour les autres sur toutes sortes de matieres, mais celles qu'il eut sur l'Ecriture sainte, & specialemét
sur le nouueau Testament & sur les mysteres de nostre Seigneur, furent admirables. Il écriuit à son Directeur. Sur vn
mot, que ie liray dans le nouueau Testament, il me viendra ,,
quelquefois des connoissances de nos veritez d'vne maniere ,,
si penetrante & si remplissante , que mesme i'en sens mon ,,
corps plein, c'est à dire, toute ma nature en est penetreé. Et ,,
il manda à vn de ses amis: quand ie lis les saintes lettres, ie me ,,
fortifie pour entrer dans l'effet qu'elles operent, qui est vne ,,
plenitude de verité de Dieu, qui rassasie l'ame solidement & ,,
experimentalement. Et il a fait des remarques sur tous les ,,
Euangiles du Caresme, qui découurent bien sa pieté, & les
grandes lumieres, dont son esprit estoit éclairé.

Voila à peu pres ce que l'on peut dire de l'oraison de ce
grand Seruiteur de Dieu pour ce qui a paru, car le principal
est ce qui se passoit dans le sanctuaire de son ame; & il auoit
vn si puissant attrait à l'oraison & à la conuersation auec
Dieu, qu'apres y auoir passé les sept & huit heures de suite,
il se trouuoit à la fin comme s'il n'eut fait que la commencer;
sinon qu'il auoit encore plus de desir de la continüer: & il est
arriué en fin à ce point qu'il n'en sortoit plus, pource qu'il
estoit tousiours recueilly & appliqué à Dieu: D'où il auoüa
à vn amy intime, qu'il n'auoit plus besoin ny de temps, ni de
lieu particulier pour faire oraison, parce qu'il la faisoit en

tout lieu, & en tout temps, & en toutes sortes d'occupations.

CHAPITRE IX.

Son Etat de Mort mystique & d'Aneantissement.

Oicy le plus haut degré de la vertu d'vne ame,
& la derniere disposition, qu'elle doit auoir
pour estre capable de s'vnir intimement à Dieu
où consiste sa perfection. Il faut qu'elle meure
pour viure de sa vraye vie, & elle doit s'aneantir pour deuenir quelque chose de grand. Cette mort & cet
aneantissement ne gist pas en la destruction de l'homme pour
ce qui est de l'estre naturel, tellement qu'il n'ait plus d'entendement, plus de memoire, plus de volonté, ny de passions,
plus d'yeux, plus d'oreilles ny plus de langue, mais en la ruine de l'estre corrompu & vicieux du vieil homme, dont le
peché l'a infecté, de sorte que son entendement & ses autres
facultez spirituelles & corporelles en soient nettoiées, &
animées de l'esprit de IESVS-CHRIST pour operer, non
pas selon la nature gastée, ny selon la nature toute pure, mais
selon la nature éleuée par la grace & sanctifiée par IESVS-
CHRIST.

Or comme l'estre corrompu & malin du premier homme
regne entierement en nostre nature, & le poison, que son
peché a coulé dedans nous, s'est épandu par tout en nos
ames & en nos corps, de façon que depuis le sommet de la
teste, comme parle le Prophete, iusques à la plante des pieds
il n'y à partie en nous qui ne soit malade, il faut guerir toutes
ces parties malades, purger toute cette corruption, & faire
mourir & aneantir tout à fait cet estre malin. Ie dis, tout à
fait, autant qu'il se peut en terre, parce que ce n'est qu'au
ciel dans l'etat de la gloire, où ce bonheur se trouue en sa
perfection; icy bas il y à toujours quelque chose à redire.
Cet

Cet homme saint & illuminé écriuant à vne persone de cet état de mort & d'aneantissement, luy mande que chantant à l'Eglise auec les autres le Magnificat, il eut vne lumiere sur le verset, *Depofuit potentes de fede & exaltauit humiles*, qui luy fit voir vne ame dans la plenitude d'elle mesme, dans la puissance & la richesse de ses facultez & de ses inuentions naturelles, dans la vie de ses sens interieurs & exterieurs, qui veut tout voir & tout entendre, enfin qui est toute pleine d'elle mesme & vuide de Dieu : Et puis il adiouste, nostre ,,
Seigneur me fit comprendre en l'intelligence de ce verset, ,,
qu'il dépouille cette ame de ce propre esprit arrogant & riche d'iniquitez, qu'il l'humilie, la simplifie & l'aneantit, & ,,
que par ce moyen, *Exaltauit humiles*, il l'éleve à vn état merueilleux, où ie la vis reduite à ce riche neant vuide d'elle ,,
mesme & de tout ce qu'elle auoit des sens & de l'humain, & ,,
dépouillée non seulement de ce qui est de l'ancienne creature, mais mesme de ce qui est des dons de Dieu pour le ,,
suiure en nudité, & estre deuant luy en audience pure. Ie ,,
connûs qu'en cet état, comme elle porte vne grande impression d'abandon & de confiance, Dieu faisoit en elle ce qu'il ,,
vouloit, qu'elle estoit tres-éclairée & qu'elle découuroit de ,,
loin les moindres choses, comme l'on découure vn petit arbrisseau au milieu d'vne rase campagne. ,,

Il enuoya à son Directeur ce qui suit au mesme suiet. Lors ,,
que i'eus donné ma liberté à Dieu signée de mon sang, côme ,,
ie vous ay mandé, on me fit connoitre à quel point d'aneantissement il falloit que l'ame vint pour se rendre capable de ,,
s'vnir à Dieu. Ie voiois mon ame se reduire comme à vn petit point, ie la voiois se serrer, s'apetisser, & se reduire au ,,
neant, & au mesme moment ie me voiois, comme si i'eusse ,,
eu à l'entour de moy tout ce que le monde aime & possede, ,,
& comme vne main qui éloignoit tout cela de moy & le iettoit dans l'bysme du neant, premierement les choses exterieures, les royaumes, les gouuernemens, les bastimens ,,
superbes, les riches meubles, l'or, l'argent, les diuertissemens, les plaisirs, qui seruent aux ames d'vn grand empechement pour aller à Dieu, dont il veut pour cela les voir dé- ,,

H h

" pouillées, afin qu'elles puissent arriuer au point de nudité
" & de mort, qui les doit mettre dans les solides richesses &
" dans la vraie vie.

"   Secondement, les choses interieures qui sont encore plus
" delicates & plus precieuses, comme les sciences acquises, les
" connoissances recherchées, les operations de la memoire, de
" l'entendement & de la raison humaine, les experiences des
" sens, dont l'ame doit estre purgée, & mourir à ses propres
" actions, & ie connûs qu'il falloit deuenir comme de petits
" enfans simples & innocens, separez non seulement du mal,
" mais mesme de la maniere d'agir que nous auons au bien,
" allans aux choses, que la diuine Prouidence nous presente,
" par enuoy de Dieu aux choses, & non par les choses à Dieu,
" qui est vne façon nuë, degagée & aneantie, qui ne voit rien
" que Dieu, non pas mesme, pour ainsi dire, les choses qu'el-
" le fait, dont il ne luy demeure rien, ny chois, ny ioye, ny
" regret de la plus grande ny de la plus petite, du bon ou du
" mauuais succes; mais seulement l'ordre de Dieu qui regne en
" tout, & qui en tout aussi contente l'ame, laquelle tient à luy
" & non à la vicissitude des choses : c'est pourquoy elle est tou-
" jours egale & toujours la mesme au milieu de tous les chan-
" gemens.

"   Dans vne autre lettre il luy mande ; il faut aneantisse-
" ment à tout pour suiure en simplicité, sans regard & sans re-
" flexion, ce que nostre Seigneur fait en nous, ou ordonne de
" nous, soit cecy ou cela ; c'est vn chemin qui m'est monstré,
" par lequel ie dois aller à luy ; & de là vient que toutes choses
" me sont sans goust, & c'est là mon ordinaire.

"   Et dans vne autre encore. Ie ressens de grandes choses sur
" la verité & la simplicité de l'aneantissement que ie dois
" porter, & i'ay en vn clin d'œil la veuë qu'il doit estre si sim-
" ple, que mesme il ne soit pas connû de l'ame ; c'est vn état de
" mort & d'aneantissement, sans auoir aucun regard sinon
" d'estre à son Dieu en abandon, en foy, & en confiance.

"   Il écriuit à vne autre persone. Ie vous assure qu'il n'y a
" seureté que dans le neant & dans la mort : qui est baptisé,
" doit estre mort en IESVS-CHRIST pour mener vne vie

d'aneantissement : le reste n'est pas tout mauuais, mais il est ,,
toujours dangereux, particulierement l'action que nous fai- ,,
sons de nous mesme, ainsi denüons-nous de tout, afin que le ,,
saint Enfant Iesus meuue tout. ,,

Il dit tout, parce que cet état de mort & d'aneantissement
doit estre generalement de tout ce qui en nous vit de la vie
corrompuë d'Adam ; de sorte que comme vn corps mort,
n'est pas seulement mort en l'œil, ou en l'oreille, ou en la
main ; mais en tous ses sens & tous ses membres, sans qu'il
en reste vn seul de viuant, il est encore mort aux richesses
& à la pauureté, aux plaisirs & aux douleurs, aux honneurs
& aux opprobres, aux loüanges & aux blâmes ; car il ne sent
rien de tout cela, parce qu'il est mort à tout. Il en va de mesme de l'esprit, qui doit estre mort non seulement à vne de ses
facultez, comme à l'entendement ou à la volonté, mais à
toutes, & à toutes choses, en la façon que nous auons dite ;
auec cette difference pourtant, que le corps estant vne fois
priué de sa vie, ne la peut iamais naturellement recouurer,
où l'esprit mort peut aisement reuiure & l'estre malin d'A-
dam ne s'en va pas si loing qu'il ne puisse bien tost reuenir si
on n'y prend garde, parce qu'en cette vie la mort ny l'aneantissement ne peuuent aller iusques au centre de la nature.

Tout ainsi que dedans vn Iardin vous pouuez nourrir vne
mauuaise herbe, à la quelle vous ne toucherez pas ; mais vous
luy donnerez toute la liberté de pousser, d'étendre ses fueil-
les & de croître : ou si vous ne voulez pas qu'elle paroisse, vous
la retrancherez, la coupant iusques à la racine : ou mesme
vous l'arracherez & la déracinerez, de façon qu'elle ne
pourra plus reuenir : mais pourtant vous ne sçauriez si
bien faire, que la terre n'en puisse produire vne autre semblable, parce qu'elle y est naturellement disposée : Il est de
mesme en vostre pouuoir de laisser viure dans vostre ame
vne passion dereglée, qui y produira ses saillies & y exercera
sa tyrannie ; ou bien la mortifier empéchant qu'elle ne pous-
se, quoyque la racine y demeure, ou mesme encore la deraci-
ner, comme font ceux qui par vn grand courage changent
leur naturel & detournent son cours pour luy faire prendre

vne pente toute contraire, du mal au bien & du vice à la vertu, tels qu'ont esté les hommes parfaicts & celuy de qui nous
écriuons la vie; mais quoy qu'il arriue & quoy que ces esprits
genereux gagnent sur eux, nostre nature demeure tousiours
gastée en son fond, & en état, si on n'y veille, de reproduire
tost ou tard les actions du mesme vice.

SECTION PREMIERE.

Suite du mesme suiet.

POur venir au detail de la mort mystique & de l'a-
neantissement de ce sainct Homme, il estoit mort
& aneanti, premierement aux richesses & à tous les
biens de la terre, dont il s'estoit tellement depouillé &
pour l'affection du cœur, & mesme pour la possession reelle, qu'il en auoit quitté, comme nous auons vû, la proprieté,
& n'en vsoit qu'en qualité de pauure, auec vn ardent souhait
« de pouuoir mesme se priuer de l'vsage. Ie reconnois deuant
« Dieu, écriuit il vn iour à son Directeur, qu'il me fait cette mi-
« sericorde en son fils, de me détacher veritablement des cho-
« ses de ce monde, & mon sentiment ordinaire est, que si son
« ordre ne m'y tenoit lié par ma condition, & qu'il me mit en
« état de tout donner ou de tout quitter, ce seroit mon grand
« desir, apres quoy ie soûpire souuent, non par la presomption
« de ma force, mais apres l'état de IESVS-CHRIST, en IE-
« SVS-CHRIST. Et il manda à vn autre persone. Tout ce qui
« se peut imaginer en ce bas monde, est peu de chose, fust-ce
« le depouillement de tous nos biens, & la mort de tous les
« hommes; car toute la fourmilliere du monde me semble ne
« meriter pas reflexion, & que si nous auions vn peu de foy &
« vn peu d'amour, qu'heureux seroit celuy qui auroit à donner
« tout, ou qui auroit déia tout donné pour ne vaquer plus qu'à
« son Dieu, & dire, *Deus meus & omnia.*

En son proces de Dijon il parut si desinteressé & si mort
au gain ou à la perte, qu'on ne pût iamais l'obliger, ie ne diray pas de solliciter ses iuges, mais mesme de leur recomman-

der son affaire, non que par vne indifference vicieuse il la ne-
gligeat & n'y fit ce qu'il iugeoit estre absolument necessaire;
mais c'est pource qu'il auoit ainsi perdu par vne haute vertu,
le sentiment des biens de la terre & s'estoit remis du succes
entierement à la volonté de Dieu: ioint qu'il sçauoit que les
affaires se traitent & se gagnent bien mieux deuant Dieu par
la priere & par la confiance en son secours, que deuant les
hommes par vne multitude de sollicitations inutiles.

Secondement il estoit mort & aneanty à toutes les recrea-
tions & à tous les plaisirs de cette vie, y ayant renoncé depuis
le commencement de sa parfaite conuersion, & se tenant en
toutes choses dans vn état de continuel sacrifice de son corps
& de son ame, qui estoit son grand exercice & son terme ordinaire. Ainsi il ne faisoit point vsage de ses sens ny de leurs
obiets, que dans la pure necessité, & suiuant la conduite de
nostre Seigneur. Il estoit tellement occupé de Dieu en son
interieur, comme nous auons remarqué, que lors qu'il auoit
des douleurs cuisantes & qu'il estoit malade, il n'y pensoit
quasi pas, & auoit peine d'en parler; ce qui parût notablement en sa derniere maladie.

Troisiemement il estoit mort & aneanty à l'honneur, aux
qualitez de sa naissance & à sa noblesse, dont il s'estoit luy
mesme degradé entre les mains de nostre Seigneur pour se
rendre plus humble; il estoit mort à l'estime des hommes &
à toutes les loüanges, comme aussi à tous leurs opprobres,
dont il donna vn illustre témoignage à vne persone familiere, qui luy dit qu'elle auoit peine de le voir tant honnoré
& estimé des hommes, à qui il répondit, premierement
qu'elle auoit grande raison, parce qu'il n'y en auoit point de
suiet; & puis, comme elle luy demanda quels sentimens il
auoit quand il s'entendoit loüer, Ie n'y fais, dit-il, aucune ,,
attention ny aucun retour : cela ne me touche non plus ,,
que si on parloit à vne souche : ie suis par la grace de ,,
Dieu insensible aux loüanges & aux mépris : l'vn & l'autre ,,
ne font aucune impression sur mon esprit, & ie n'y refle- ,,
chis pas seulement. Il auoit raison, car comme toutes les
loüanges, que les hommes vous donnent, ne vous font

pas meilleur, leurs blâmés auſſi ne vous rendent pas pire; outre que dans la diſtribution qu'on fait des loüanges & des blâmes, on commet pour l'ordinaire vne des hautes iniuſtices qui ſe voie en terre, parce qu'on loüe fort ſouuent des gens infames qui meriteroient d'eſtre confondus, & on blâme des perſones que Dieu eſtime.

En quatrieme lieu il eſtoit mort & aneanty aux biens, aux plaiſirs & aux hôneurs ſurnaturels, qui ſont ſans comparaiſon de plus grand prix que ceux, dont nous auons parlé. Il eſtoit mort à toutes les choſes bonnes, aux vertus, & à la perfeĉtion, qu'il ne deſiroit & ne cherchoit que dans vn eſprit dégagé & aneanty, ſans vouloir ny telle ou telle vertu, ny ce degré de perfection ou vn autre, mais les voulant comme Dieu vouloit qu'il les eut, & diſant que l'amour propre a ſi peur de ſe voir dépouillé, qu'il ne luy importe à quoy il tienne, pourueu qu'il ayt moyen de ſubſiſter & de ſe maintenir dans ſon petit droit de proprieté; ce qui nous oblige de trauailler ſans ceſſe à l'aneantiſſement de tous nos deſirs, meſme de ceux qui nous ſemblent ne tendre qu'aux vertus; ie dis, qui nous ſemblent, parce que ſi Dieu nous donnoit lumiere, nous verrions ſans doute que ce qui nous ſemble ſouuent tendre à nous denüer, va ſecretement, mais veritablement, à poſſeder quelque choſe & à nous conſeruer nous meſmes; où nous deuons aller toujours à noſtre neant, dans lequel ſeulement nous pouuons trouuer Dieu. ô qu'heureux ſont les vrais pauures d'eſprit!

Il eſtoit mort & aneanti à tous les gouts de déuotion & à toutes les graces ſenſibles, dont les ames amoureuſes d'elles meſmes ſont ordinairement ſi auides. Sur quoy il diſoit auec ſuiet, qu'il faiſoit beaucoup plus d'état des graces où les ſens n'ont point de part, que des viſibles & des ſenſibles. Il écriuit à vne perſone. Ie crains fort ces graces qui tiennent tant & quaſi tout du ſenſible; il ſe trouue, diſoit il, parmy les Spirituels vn grand nombre de mauuais-riches d'eſprit; tous ceux qui ne cherchent que des gouts, des ſentimens & des lumieres en cet exil, où nous deuons viure de foy, ſont de ce nombre. Et ce qui eſt pitoyable, c'eſt qu'il y en a fort

peu qui n'en soïent en quelque façon , pource qu'on estime ,,
& qu'on aime cela, à cause que l'homme naturellement aime ,,
à voir , & pour cela il cherche la lumiere, & comme il n'a pas ,,
experience de celle de Dieu, que l'on ne peut bien receuoir ,,
qu'en éteignant la sienne & en se détruisant, il cherche celle ,,
qui est en luy mesme , qu'il prend pour la diuine, parce qu'il ,,
se l'imagine & qu'il l'exprime à sa mode. Il m'ada à vne autre. ,,
Pour les obscuritez, pour les delaissemêts & les autres peines ,,
d'esprit, on les souffre quoy qu'il en coûte , & on s'y iette à ,,
corps perdu, pour ainsi dire , en abandon, comme vn poisson ,,
en l'eau qui est son élement; à Dieu de tous costez; en Dieu ,,
pour iamais & pour tous. Si nous sommes liés à nostre Sei- ,,
gneur IESVS-CHRIST , nous ne verrons que soumissions & ,,
aneantissemens , & nous ne sentirons que cela. ,,

Il estoit mort & aneanti à toutes les choses éclatantes & extraordinaires, dont il n'auoit aucun sentiment , non plus que
le Soleil, qui tout couuert de lumiere & coroné de gloire
n'en est pas plus glorieux, aiant reçû de la part de Dieu par
vne persone de haute grace des promesses de tres-grands
dôs, il écriuit à son Directeur: les choses qu'on m'a enuoiées ,,
& qu'on m'a promises , sont ce qu'elles sont , sans que ie m'y ,,
arreste ny m'y puisse appuier, il faut viure de foy. Et vn autre ,,
encore l'ayant assûré que nostre Seigneur luy auoit fait vne
faueur tres signalée, l'effet que cette assûrance opera en luy
fut, de luy imprimer vn tres-grand mépris & vn plus profond
aneantissement de soy mesme; & comme on luy donna ces
choses expliquées tout au long dans des papiers, il se défit de
ces papiers & les mit entre les mains de son Directeur, comme aussi tous les autres les plus secrets & les plus importants
de ses deuotions, & ceux mesmes qu'il auoit écrits de son
sang, dont nous auons parlé, qui ne fut pas vn petit effet
d'aneantissement en luy, parce que souuent on est pris par
ces meubles de pieté, & on y a des attaches d'autant plus difficiles à rompre, qu'elles sont plus malaisées à connoître , &
qu'elles paroissent plus iustes, à cause du profit qu'on croit
en tirer : mais il faut ne tenir à rien, pour pouuoir bien tenir
à Dieu.

« Voicy ce qu'il écriuit à son Directeur sur ce suiet. I'ay receû le
« papier qui parle de cette grace, dont ie vous enuoie la copie,
« n'ayant rié à reflechir dessus, sinon porter la plus grande lati-
« tude de cœur que ie puis à benir Dieu, à le reconnoître & à
« le seruir. I'ay brûlé ce papier & quantité d'autres choses
« semblables, & si vous ne iugés que ie vous les doiue en-
« uoier, ie vous supplie de me mander si vous ne trouuez pas
« bon que i'en vse ainsi. Ie souhaiterois, si i'auois à souhaiter
« quelque chose, de n'auoir rien à moy que mon Dieu, c'est là
« le grand rassasiement de l'ame, & le riche thresor du cœur.

Il estoit encore mort & aneanty à toutes les choses que
Dieu faisoit par luy, n'y prenant aucune part, & n'y entrant
pas plus, apres qu'elles estoient faites, que si elles eussent esté
faites par d'autres.

Cinquiemement il estoit mort & aneanty aux affections
non seulement dereglées ; mais aussi purement naturelles de
toutes les creatures, & en particulier de celles qui prenoient
ses conseils pour la conduite de leur interieur, en qui les liaisons & les attaches de part & d'autre sont, si on n'y veille,
plus ordinaires, de sorte que dans la separation vous voyez
souuent des esprits démontez, & des deuotions fort alterées.
« Il écriuit pour cela à l'vne de ces persones, Ie ne puis por-
« ter qu'auec peine le cas que vous faites de mon entretien ou
« de mes voyages : voyons beaucoup Dieu, lions nous sans
« cesse à Iesvs-Christ, afin d'apprendre en luy & de
« luy l'aneantissement profond de nous mesmes. Et à vne au-
« tre : Iesvs-Christ est permanent & sa grace va toujours
« croissant, & tant que ie seray à luy, ie seray à vous pour luy
« & selon luy. Nostre Seigneur ne delie pas les esprits, lors
« qu'il éloigne les corps, puisque mesme sa coûtume est de se-
« parer l'imparfait, qui bien souuent ne porte qu'alteration à
« la pleine vie de son esprit, qui n'est iamais telle, que lors
« qu'il est tout seul.

Faisant sçauoir à vne persone la mort de Madame la
Comtesse de la Chastre, pour le salut & la perfection de laquelle il auoit pris de tres-grands soins, comme nous auons
" rapporté, il luy mande : Ie n'estois pas à Paris, mais à Citry,
quand

quand elle mourut, on m'enuoya querir en haste le iour „
de sa mort qui fut vn Samedy, mais ie n'arriuay que deux „
heures apres, & entrant dans la ville ie l'appris, l'entendant „
crier dans les ruës: ie me liay aussi-tost fortement à Dieu de „
qui i'attendois la volonté, & ie n'en ay porté non plus ny au „
dedans ny au dehors, que si elle estoit encore au monde. Ie „
vois son ordre en ce que ie n'ay pas assisté à sa mort, & ie ne „
doute point qu'il n'ayt permis cette priuation pour le bien „
de cette Dame. „

Il écriuit à vne personne qui auoit perdu son Directeur.
Touchant l'absence de vostre Pere, ce seroit à la verité vne „
grande perte & pour vous & pour le païs qu'il quitte, si l'or- „
dre de Dieu ne sanctifioit & n'establissoit plûtot qu'il ne de- „
truit; & s'il éloigne quelque fois nos petits appuis visibles & „
sensibles, c'est pour nous fonder plus fortement en la fin, à la- „
quelle il nous achemine, qui est de demeurer & de nous te- „
nir en Dieu auec IESVS-CHRIST, où nous trouuons toute „
verité & toute force, & si prés de nous qu'il est au milieu de „
nous; Et à proportion que les appuis des creatures nous ma- „
quent par sa conduite, il se fait paroitre en sorte, que l'on „
experimente bien que l'on n'est pas orphelin, soit par l'esprit „
qui reside en nous pour nous soûtenir, soit par les secours „
des mesmes ministres, lesquels, quoy que plus rares, portent „
en nous vne grace de plus d'étenduë; tant nostre Pere „
celeste pouruoit iusques aux moindres besoins de tous ses „
Enfans, qui luy sont vraiement Enfans. „

Ainsi il ne faut point prendre d'autres liaisons aux persones
qui vous aident pour vostre salut, que côme à des instrumés,
dont Dieu se sert, & dont auec luy vous deuez vous seruir
pour l'operer. Tandis qu'il vous les donne vsez en auec soin,
& auec fidelité, & retenez qu'en peu de temps on peut
bien auancer en fait d'instructions necessaires. Quand il
vous les oste, ou par la mort, ou autrement, ne vous affligez
point imparfaitement & ne perdez pas courage, mais rendez
les luy de bonne grace auec soumission & auec remerciment:
& ce sera le moyen qu'il vous en donne d'autres, qui vous

aideront encore dauantage & trouueront mieux la iointure
de voltre esprit.

En fin il estoit mort & aneanty à l'amour de soy mesme,
à son humeur qu'il auoit tellement corrigée, qu'estant naturellement vif & prompt, comme nous auons deja touché,
il s'estoit rendu rassis & égal dans vn point, qui a causé de
l'admiration à tous ceux qui l'ont connû ; ayant vn esprit
haut & altier, il auoit acquis vne humilité de cœur tres-
profonde, dont il produisoit des actions signalées à l'exterieur, en tout temps, & en tout lieu ; & son genie luy donnant inclination à la raillerie, c'estoit l'homme du monde
le plus respectueux enuers tous, iusques aux plus petits.
Pour ses passions, il les tenoit si assuieties & si bien reglées,
qu'elles n'échappoient iamais, & que l'on eut mesme dit
qu'il n'en auoit point.

Il estoit mort de cette mort parfaite, dont nous parlons,
aux facultez superieures de son ame : à sa Memoire, parce
qu'elle estoit si vuide de toutes les choses de la terre, qu'elle
ne luy en rapportoit aucune idée capable de le diuertir de
la souuenance de Dieu ; il ne faisoit aucune reflexion imparfaite sur le passé, ainsi que nous auons vû, & nostre Seigneur
luy auoit donné cette grace singuliere, qu'il n'estoit point
occupé des actions qu'il faisoit, & lors qu'elles estoient faites, qu'il en perdoit comme le souuenir ; tout s'effaçant de sa
memoire pour n'en estre point empéché.

Il écriuit à vne persone familiere ; Il y a quelque temps
que me trouuant au milieu d'vn grand monde, mon esprit
fut éclairé & touché de ne desirer, ny de connoître persone,
ny d'en estre connu : cela a fait vne merueilleuse separation
en moy de toutes choses, & i'ay appris que de là dépendoit
vn des principaux points de la vie spirituelle, qui porte vne
grande pureté d'esprit, vn grand éloignement de la creature, & qui met l'ame au monde comme si elle n'y estoit pas,
dans l'oubly & dans l'ignorance de ce qu'elle n'a que faire,
& ne pouuant plus souffrir que le necessaire.

Il estoit mort à son Esprit, à sa Raison, & à son Iugement,

par ce qu'il viuoit de la Foy qui est sa propre mort. On peut recueillir de ce qui a esté dit, qu'il ne faisoit aucune action de cette puissance par elle mesme, non plus que s'il n'en eut point eu, mais qu'il produisoit tout par le mouuement de Iesvs-Christ, qui viuoit en elle & operoit par elle.

Enfin il estoit mort & aneanti à sa Volonté, que ie mets la derniere, pour estre en cette vie la plus importante de nos facultez dans les choses morales. Il estoit donc mort & aneanti à sa Volonté propre, dautant qu'il l'auoit renduë entierement conforme à celle de Dieu, ne voulant absolûment en tout que ce que Dieu vouloit. I'adore, écriuoit-il à vne persone, tellement la volonté de Dieu en tout ce qu'il luy plait de me marquer, que l'Enfer me seroit vn Paradis, s'il me donnoit l'ordre de le porter. Et à vne autre : Bien loin d'agir en cette affaire par mon esprit, ie le veux aneantir tout à fait, & qu'il ne sçache autre langage que rien, & toujours rien, pour suiure en tous les traits de la diuine volonté dans sa mesure & dans sa maniere. Il dit à vne autre que nostre-Seigneur l'auoit par sa grace mis en vn si grand état d'indifference pour tout, qu'il eut esté tres-content de demeurer toute sa vie paralytique dans vn lit, sans se pouuoir remüer, & sans faire reflexion sur le seruice qu'il rendoit au prochain, & qu'il ne pourroit plus luy rendre, tout luy estant égal dans la volonté de Dieu.

Il manda à vne autre : Ie me suis trouué depuis quelque temps en des emplois de telle nature, tant pour l'exterieur, comme pour l'interieur, qu'vn pauure petit esprit, comme le mien, eut bien tost échoüé, si ie n'eusse abandonné le tout à Dieu. C'est en luy, & par cette voye d'abandon que ie prens tout mon appuy, adorant auec vous & par l'instruction que vous me donnez les decrets de sa tres-sainte & diuine volonté, qui tient toutes choses en sa main pour nous y assujetir par iustice, & nous y sanctifier par amour, si l'épreuue montre que nous ayons vn cœur d'enfant, c'est à dire, l'esprit de Iesvs-Christ, pour gemir à nostre Pere celeste, & luy dire, *Abba Pater.*

SECTION SECONDE.

Continuation du mesme sujet.

MONSIEVR de Renty estant si absolument abandonné à Dieu, & ayant ainsi perdu & aneanti sa volonté dâs la sienne, il ne desiroit rien & ne craignoit rien en ce mõde, & en suite il y possedoit vn tres-profond repos d'esprit, & vne paix que rien ne pouuoit alterer ; d'où luy venoit cette merueilleuse & inuariable égalité, qui reluisoit en son exterieur en tout temps, en tout lieu, & en toutes occasions.

Vne persone intime voulant sçauoir vn iour s'il n'auoit point desir de quelque chose, luy demanda tout ce que son esprit luy pût suggerer pour tirer cet éclaircissement ; & entre-autres questions elle luy fit celle-cy, s'il ne desiroit pas que les œuures, qu'il entreprenoit pour la gloire de Dieu, reüsissent & eussent vn bon succez ; à quoy il répondit, qu'il n'auoit point d'autres desirs en toutes ses actions & en toutes ses entreprises, que l'accomplissemẽt de la volonté de Dieu, & encore qu'il fît tout son possible pour les faire reüssir, qu'il estoit neanmoins abandonné pour tout à ce que sa Majesté en ordonneroit : adioustant beaucoup d'autres choses, qui montroient son aneantissement pour tous les desirs, & la parfaite transformation de sa volonté en celle de Dieu.

Et il n'eut pas plûtôt acheué, qu'il arriua vn accident, où il fit bien paroître cette parfaite mort : car on luy vint dire que le Ciel estoit tout en feu ; à cette nouuelle, qui a coutume de surprendre & d'effrayer si fort, il ne témoigna aucune émotion ; mais auec vne paix & vne tranquillité admirable, il regarda au Ciel & dit, le feu est dans Paris, sans s'alterer dauantage , encore qu'il connût que l'embrazement estoit si grand, qu'vne bonne partie de la ville estoit en danger d'estre brulée : plusieurs persones, qui demeuroient pres de sa maison, disoient qu'il falloit quiter le quartier, parce qu'en effet le feu n'estoit pas loin, & pouuoit s'étendre aisement iusques à eux. En cette fraieur commune demeurant dans son egalité ordinaire & dans son abandon à l'ordre de Dieu il entra en sa Chapelle, où il fut fort long-temps en oraison, s'offrant à Dieu en sacrifice & s'immolant à sa volonté; quelque persone le consideroit en cet état auec admiration, pendant qu'vn grand nombre de gens estoient dans l'épouuante, & qu'elles consultoient pour s'en aller. Voila la disposition de son esprit.

Il auoüa aussi à vne autre persone confidente & secrete, qu'il se sentoit par la misericorde de Dieu dans vn état de mort si entiere à toutes choses, que ny les Anges, ny les hommes, ny la perte des siens, ny le renuersement de sa famille, ny aucun autre accident ne pourroit luy faire perdre l'assiete de sa paix, mais qu'il demeureroit tranquille & mesme insensible à tout cela: ce qu'il disoit non par vne vaine exaggeration & vn certain sentiment boutadeux qui fait souuent proferer des choses bien éloignées de la verité, mais par vn établissement ferme & experimental qu'il auoit dans l'insensibilité des Saints.

Telle estoit la mort mystique & l'aneantissement de cet homme de Dieu, qui le combloit de tresors immenses de richesses spirituelles, luy faisoit mener vne vie tres-parfaite, & l'vnissoit intimement à Dieu. A quoy aussi cette mort & cet aneantissement sont absolûment necessaires, parce qu'vn estre ne peut deuenir ce qu'il n'est point, s'il ne cesse d'estre ce qu'il est: le bois ne sçauroit passer à la nature du feu, tandis qu'il conseruera la sienne; il faut qu'il la quitte & que la matiere soit dépoüillée de toutes les formes du bois, & de la substantielle & des accidentelles, & reduite à vne nudité entiere pour estre capable que le feu s'vnisse à elle; à moins de cette nudité, l'vnion est impossible.

C'est vne regle generale dans la nature qui ne souffre point d'exception, qu'vn sujet pour receuoir vne forme, doit y estre disposé, & d'autant plus, que la forme est plus noble; & cette disposition consiste en ce dépoüillement du sujet, & en cette perte qu'il doit faire de quelques choses pour en gagner d'autres. Partant pour faire vn homme diuin, il faut qu'il ne soit plus homme viuant selon sa nature, & pour le rendre digne de s'vnir à Dieu, il doit necessairement mourir & estre aneanti à soy-mesme. Certe si le feu demande de la matiere ce dépoüillement vniuersel pour pouuoir se communiquer à elle: à combien plus forte raison Dieu, qui est vn Esprit infiniment pur & l'Estre premier & souuerain, exigera-t'il de l'homme ce denüement general, cette mort & cet aneantissement à soy & à toutes choses pour se donner & s'vnir à luy? attendu qu'en se donnant à luy, il luy donne la iouïssance de soy-mesme, de sa beauté, de sa bonté, de sa sagesse, & de ses autres perfections, & que par son vnion il le rend bien-heureux.

Suiuant cela quelle admirable pureté est requise à vne ame pour estre vnie à Dieu au Ciel dans l'état de la gloire? Il est necessaire ou qu'elle conserue encore toute son innocence baptismale, ou, si elle la soüillée de la moindre tache, qu'elle en soit nettoiée auec des tourmens étranges par le feu de Purgatoire, quelques bonnes œuures qu'elle ayt faites d'ailleurs, & à quelque degré de sainteté qu'elle soit paruenuë. C'est par proportion le mesme de l'ame en terre dans l'état de la grace, où, pour estre bien preparée à l'vnion auec Dieu, elle doit estre tres-pure; & pour l'estre, comme ce qui la soüille, est l'attache aux creatures, & encore plus à elle mesme, & cette vie du premier homme qui la fait viure à ses appetits, à ses desirs & à son propre esprit, il faut qu'elle meure à toutes les creatures & à soy-mesme : ne plus ne moins que nostre corps pour estre parfait & obtenir sa vraye vie, immortelle & bien-heureuse, doit auparauant necessairement mourir; il en va de mesme de nostre ame, si nous voulons qu'elle arriue à sa perfection qui consiste en l'vnion auec Dieu, & qu'elle méne vne vie sainte & diuine, qui est sa veritable vie.

Monsieur de Renty écriuit vn iour à ce propos à son Directeur, " Ie vois tres-clairement que le moyen d'estre vny à " Dieu, c'est d'estre dénüé de tout ce qui n'est point Dieu, & " mort à toutes les creatures & à soy. Hà, que ie connois l'im- " portance de ce denüement & de cette mort ! & quoy? ce qui

fait interruption à cette vnion continuelle d'amour, que ,,
nous deuons auoir auec sa diuine Majesté & auec cette ,,
Beauté souueraine, c'est vne espece, c'est vne attache lege- ,,
re à quelque chose creée : & nous souffrirons qu'vne chose si ,,
menuë & si indigne nous occupe au lieu de Dieu, & que son ,,
esprit diuin, qui est vn feu d'amour tout consumant & qui ,,
nous enuironne de toutes parts, n'ait pas la puissance de ,,
faire sur nous, ce que le feu elementaire fait sur le bois? ,,
Moy vicieux & toujours mécontent par mes miserables ,,
plenitudes, & qui ne peux estre parfaitement heureux que ,,
par la possession de Dieu, ne me point remplir & m'occu- ,,
per de Dieu ! ce que ie peux auec sa grace, en me separant ,,
doucement de toutes choses par vne simple & amoureuse ,,
application à luy. ,,

Et il manda à vne autre persone. Quand S. Paul nous dit, ,,
vous estes morts, & vostre vie est cachée en Dieu auec IESVS- ,,
CHRIST, il pose la mort comme la base necessaire du Chre- ,,
stien pour nous oster toutes les veuës & toutes les recher- ,,
ches des creatures, comme nous voyons qu'vn mort n'a plus ,,
de sentiment ny de mouuement pour rien : car encore que ,,
nous sentions par fois des mouuemens rebelles de la nature ,,
gastée, ils ne naissent que pour estre étouffez & aneantis en ,,
leur naissance. L'Apostre nous donne nostre Seigneur pour ,,
nostre modele, de qui il dit autre part, *Exinaniuit semetipsum,* ,,
il s'est aneanty soy mesme : voyons comment & iusques où, ,,
c'est depuis l'instant de sa conception iusques à celuy de sa ,,
mort. Voyla nostre Regle, nostre Patron, & nostre Rendez- ,,
vous de toutes parts. ,,

Il dit à vne autre. Si nous pouuions conceuoir combien le ,,
veritable denuëmét de tout réd l'ame capable de Dieu, nous ,,
luy demanderions sans cesse cette grace, & nous nous fe- ,,
rions sans doute de grandes violences pour l'obtenir & ,,
arriuer à l'état de mort & d'aneantissement, où il faut que ,,
tout Chrestien arriue, s'il veut s'vnir à Dieu & monter à sa ,,
perfection. Ie reçûs il y a quelques années vne lumiere sur ,,
cette verité, qui me fit connoitre que le tresor Euangeli- ,,
que caché dans le champ, n'est autre que cet état de mort, & ,,

" l'aneantiſſement qui nous oſte à nous meſmes pour nous
" donner à Dieu, & nous vuidant de toutes les Creatures nous
" diſpoſe pour eſtre remplis du Createur, & en ſuite de la
" ſource de tout bien. Noſtre Seigneur nous dit que qui le de-
" couurira, vendra tout ce qu'il a pour l'acheter : Si nous con-
" noiſſions la valeur de ces treſor precieux, nous donnerions
" franchement noſtre liberté & tout ce que nous ſommes &
" tout ce que nous auons pour le poſſeder. Ce nous eſt à la ve-
" rité vne grande confuſion, que tant de choſes & tant de puiſ-
" ſans motifs nous obligeans de tendre à ce neant, nous y par-
" uenions neantmoins ſi rarement & ſi tard. O qu'il y a peu de
" perſones veritablement aneanties ! peu qui ne viuent encore
" de cette vie corrompuë du premier homme, & qui n'en pro-
" duiſent des actions, où il ſe preſente quelque occaſion
" d'honneur, ou de profit, ou de plaiſir ; peu qui acheuent de
" ſe perdre & de renoncer à eux meſmes en certains points, qui
" regardent leur perfection ; nous deurions tirer de toutes nos
" forces à l'état bien-heureux du neant.

Que les eſprits ainſi morts menent vne vie admirable, &
que les ames aneanties de cette ſorte, & qui ne ſont plus
rien à elles meſmes, ſont en Dieu de rares chefs-d'œuure, & capables de faire de grandes choſes pour ſa gloire ! Elles ſont intimement vnies à luy, elles ſont toutes
perdües & toutes transformées en luy, & par cette vnion &
cette transformation, par cette riche perte & cet heureux
aneantiſſement elles arriuent au comble de leur perfection,
elles poſſedent vne ſi profonde paix & ioüiſſent d'vn contentement ſi pur & ſi ſolide, qu'il ſurpaſſe incomparablement
tous les plaiſirs des ſens ; & elles ſont ſi hautement releuées
au deſſus de toutes les grandeurs de la terre & de tout ce que
le monde admire, que, comme dit vn ancien Pere, elles les
ont en mépris ; elles ne mettent point de diſtinction entre la
pompe des Empereurs & les toiles des araignées ; elles com-
parent les diamans & les plus fines pierreries aux cailloux
qui ſont ſur le bord de la mer ; Elles ne tiennent pas la ſanté
du corps pour bon-heur, ny la maladie pour malheur ; elles
ne iugent pas que la pauureté doiue s'appeller miſere, ny
que

que le pauure foit mal à fon aife, & elles ne pezentpoint la vraye beatitude au poids des écus, ny ne la mefurent par les delices; mais elles difent que tout cela reffemble aux eaux des riuieres qui baignent le pied des arbres plantez le long de leur riuage, à pas vn defquels elles ne s'arreftent, mais elles paffent viftement de l'vn à l'autre coulans inceffamment à leur fin.

C'eft de ces illuftres Morts & de ces Ames diuinement aneanties que l'Ange dit à S. Iean en l'Apocalypfe; *fcribe; beati mortui, qui in Domino moriuntur : à modo iam dicit fpiritus, vt requiefcant à laboribus fuis.* Ecri cette verité, qu'il faudroit écrire par tout en lettres d'or & en characteres de faphirs & de rubis. Bien-heureux font les morts, qui font morts à eux mefmes & à toutes les chofes creées pour ne viure qu'au Seigneur; le faint Efprit leur dit & les affûre, que dés le moment de leur precieufe mort ils fe repofent, parce que tous leurs trauaux & toutes les peines de leur efprit ont pris fin, dautant qu'ils en ont ofté les caufes & feché les fources, qui font, comme faint Iaques enfeigne, leurs defirs & leurs concupifcences.

Monfieur de Renty en eftoit indubitablement venu là, comme il eft aifé de voir de ce que nous auons dit, & il denoit eftre mis au nombre de ces Bien-heureux, qui font les Bien-heureux de l'état de la grace & qui compofent le Paradis de cette vie.

CHAPITRE X.

Sa Mort corporelle.

Onsievr de Renty eftant mort, comme nous venons de rapporter, de la mort myftique, il fallut pour entrer dans la vie de la gloire & receuoir la recompenfe que Dieu preparoit là haut au ciel à fes merites, qu'il mourut neceffairement de la mort du corps, comme auffi il en mourut il y a auiourdhuy, que i'écris cecy, deux ans, & de la sorte que ie m'en vay dire.

L'onzieme d'Auril de l'an mil six cens quarante neuf se sentant atteint plus viuement du mal, qu'il portoit, il y auoit deja quelques iours sans en rien découurir, il fut contraint apres auoir emploié la iournée en actions de charité de se mettre au lict, où il commença à souffrir de grandes douleurs par tout le corps, dont l'esprit mesme se ressentit en quelque façon, parce qu'il dit que ses réueries estoient étranges & si grotesques, qui si la grace ne les luy eut fait connoître & ne l'ût contenû, il eut dit plus d'extrauagances qu'vn insensé, & qu'ainsi son mal estoit bien humiliant; mais qu'il falloit, que le pecheur honorât Dieu en tous les états, où il le mettoit.

Dans toutes les douleurs de son corps, & dans toutes les peines de son esprit, & durant tout le cours de sa maladie, son fond & son occupation ordinaire estoit des éleuations affectueuses à Dieu, des sentimens & des paroles de benediction, de loüange & de soumission à toutes les dispositions qu'il faisoit de luy, de douceur & d'obeissance à tous ceux qui le seruoient, ou qui auoient soin de luy, auec vn esprit si facile & si aisé qu'il trouuoit tout bien fait, encore que parfois il ne le fut pas.

Il y fit paroître vne patience admirable, qui l'empécha de se plaindre iamais & de permettre qu'on le pleignit, disant qu'il n'enduroit rien quoy qu'il endurât extremement. Et comme sa Garde, qui estoit la sœur de la Charité de la " Paroisse, auec qui il auoit visité tant de pauures & tant de " malades, le pressa de le luy auoüer, il luy répondit. O ma sœur, que l'amour de Dieu essuie de souffrances ! les serui- teurs de Dieu ne souffrent rien. Vne autre persone luy de- " mandant s'il enduroit beaucoup, il dit que non, à quoy l'au- " tre repliqua qu'il luy sembloit pourtant que si ; il est vray, ré- " pondit-il, que ie me sens bien accablé de mal ; mais ie ne le " sens pas, parce que ie ne m'y applique point. Côme on le pres- " soit de prendre quelques douceurs, il dit les refusant, cela ne " fait ny viure ny mourir, & n'est point necessaire. Il prenoit les medecines, encore qu'elles fussent tres-ameres, d'vn visage gay & content, les aualant auec grand' peine sans rien laisser. Et comme vn iour deuant sa mort on luy parla d'vn excellent remede qu'on disoit deuoir faire grand effet, il répondit, la patience est vn grand remede, témoignant n'auoir ,, pas beaucoup d'inclination à le prendre : neanmoins quand on le luy apporta, il le prit sans aucune resistance, & mesme sans demander ce que c'estoit, tant il estoit mort à tout ce qui le touchoit.

Encore que son mal allât toujours croissant & le serrant de fort prés, il ne demandoit toutefois rien pour son soulagement; & comme on auoit vne fois mis des draps blancs dans son lict, & qu'on luy eut donné vn oreiller qu'il auoit dé-ja refusé, il dit tout confus &-tout humilié dans la croiãce que c'estoit trop prendre ses aises, voila Monsieur bien à ,, son aise. Sentant vn peu de ioye naturelle de voir vne perso- ,, ne auec qui il auoit de grandes liaisons de grace, & qui estoit retournée de la campagne pour le visiter, il reprima cette ioye, disant par trois fois, ie ne veux plus que Dieu, auec ,, vne ardeur, qui faisoit euidemment paroître son parfait degagement de toutes les choses creées.

Il recommanda à cette mesme persone les Missions , la priant d'y trauailler de toute sa puissance, comme à vn employ qui glorifioit Dieu extrememét, & qui estoit le plus vtile à l'Eglise de tous ceux qu'il sçauoit, & luy disant; Promettez ,, moy donc que vous y trauaillerez, & que vous en procurerez ,, autant qu'il vous sera possible. O que cela plaît à Dieu! ,,

Et se souuenant des pauures qui luy auoient esté si chers, il dit à Madame sa femme, ie vous recommande les pauures, n'en aurez vous pas bien soin? Vous le ferez mieux que moy, ,, & ne craignez point, ce que vous donnerez, n'amoindrira pas ,, le reste. La plus-part du temps de la premiere semaine, & ,, encore beaucoup de la seconde des deux qu'il fut malade, ,, il s'occupa fort aux œuures de misericorde, ordonnant qu'on fit des aumônes, & faisant écrire des Lettres en plusieurs prouinces pour des affaires de charité dont il s'estoit chargé, & en rendant compte exactement.

Plusieurs persones le visitant par honneur, il les receuoit

auec vne grande douceur & vne grande affabilité, neantmoins auec peine, parce que plusieurs de ces visites n'alloient
qu'à des paroles de ciuilité mondaine & à des complimens,
" dont se plaignant, il dit à quelqu'vn; ils me viennent parler
" de leur philosophie, ce n'est pas ce dont i'ay besoin. Et vne
" autre fois il dit au mesme suiet; Il faut peu de paroles à vn
" Chrestien.

    Vne dame de grande qualité & de grande pieté l'estant
venuë voir, luy dit, Monsieur, ie voudrois de bon cœur donner ma vie pour la vostre : à quoy il répondit auec vn visage
" gay & les yeux leuez au Ciel, ce n'est pas se quitter que de
" mourir, nostre conuersation & nostre vnion sera plus intime
que iamais: elle continuant luy demanda, mais, Monsieur,
si Dieu vouloit vous rendre la santé & vous laisser encore
quelque temps en cette vie, le voudriez vous pas bien? Saint
Martin vouloit bien viure à cette condition; il luy dit auec
" beaucoup de confusion, ah, Madame, point de comparaison
" d'vn pecheur à vn Saint, la volonté de Dieu soit faite.

    Dés le troisieme iour de sa maladie il pria qu'on luy fit ve-
nir son Confesseur, & comme on luy demanda là dessus s'il
se sentoit plus mal, il répondit que non, mais qu'en vne conioncture de telle consequence, comme estoit celle où il se
trouuoit, & où il est si aisé que l'esprit & le iugement s'alte-
rent, il ne falloit pas differer ny se laisser surprendre, & qu'il
estoit bien raisonnable de faire ce qu'il auoit tant de fois
conseillé aux autres. Le lendemain il se confessa, & apres
demanda ses Reliques pour entrer en communion plus particuliere auec tous les Saincts ; il se confessa encore le iour
suiuant, & presque tous les autres iusques à celuy de sa mort.

    Monsieur son Curé le vint communier, & comme il le veit
apres la communion entrer dans vn grand silence & ne di-
" re mot, sinon auec vne profonde humilité; mon Dieu, mon
" Dieu, pardonnez moy, ie suis vn grand pecheur, il luy demanda pourquoy il parloit si peu, & ne disoit quelque chose
aux assistans qui eussent esté bien aises de l'entendre, à qui il
répondit, qu'il ne deuoit point parler en la presence de la
Parole Incarnée qu'il venoit de receuoir, & qu'il n'estoit pas

iuste d'occuper aucun lieu dans les cœurs, qui ne deuoient estre remplis que de Dieu seul. Il luy adiousta pourtant que son esprit estoit fort appliqué à la ioie, que deuoit auoir vne creature de se voir sur le point de se reünir à son premier Principe & à sa derniere Fin.

L'apres-disner de ce mesme iour quelqu'vn luy disant qu'il falloit se diuertir de cette forte attention qu'il auoit à l'inteterieur, & que les medecins iugeoient que sa maladie venoit d'humeur melancholique, il luy dit. Ie n'eus iamais vne ioie ,, pareille à celle que i'ay ressentie auiourd'huy ; & celuy là luy ,, en aiant demandé le suiet, c'est, dit il, de penser que ie vay ,, m'vnir à mon Dieu. Il témoigna à vn autre qu'il auoit vn extreme desir de s'aller vnir à Dieu, luy disant ces paroles de l'Apostre, *Cupio dissolui & esse cum Christo,* & ces autres du Dis ,, ciple bien-aymé, *Spiritus & Sponsa dicunt, veni ; & qui audit,* ,, *dicat, veni ; & qui sitijt, veniat, etiam venio citò. Amen, veni Do* ,, *mine Iesu.* S'abandonnant toutefois & pour la vie & pour la mort à la volonté de Dieu. Il pria vn iour apres midy qu'on luy ouurit les fenestres, pour voir plus à plein le grand iour, & le voyant il s'écria. O beau iour de l'eternité ! que i'ayme ,, cette clarté qui m'aide à penser à celle de ce iour, qui n'aura ,, point de nuict. ,,

Plus il auoit de mal, plus il tâchoit de s'appliquer à Dieu & de le prier, imitant son diuin Maistre qui au fort de son agonie prioit plus instamment, & comme par fois la violence du mal l'abbatoit dauantage, & qu'il luy falloit faire plus d'effort pour penser à Dieu, il s'écrioit ; courage, courage, ,, l'eternité approche, & dit plusieurs autres paroles auec vne ,, feruerur incroiable, mais qu'il ne pût prononcer distinctement à cause de l'extreme secheresse de sa bouche que la fiéure luy auoit causée, iusques à ce que s'arrestant tout à coup il se mit à regarder fixement en haut, pres d'vn quart d'heure, auec vn visage riant & plein de respect, comme voyant quelque chose de grand, & puis ramassant toutes ses forces il se mit sur son seant, il osta son bonnet, & le tenant en sa main il dit tout rauy & abysmé en cette contemplation, auec des élans & auec des paroles à demy-étouffées

dans sa bouche tant par l'ardeur de son esprit, comme par
la foiblesse de son corps, Ie vous adore, ie vous adore.

Monsieur son Curé luy donna au temps qu'il falloit l'Extreme-onction, qu'il reçût auec grande deuotion, répondant
à toutes les prieres qu'on y fait, & s'occupant des paroles
qu'on y dit, & les repetant encore quelque temps apres.
Monsieur le Curé luy demanda s'il ne vouloit pas donner
la benediction à ses Enfans, à qui il dit, quoy? donner la
benediction en vostre presence? Ie suis trop heureux de la
receuoir; pressé neanmoins de la leur donner, sur ce que
l'Eglise approuuoit cette coûtume, aussi-tost il leua les
yeux & les mains au Ciel, & dit, ie prie Dieu qu'il vous la
donne, & qu'il luy plaise de vous benir & de vous garder
par sa grace de la malignité du monde, & que vous n'y
ayez point de part, & sur tout, mes Enfans, que vous viuiez en la crainte & en l'amour de Dieu, & que vous obeissiez à vostre Mere.

Le Samedy, iour de sa mort, sur les dix heures & demie
du matin estant reuenu d'vne forte conuulsion qui pensa
l'emporter, ayant regardé assés attentiuement ceux qui
estoient presens, il fit signe de la main, de la teste & des yeux,
auec ce souris & cet attrait qui luy estoit naturel, à vn homme de grande qualité & de grande autorité, & de ses
amis intimes pour le faire approcher, ce qu'ayant fait, il
luy dit : I'ay vn mot à vous dire deuant que de mourir,
puis s'estant donné vn peu de loisir pour reprendre ses forces, il luy témoigna en suite son affection, mais en paroles qui ne furent pas bien distinctement entenduës; &
aprés d'vn ton plus ferme, d'vne voix plus articulée &
d'vne parole plus nette, il luy dit : la perfection de la vie
Chrestienne, est d'estre vny parfaitement à Dieu dans la
croiance de son Eglise, & il ne faut pas s'embarasser dans les
nouueautez, adorons sa conduite sur nous, & soyons luy fideles iusques au bout : attachons nous à vn Dieu Crucifié pour
nostre salut, vnissons toutes nos actions & tout ce qui est en
nous à ses merites, & esperons, que luy estant fideles par
sa grace, nous aurons part à la gloire de son Pere. I'espe-

re que nous nous y verrons vn iour qui fera fans fin. Cet amy „
voulant luy répondre & le remercier, Monfieur de Renty
luy ferma la bouche, luy difant adieu, & adiouftant, c'eft
tout ce que i'auois à vous dire, priez pour moy.   „

Quelque temps apres & vn peu deuant fa mort, tenant „
les yeux éleuez, comme s'il eut veu quelque chofe, il dit, le „
faint Enfant Iefus, où eft il? on luy en apporta vne image „
qu'il baifa: Il demanda fon Crucifix, il le prit, & le baifa „
amoureufement, puis tournant à la mort il entra en agonie
qui ne dura qu'vn bon quart-d'heure, pendant plus de la
moitié duquel il profera toujours le faint nom de I E S V S,
& fit, comme il pouuoit, des actes de refignation & d'abandon à Dieu, & puis expira doucement, & cette fainte ame
s'en alla, comme nous auons grand fuiet de croite, au lieu
de fon repos.

C'eft ainfi qu'a vefcu & qu'eft mort Monfieur de Renty,
l'vne des plus éclatantes lumieres que Dieu ait mife en noftre fiecle dans l'Eglife, & l'vn des plus grands ornemens de
la vraie deuotion qui ait paru il y a long-temps. Il eft mort à
Paris la trente feptieme année de fon age, l'an mil fix cens
quarante neuf, le vingt quatrieme d'Auril fur le midy, au
temps que fe fit l'eleuation de noftre Seigneur en la Croix,
dont vne perfone eut quelque connoiffance qu'il luy auoit
appliqué le merite au point de fon decés, de forte que cette
application & les actes d'abandon, de mort, & d'aneantiffement qu'il auoit produits, & auec lefquels il auoit honoré
grandement la Croix, acheuerent de purifier entierement
fon ame, & la mirent en état de pouuoir au moment de fa
fortie entrer dans fa beatitude, & iouïr de Dieu.

On rapporte des reuelations & des vifions de fa gloire, &
qu'on le veit à l'inftant de fa mort comme vn globe de lumiere s'éleuer de la terre au Ciel: on raconte des guerifons
miraculeufes faites par fon interceffion, des fecours d'effects
& de paroles donnés à des perfones pour leur auancement
fpirituel: cela n'eft pas incroiable, au contraire vne vie fi
faincte comme la fienne & des vertus fi heroïques, qui l'ont
rendu vne des grandes merueilles de nos iours, en facilitent

la creance & peuuent nous le perfuader aifement: neanmoins par ce que ie ne tiens pas ces chofes fi affûrées comme celles que i'ay dites, ioint que la fainteté & la perfection du Chriftianifme ne confifte pas en elles, & que nous ne pouuons pas les imiter comme les autres, ie n'y appuie pas dauantage.

Ie dis feulement pour finir que nous auons grand fuiet d'admirer en cette mort les confeils de Dieu, d'auoir retiré du monde vn homme qui y faifoit tant de bien, & qui pouuoit encore y en faire dauantage; car fe trouuant en la force de fon efprit, en la fleur de fon age, & en vn tres haut degré d'eftime, de credit, & de capacité, il pouuoit y auancer merueilleufement, & encore plus que iamais, l'honneur de Dieu & le falut du pro hain. Mais quoy? c'eft Dieu qui la fait, & c'eft tout dire; & il a voulu monftrer par là, & nous apprendre qu'il n'a que faire de nous pour l'auancement de fa gloire & pour l'execution de fes deffeins, & qu'il en viendra bien à bout fans nous, afin que nous ne nous en faffions pas accroire fi par fois il nous y emploie; mais que nous foyons toufiours humbles en fa prefence. Outre qu'il l'a appellé en vn lieu & à vn état, où il le glorifie beaucoup plus parfaitement qu'il n'ût pas fait icy bas; d'où auffi il porte par excellence le nom du lieu & de l'état de la gloire, qui fe doit entendre non feulement de la gloire qu'y reçoiuent les Bienheureux, mais encore plus de celle qu'ils y rendent à Dieu; fans dire que par fois il nous enleue auant le temps ces hommes diuins, qui font comme les colomnes de fon Eglife & les foûtiens des Fideles, pour nous punir du mauuais vfage que nous faifons de leur conuerfation, & du peu de profit que nous tirons de leurs exemples.

Mais apres tout, quand ie fçûs fa maladie & le peril où il eftoit, il me tomba dans l'efprit fur la connoiffance que i'auois de fa vertu côfommée & de fa fainteté, que nonobftant toutes les confiderations des biens qu'il eftoit capable de faire en terre, il pourroit bien mourir, par ce que c'eftoit vn fruit meur pour le Ciel: de forte que comme on cueille vn fruit quand il eft en fa maturité, & le cueillir ou plûtoft ou

plus

plus tard, & luy nuire : Dieu de mesme auoit pris Monsieur
de Renty au point de la maturité de sa grace & au comble de la vertu à laquelle il l'auoit destiné, & comme vn
homme parfait & acheué, pour luy donner au ciel la recompense deuë à ses merites, où il nous desire, pour auec
luy adorer, glorifier, & aimer tres-parfaitement Dieu, le
Pere, le Fils & le saint Esprit, à qui soit honneur, loüange,
benediction, & toutes sortes d'hommages maintenant &
toujours, Amen.

CHAPITRE XI.

Conclusion de tout l'ouurage, comme il faut lire les vies des Saints.

POVR conclure cet ouurage & en rendre la lecture plus vtile, ie crois qu'il sera à propos de
monstrer comme il faut lire les vies des Saints
& les histoires des hommes excellemment vertueux, afin d'en recueillir le fruit pour léquel
elles sont faites : sur quoy ie dis. Que nous deuons les lire,
regardans ces Ames eminentes de deux costez : le premier,
selon qu'elles ont du rapport à Dieu ; & le second, entant
qu'elles en ont à nous.

Pour le premier, *ie dis* que les Saints & les persones illustres en pieté sont les plus riches ouurages, les plus beaux ornemens, les plus precieux ioyaux, les pieces les plus rares,
& les plus grands instrumens de la gloire de Dieu qui
soient en terre ; parce que si le moindre iuste est incompara-
blemēt plus noble, & plus honorable que tous les pecheurs ensemble, attendu que ceux cy estans esclaues du
diable & ennemis de Dieu, sont tous, selon la declaration
qu'en fait la verité mesme, encore qu'ils fussent Roys &
Monarques de l'Vniuers, roturies & infames, où celuy là

est seruiteur, amy & enfant de Dieu, à qui seruir seulement, c'est regner, à combien plus forte raison le seront les Saints, & les persones d'vne vertu heroïque? parce qu'ils possedent la iustice & la vertu en vn plus haut degré, qu'ils ont vne plus grande abondance de graces & de dons, qu'ils participent plus pleinement les perfections de Dieu, qu'ils sont ses plus naïues images, qu'ils ont plus de liaison, plus d'vnion, & plus de ressemblance auec nostre Seigneur Iesvs-Christ, & que ce sont ses plus riches conquestes & ses chefs-d'œuure.

Tertullien considerant Iob, lors qu'à toutes les mauuaises nouuelles, qu'on luy apportoit coup sur coup, dans le plus fort de ses afflictions & le plus sensible de ses douleurs, il ne s'impatienta point, il ne murmura iamais, & ne s'opposa ny de la moindre parole, ny de la plus legere pensée aux dispositions que Dieu faisoit de luy, mais dit toujours, *Dieu soit beny*; & le regardant tombé de si haut sur vn fumier, denué de tout, & blessé depuis la teste iusques aux pieds, porter cette extremité de maux auec vne patience inuincible, dit: *Quale in illo viro feretrum Deus de diabolo extruxit? quale vexillum de inimico gloriæ suæ extulit? cum ille homo ad omnem acerbum nuncium nihil ex ore promeret, nisi Deo gratias?* Quel trophée Dieu a-t'il dressé à son honneur en la persone de Iob patient iusques à ce point, à l'encontre du diable? quel étendart a-t'il éleué contre luy, & quelle victoire a-t'il remportée de l'ennemy de sa gloire? Nous deuons étendre ces paroles & cette pensée à tous les Saints, & dire qu'ils ont procuré à Dieu vn tres-grand honneur, & comme autant d'éclatantes Trompetes ont fait par tout retentir ses loüanges par leur foy, par leur esperance, leur charité, leur patience, leur force, leur humilité, leur obeïssance, leur chasteté, & par leurs autres vertus.

lib. de Patientia. cap. 10.

Partant nous deuons conceuoir vne haute estime de tous les Saints & de toutes les persones signalées en vertu; nous deuons les auoir en grande veneration, les honorer, les loüer & les aimer sur le modele, que Dieu & son fils nostre Seigneur nous en donnent, & aimer, loüer & honorer Dieu &

ſon Fils en eux, car ſans doute : *Mirabilis Deus in Sanctis ſuis,* comme dit Dauid : Dieu eſt admirable, loüable, aimable, redoutable en ſes Saints. Nous deuons admirer ſa puiſſance dans les miracles qu'ils ont faits ; la force de la grace, dans les actions heroïques qu'ils ont exercées : nous deuons eſperer en ſa miſericorde, voians les heureux changemens qu'il a operez en eux ; craindre ſa iuſtice, conſiderans les châtimens qu'il a pris de leurs moindres fautes, & aimer ſa bonté dans les témoignages de bien-veillance & d'amitié, qu'il leur a rendus.

Où il eſt à remarquer, que comme il ne faut pas eſtre trop leger à croire tout ce que l'on dit & tout ce que l'on écrit des viſions, dés reuelations, des graces extraordinaires, des faueurs & des careſſes que Dieu a faites aux Saints, qui n'ont pas eſté encore autoriſées par le iugement de l'Egliſe parce qu'on peut ayſement s'y tromper ; & le diable bien plus ruſé que nous, qui connoît que noſtre nature curieuſe & ambitieuſe ſe plaît aux choſes qui ont de la nouueauté ou de l'éclat, ſe déguiſe en beaucoup de façons & ſe transfigure, cõme parle S. Paul, en Ange de lumiere : auſſi ne doit-on pas eſtre trop rétif à les appreuuer ny precipité à les condamner, parce qu'en effet il y en a, & il y en aura toujours de veritables, & il ne faut point meſurer les bontez de Dieu à noſtre raiſon, ny à noſtre cœur petit & retreçi.

Apres les myſteres de l'Incarnation & de l'Euchariſtie, & ce que Dieu a fait au premier, & ce qu'il fait encore tous les iours au ſecond pour l'homme, & dont nous ne pouuons douter, il n'y a plus rien d'incroiable en fait de grace & de faueur que Dieu puiſſe faire à vne ame, d'autant qu'il n'y en a pas vne qui puiſſe approcher à beaucoup prés de celles-là. Noſtre Seigneur témoigne plus d'amour à vn homme imparfait, & ſe communique à luy auec plus de tranſport & plus de meruéilles en vne ſeule Communion, qu'il n'en a fait paroître à tous les Saints en toutes les communications extraordinaires qu'il a euës auec eux. De plus quelle bonté, quelle compaſſion & quelle tendreſſe n'a-t'il pas exercée enuers les hommes, tandis qu'il a vécu auec eux ? que n'a t'il

point fait en sa vie, & que n'a-t'il point souffert en sa mort
pour eux? apres sa Resurrection glorieuse, encore qu'il fut
dans vn état si releué au dessus du leur, quelle familiarité
pourtant & quelle priuauté n'a-t'il point montrée à ses disciples, les visitant souuent, & trauesti en diuerses manieres,
se montrant visiblement à eux, leur donnant des assignations
en de certains lieux pour s'entretenir, leur parlant tres-
amiablement, se laissant toucher à eux, & mangeant auec
eux? Ces familiaritez sont merueilleuses, & toutefois elles
sont bien asûrées.

　　Il faut dire ce qui est, l'amour que Dieu porte aux hommes, & singulierement aux ames pures, innocentes & simples est inconceuable, *cum simplicibus sermocinatio eius*, nous
dit le S. Esprit. Dieu prend plaisir de conuerser & de s'entretenir auec les simples. Les Peres, quoy que sages, serieux
& âgez, ioüent par fois auec leurs enfans & begayent auec
eux, & vn d'entre-eux, qui fut Agesilaus, tres-grand perso-
nage, Capitaine tres-renommé, & Roy de Sparte, ayant
esté surpris par vn de ses amis comme il couroit sur vn baston
auec vn petit fils qu'il auoit, & remarquant que celui-cy
estoit étonné de le voir faire vne telle action, il luy demanda
s'il auoit des enfans; l'autre répondant que non, Agesilaus
luy dit. Ne vous étonnez donc point de ce que ie fais, il faut
estre Pere pour auoir ces tendresses, & venir à ces oublis de
soy-mesme: ainsi on ne doit pas trouuer étrange, si Dieu, qui
est vray le Pere des hommes, & qui surpasse en affection pa-
ternelle tous les autres peres auec tant d'auantage, que
nostre Seigneur dit, qu'à comparaison de luy ils ne meritent
pas d'en porter le nom, a des bontez si aimables & des douceurs si charmantes pour les Saints, qui sont ses plus chers enfans, s'il pratique enuers eux de si grandes priuautez & s'il les
caresse si tendrement ; & il faudroit auoir l'amour que Dieu
leur porte, pour bien iuger de la verité des témoignages qu'il
leur en donne. C'est bien plus, si nous considerons auec quels
embrassemens, auec quels baisers & auec quelles caresses
ce Pere dans l'Euangile reçût son fils prodigue & debauché
qui reuenoit à luy.

Prou. 3. 32.

Luc. 5. 20.

C'est pourquoy obseruons cette grande maxime des Anciens, rien de trop, ny trop de facilité, ny trop de difficulté à
croirece qu'on nous dit des graces que Dieu fait aux ames
saintes, il faut nous balancer iustement entre l'vn & l'autre,
examinans tout, & y apportans le temperament necessaire,
non de la raison humaine, mais de la prudence diuine. Et
voila pour le premier aspect, selon lequel nous deuons considerer les Saints: venons au second qui nous regarde, sur lequel ie dis. ^{μηδὲν ἄγαν} *Ne quid nimis.*

Que S. Gregoire le grand à fait vne belle remarque,
lors qu'il nous dit que Dieu n'a point allumé tant de flambeaux au ciel pour nous éclairer & guider nos pas sur la terre, qu'il nous en a donné icy bas pour nous conduire à luy,
& pour de la terre nous acheminer au Ciel ; Entre lesquels
les Saints sont sans doute des plus considerables, parce qu'il
n'y en a pas vn, de qui la vie ne nous soit vne viue lumiere
pour nous découurir les routes que nous deuons tenir, &
comme ce fameux Phare d'Alexandrie, qui auec ses feux
& ses clartez seruoit d'adresse aux Nautonniers pendant la
nuit pour regler leur voiage. Les Saints, dit saint Gregoire
de Nysse monstrent leur vie aux hommes qui pretendent
d'aller à Dieu, comme vne belle lampe, pour les y mener
en assurance; & parlant de saint Ephrem il l'appelle, vn grand
Luminaire qui a plus éclairé le monde auec sa vie, que le
Soleil nefait auec ses rayons. Et plus bas: que Dieu l'auoit
mis comme vne haute colomne viuante & animée pour à la
façon des Mercures des Anciens, qu'on posoit dans les
quarrefours pour enseigner les chemins, monstrer aux hommes les sentiers de la sainteté & de la perfection.

S. Gregoire le grand nous auertit derechef de considerer, que comme Dieu le Createur par l'ordre admirable
d'vne belle œconomie & d'vne profonde sagesse a tellement
disposé le cours & les periodes des étoilles, qu'elles viennent chacune en son rang, les vnes apres les autres, pour
nous éclairer pendant l'obscurité de la nuit & verser sur
nous leurs influences ; il a de mesme enuoyé les Saints
comme autant d'astres pour nous illuminer durant les te-

L l iij

nebres de cette vie. Et suiuant ce dessein il a fait paroître
Abel pour nous apprendre l'innocence; aprés Enoch, pour
nous enseigner la pureté d'intention dans nos œuures; En
suite Noë, pour fortifier nos courages dans l'attente d'vne
longue esperance : Abraham, pour produire à la veuë de
tous les hommes l'effet d'vne heroïque obeissance, & ainsi
les autres. *Ecce quàm fulgentes stellas in cælo cernimus*, adiouste
ce saint Pontife, *vt inoffenso pede operis iter nostræ noctis ambule-
mus*. Regardez comme nous voyons dans le ciel de l'Eglise des astres fort brillans, afin que sans nous fouruoier &
sans broncher nous puissions tenir le chemin couuert &
tenebreux de nostre salut.

Les exemples que les Saints nous ont donné, & les influences de vertu que ces mysterieuses étoiles ont repanduës
sur nous, sont admirables. *Fuit in eis*, dit saint Augustin, *con-
tinentia vsque ad tenuissimum victum panis & aquæ, & non quoti-
diana solum, sed etiam per plures dies perpetuata ieiunia. Castitas
vsque ad coniugii prolisque contemptum. Patientia vsque ad cruces
flammásque neglectas. Liberalitas vsque ad patrimonia distributa
pauperibus, denique totius mundi aspernatio vsque ad desiderium
mortis.* Ils ont pratiqué l'abstinence iusques à ne manger que
du pain & ne boire que de l'eau, & à ieûner non seulement
tous les iours, mais encore plusieurs iours consecutifs. La
chasteté, iusques à ne vouloir point se marier; vne patience,
qui s'est portée iusques au mépris des gibets, des rouës & des
feux; vne liberalité auec de saintes profusions pour donner
tout aux pauures & ne se reseruer rien; En fin vn si grand
dégout de toutes les choses de ce monde, qu'ils auoient la
vie en souffrance, & la mort en desir : & tout cela, pour nous
apprendre ce que nous deuons faire, parce que, *Sanctorum
vita*, nous dit saint Ambroise, *cæteris norma viuendi est*, la
vie des Saints est vne regle pour dresser la vie des autres.

Dieu donc nous ayant donné les Saints pour nous seruir
de regle en la conduite de nostre vie, & nous tenir lieu de
phare à nous éclairer en la nauigation de nostre salut, c'est à
nous de les regarder attentiuement & de suiure les traces

qu'ils nous marquent par leurs œuures. Nous y fommes fans
doute obligez, parce que Dieu le demande & l'attend de
nous, & nous le deuons, parce qu'il nous fera tres-vtile,
dautant que ce regard attentif fera de fortes impreffions
fur nos efprits. Ainfi faint Antoine, au raport de S. Atha- *In eius vi-*
nafe, recommandoit inftamment à fes Religieux, de repaf- *ta.*
fer fouuent par leur memoire ce que les Saints auoient fait
& ce qu'ils auoient dit, afin de fe former fur leur modele:
& faint Bafile écrit en fa premiere lettre, que comme les *Epift. 1.*
ieunes peintres pour fe rendre fçauans confiderent les pieces
des grands Maiftres, & demeurent les heures & les iours
entiers attachez deffus pour les copier exactement fur leur
toile: Ainfi ceux, qui veulent tirer l'image de la vertu fur
leur ame, qui eft fon propre fond, doiuent regarder dili-
gemment des Originaux excellens qui la repréfentent au
vif, à fçauoir les vies des Saints, auec quoy ils fe rendent
en quelque façon femblables à eux. Il dit encore autrepart,
que tout ainfi que la lumiere émane naturellement du feu, ὑπὸ ἡ ταῖς
& la bonne odeur exhale des parfums ; on retire de mefme ἀγαθαῖς
beaucoup de bien de la connoiffance des belles actions des πράξεσιν
Saints, & il s'en épand vne odeur de vertu qui embaume ἀναγκαίας
ceux qui les fçauent. A la verité comme il n'eft pas poffible ἀκολουθεῖ
qu'vn homme qui fe tient au foleil, ne foit couuert de lumie- τὸ ὠφέλιμον
re, & s'il demeure quelque temps en la boutique d'vn par- *In vita S.*
fumeur parmy le mufc, la ciuete & l'ambregris, n'en forte *Gordij*
parfumé ; ainfi ceux qui ont commerce auec les Saints & *martyris.*
qui les étudient, ne peuuent qu'ils n'en deuiennent meilleurs & ne fe fanctifient.

Ces deux courtifans de l'Empereur, dont parle faint Au- *Confeff.*
guftin, lifans la vie de faint Antoine, en furent tellement *li. 8. cap.*
touchez, qu'ils prirent refolution de quitter le monde & de *6.*
ne penfer plus qu'à leur falut, *legere cæpit vnus eorum ; ce font
les mots du Saint, & mirari, & accendi, & inter legendum me-
ditari arripere talem vitam, & relicta militia fæculari feruire tibi ; legebat & mutabatur intus, & exuebatur mundo mens
eius.* L'vn d'eux commença à lire cette vie, & en la lifant eftre
faifi d'admiration & d'ardeur, & conceuoir le deffein d'vne

vie semblable, de quitter son epeé & le seruice de l'Empereur pour ne seruir que Dieu seul; à mesure qu'il lisoit, il se sentoit changer interieurement & son ame se dégager des affections de la terre, & depoüiller le vieil homme pour se reuestir du nouueau. Luy mesme assûre de soy que les exemples des seruiteurs de Dieu, luy estoient comme des charbons vifs & ardens, lesquels iettez dans le sein de son esprit l'échauffoient, le brûloient, & le mettoient tout en flamme.

S. Columban doit sa conuersion à la lecture & à la consideration de la vie de saincte Marie Egyptienne. Nostre Fondateur saint Ignace est redeuable de la sienne à celle des vies des Saints, & plusieurs autres aussi de la leur: saint Eugende Abbé de saint Claude lisoit incessamment les actions de saint Antoine & de saint Martin, & les ayant toujours deuant les yeux & encore plus en l'esprit, il se façonnoit dessus. Et saint Bonauenture dit de saint François. *Ex recordatione Sanctorum omnium, tanquam lapidum ignitorum, in deificum recalescebat incendium,* que quand il sentoit son cœur se refroidir tant soit peu en l'amour de Dieu, il le réchauffoit & le renflammoit par le souuenir des vertus des Saints, comme par l'attouchement des cailloux embrazez.

C'est à quoy nous doiuent seruir les exemples des Saints, & il faut que nous retirions ce profit de la lecture de leurs histoires. Les Saints sont nos patrons pour les imiter; que si nous y manquons, ils se rendront témoins contre nous pour nous accuser deuant Dieu, qui apres se seruira d'eux comme de iuges pour nous condamner. Nous pouuons dire d'eux auec plus de suiet, ce que Seneque disoit d'vn grand Philosophe Stoïcien de son temps, qu'il auoit esté donné à son siecle, *ne aut exemplum deesset saeculo suo, aut conuicium,* pour seruir aux hommes ou d'exemple, ou de reproche.

En effet les Saints estoient comme nous, & nous sommes comme eux: nous sommes tous pestris d'vne mesme masse, & issus d'vn mesme pere, & si de plus nous seruons le mesme Dieu, nous auons les mesmes loys, nous auons les mesmes Sacremens, les mesmes esperances, & le mesme Paradis

dis qu'eux. *Elias*, dit S. Iaques, *homo erat similis nobis paſſibilis.*
Elie eſtoit vn homme ſemblable à nous, & paſſible comme
nous. Les Saints auoient vn corps compoſé de chair & d'os
comme le noſtre, & ils eſtoient ſuiets aux meſmes paſſions
& aux meſmes infirmitez que nous ſommes: Ils reſſentoient
les meſmes difficultez que nous, à reſiſter à leurs appetits, à
vaincre leurs vices & à pratiquer la vertu, & neanmoins
aidez de la grace, qui ne manque à perſone, auec vn courage reſolu & determiné, ils ont franchi toutes ces difficultez, & ont fait des actions heroïques, encore qu'elles fuſſent
fort contraires à leurs inclinations. Nous deuons ſçauoir,
dit ſaint Ambroiſe dans cette penſée, que les Saints *non na-*
turæ præſtantioris fuerunt, ſed obſeruantiæ maioris; nec vitia neſ-
ciuerunt, ſed emendarunt, n'ont pas eu vne nature plus excellente ny plus forte que la noſtre, mais vne plus grande exa-
ctitude pour la vertu, & ils n'ont pas eſté exempts des at-
teintes des vices, mais ils les ont corrigez. C'eſt pourquoy
nous les deuons imiter, parce que nous le pouuons; ou ſi nous
ne le faiſons pas, en attendre du blâme.

Saint Auguſtin raconte, que lors qu'il minutoit ſa conuerſion, ſentant de terribles peines & des angoiſſes inexplicables, particulierement à quitter les creatures qu'il aimoit,
& à viure en continence, cette vertu ſe preſenta à luy auec
vn viſage plein de maieſté & de douceur, & le conuia auec vn
amiable ſouris de s'approcher, étendant pour le receuoir &
l'embraſſer, ſes bras charitables, entre leſquels il veit vn
grand nombre de perſones, de qui l'exemple pouuoit beaucoup le fortifier. Il y veit vne multitude de ieunes gens, de
garçons & de filles, d'hommes & de femmes de tous âges, de
ſages veuues & de vierges auancées iuſques à la vieilleſſe,
& la Continence ſe moquant de luy agreablement & d'vne
façon propre à luy donner courage, luy diſoit: *Tu non poteris*
quod iſti & iſtæ? an vero iſti & iſtæ in ſemetipſis poſſunt, ac non in
Domino Deo ſuo? Tu ne pourras pas ce que ces garçons &
ces filles, ces hommes & ces femmes ont pû? comme s'ils
l'auoient pû de leur propre force, & non par le ſecours que
Dieu leur a donné.

Mm

Lib. de Io-
ſeph. cap. 1.

Lib. 8.
Conf. cap.
11.

Nous pouuons donc en noſtre maniere ce que les Saints ont pû en la leur, & ſi nous y manquons, nous ſommes coûpables, & leurs actions nous condamnent. *Inſtauras,* dit Iob à ce propos ſelon l'interpretation de ſaint Gregoire, *teſtes tuos contra me, & multiplicas iram tuam aduersùm me.* Vous produiſez contre moy vos témoins qui ſont vos Saints, & ſur ce que ie n'ay pas voulu imiter leurs vertus, vous augmentez voſtre colere en mon endroit : & autre part, *Reſpiciet homines & dicet, peccaui & verè deliqui.* Le pecheur regardera les hommes, c'eſt à dire, les Saints, qui eſtans hommes & foibles comme luy, ſe ſont toutesfois roidis contre leurs foibleſſes, & ſe ſont ſurmontez genereuſement eux meſmes, & voyant ces victoires, il s'accuſera ſoy meſme & dira, i'ay tort, i'ay peché & ie condamne ma vie lâche, imparfaite & vicieuſe.

C'eſt en ce ſens que l'Apoſtre ſaint Iude & le Sage deuant luy nous auertiſſent, que les Saints iugeront les pecheurs & les reprouuez au iour du iugement pource qu'ils leur feront voir, que s'ils euſſent voulu correſpondre, comme eux, à la grace qui leur eſtoit donnée, & faire de leur coſté ce qu'ils pouuoient, ils ſeroient participans de la beatitude qu'ils poſſedent, & ainſi que leur malheur ne vient que de leur faute.

Quand nous nous preſenterons deuant le Tribunal de noſtre ſouuerain Iuge pour receuoir noſtre derniere ſentence, dit ſaint Proſper, que ferons nous ? que dirons nous ? à qui aurons nous recours ? ſera-ce aux Saints & aux Amis de Dieu, de qui nous n'auons pas voulu receuoir les inſtructions ny imiter la vie ? nous excuſerons-nous ſur la corruption de noſtre nature, & ſur la fragilité de noſtre chair ? *ſed excuſationi reclamabunt omnium ſanctorum exempla, qui cum fragilitate carnis in carne viuentes quod fecerunt, vtique fieri poſſe docuerũt; maximè quia nec ipſi peccato ſuâ virtute; ſed Domini miſerantis auxilio reſtiterunt.* Mais les exemples de tous les Saints s'oppoſeront à nos excuſes & les rendront inutiles, parce que viuans dans la fragilité de la chair & ne s'y laiſſans point aller, mais s'en rendans victorieux, ils ont montré que ce

qu'ils ont fait, pouuoit assûrement se faire, attendu mes-
mement qu'ils ne l'ont pas fait & n'ont pas resisté au peché
par leur propre vertu, mais par l'assistance qu'ils ont receuë
de la misericorde de Dieu: Que répondrons nous donc pour
lors, si nostre Seigneur nous dit, comme effectiuement il
nous le dira. *Si potuistis, quare non restitistis desideriis peccatorum?*
si non potuistis, quare meum contra peccatum non quæsistis auxilium?
aut vulnerati, quare pœnitendo non adhibuistis vulneri vestro reme-
dium? Si vous auez pû resister au peché, pourquoy ne l'auez
vous pas fait? si vous ne l'auez pû, pourquoy ne m'auez vous
demandé la grace de le pouuoir? ou si dans le combat, que
vous auez eu contre luy, vous auez esté blessez, pourquoy
n'auez vous mis l'appareil de la penitence sur vos plaies
pour les guerir? à quoy ne sçachans que répondre, adioute
ce Pere, il prononcera contre nous l'Arrest de nostre con-
demnation & nous enuoiera au supplice.

Gardons nous de ce malheur & pour cela tâchons d'imiter les Saints, & les grands seruiteurs de Dieu, chacun selon
sa condition & selon la mesure de sa grace, & en particulier celuy de qui nous auons décrit l'histoire, & qui dans
la fleur de son âge, dans vne si haute naissance, dans tous
les auantages qu'il auoit pour le monde, & dans l'état secu-
lier, ayant mené vne vie si vertueuse & si sainte, a tracé à
toutes sortes de persones des modeles excellens de vertu
pour imiter; ou donné, si on les neglige, de grands suiets de
receuoir du blâme.

F I N.

Fautes à corriger.

PAge 2. ligne 35. pattoureau, lisez de pastoureau. pag.5. lig.16. à vn si long delay, lis. vn si long delay. pag.6. lig.3. bigor, lis. bigot. pag.157. lig.8. dessus-dit, lis. susdit. pag.189. lig. 2. n'est point, lis. ce n'est point. là mesme. lig. 20. qui écriuit, lis. qu'il écriuit. pag.206. lig. 12. qui estoit, lis. qui estoient.